JONAS VERLAG

Gefördert vom
Freundeskreis des Rheinland-Pfälzischen Freilichtmuseums Bad Sobernheim,
Labor für Dendrochronologie, Institut für Ur- und Frühgeschichte der Universität zu Köln,
Rheinischen Verein für Denkmalpflege und Landschaftsschutz, Köln
GMN mbH – Gesellschaft Mensch und Natur, Mainz

Herausgegeben von:

Klaus Freckmann Rheinland-Pfälzisches Freilichtmuseum Bad Sobernheim	und	Burghart Schmidt Labor für Dendrochronologie Institut für Ur- und Frühgeschichte Universität zu Köln

Titelblatt: Bacharach, Posthof, Eingang (Peter Rudl 2003)
Rückseite: Neuwied-Fahr, Fahrstr. 79, Eckkonsole (K. Freckmann 2003)

Die Deutsche Bibliothek – CIP Einheitsaufnahme
Ein Titeldatensatz für diese Publikation ist bei
Der Deutschen Bibliothek erhältlich

für Kunst und Literatur GmbH
Weidenhäuser Str. 88
D-35037 Marburg
www.jonas-verlag.de

Druck: Druckhaus Beltz, Hemsbach

ISBN 3-89445-321-4

Klaus Freckmann
Burghart Schmidt (Hrsg.)

Baugeschichte am Mittelrhein

Eine Exkursion zu historischen Häusern zwischen Bingen, Bacharach und Oberwinter

Band 3
der Schriftenreihe zur
Dendrochronologie und Bauforschung

Jonas Verlag

Inhalt

Vorwort

Am 20./21. April 2001 veranstalteten die rheinische Sektion des Arbeitskreises für Hausforschung, der Rheinische Verein für Denkmalpflege und Landschaftsschutz zusammen mit der GMN mbH (Gesellschaft Mensch und Natur) in dem von ihr gastronomisch betreuten Posthof zu Bacharach eine Tagung zum Thema „Bacharach als Beispiel historischer Baukultur am Mittelrhein.“

Der Impuls zu diesem Treffen ging von den rheinischen Hausforschern aus, die aufgrund von neuen Erkenntnissen und Datierungen – zum Beispiel des Winandturmes auf dem Gelände des Bacharacher Posthofes, errichtet 1433, eines Fachwerkhauses in Oberdiebach, Am Kräuterberg, aus den Jahren um 1370, oder eines Ensembles um den „Rittersaal“ in Kamp-Bornhofen, Ortsteil Kamp, von 1347/48 und um 1400 – den lang gehegten Wunsch realisierten, sich intensiver mit der profanen Baukultur am Mittelrhein zu befassen, bei deren Erforschung es manche Desiderate gibt. Eine besonders aktuelle Note erhielt die Tagung vor dem Hintergrund der damals kurz bevorstehenden UNESCO-Anerkennung dieser Region als Welterbe. Insofern lag es nahe, auch die politische Seite zu hören, was mit dem hier wiedergegebenen Geleitwort von Ernst Eggers, damals Staatssekretär im rheinland-pfälzischen Ministerium für Wirtschaft, Verkehr, Landwirtschaft und Weinbau, gelungen ist. Die weiteren Tagungsreferate leuchteten ein weites kulturhistorisches, insbesondere bauhistorisches Spektrum aus, wie: Die Einführung in die Kulturgeschichte des Mittelrheins (Dr. Otto Volk/Marburg), Die Baukultur in der 2. Hälfte des 18. Jahrhunderts (Dr. Claudia Euskirchen/Köln), 150 Jahre staatliche Denkmalpflege am Mittelrhein – eine Bilanz (Dr. Maria Wenzel/Mainz), Die Baugeschichte des Winandturms im Posthof zu Bacharach (Lorenz Frank, M.A./Mainz), Die Burgenlandschaft Mittelrhein (Prof. Dr. Ulrich Großmann/Nürnberg), Neue Untersuchungen zur Baugeschichte der Kernburg auf der Marksburg über Braubach (Lorenz Frank, M.A./Mainz), Stand der Hausforschung am Mittelrhein (Dr. Klaus Freckmann/Bad Sobernheim), Natursteine im Siedlungsgebiet am Mittelrhein und im Maifeld (Dr. Karl-Heinz Schumacher/Aachen), Ortsbild und Hausbau in Erpel (Dr. Christoph Dautermann/Krefeld), Archäologische Forschung zum frühen Kirchenbau an Mittelrhein und Mosel (Dr. Thomas Otten/Köln), „Tierische“ Besiedlung von historischen Gebäuden am Mittelrhein (Andreas Bitz/Bacharach) und Flora an historischen Gebäuden und Plätzen bzw. in Siedlungskernen und an Ortsrändern im Mittelrheintal (Thomas Merz/Bacharach). Abgerundet wurde die Tagung von Besichtigungen und Begehungen ausgesuchter historischer Bauten in Bacharach und Steeg, deren Organisation dankenswerterweise Christel Eichel als Beigeordnete der Stadt Bacharach übernahm. Bürgermeister Dieter Kochskämper förderte intensiv die Veranstaltung.

Am 22./23. Juni 2002 fand die damalige Mitgliederversammlung des Rheinischen Vereins für Denkmalpflege und Landschaftsschutz in Bacharach statt. Im Posthof konnte das Rheinland-Pfälzische Freilichtmuseum Bad Sobernheim eine kleine bauhistorische Ausstellung präsentieren, welche die profanen Baudenkmäler dieser Stadt – ihre bis in das 14. Jahrhundert reichenden Fachwerk- und Massivbauten sowie die jüngeren Häuser bis zum Ende des Alten Reiches – anhand von Baudokumentationen und des Urkatasters, ab 1813, vorstellte. Diese Arbeit ist in die vorliegende Publikation eingeflossen; ebenso enthält sie einige Referate der Bacharacher Tagung des Jahres 2001, soweit sie sich auf die Hausforschung beziehen. Der eine oder andere Text ist allerdings bereits an anderer Stelle erschienen, so daß er hier nicht mehr zu berücksichtigen ist.

In den Jahren 2002 und 2003 führte das Labor für Dendrochronologie an der Universität zu Köln in Zusammenarbeit mit dem Freilichtmuseum Bad Sobernheim in mehreren historischen Häusern Bacharachs Untersuchungen des Bauholzes durch, um deren Datierung der Bauzeit bestimmen zu können. Die Resultate finden sich in dieser Schrift.

Im Gegensatz zum UNESCO-Welterbe Mittelrhein wird in dieser Publikation die Region weiter gefaßt, so wie es von der Geographie auch gehalten wird. Das Mittelrheintal untergliedert sich in ein oberes, das von Bingen bis Koblenz reicht, und in ein unteres, das sich bis zum Siebengebirge erstreckt. Hinzu gehören auch das Mittelrheinische Becken und die Landschaft um den Laacher See, das Maifeld und die Pellenz. Diesen geographischen Rahmen steckt auch Karl-Heinz Schumachers Beitrag über den Naturstein als Baumaterial ab. Die Einführung in die Bauforschung am Mittelrhein ist, wie es dieser Begriff besagt, nur als eine Synopse zu verstehen. Desiderate bleiben auch weiterhin bestehen.

Sicherlich fällt es dem Leser auf, daß die mittelrheinischen Ortschaften nicht gleichgewichtig behandelt werden. Eine adäquate bauhistorische Untersuchung aller relevanten Bauten ist noch zu leisten. Auch ist zu bemerken, daß nur ein Teil der historischen „Wirklichkeit" dargestellt wird. Die Fotografien können jeweils, wie bekannt ist, nur einen Moment aus der langen Baugeschichte der Häuser belegen. Insofern gilt der Dokumentationswert der Abbildungen kaum oder nur in den seltensten Fällen für die gesamte bauliche Existenz, die sich oft über Jahrhunderte erstreckt. Einen gewissen Ausgleich bieten historische Illustrationen, auch ältere Aufnahmen, wie beispielsweise für Andernach und Linz.

Als Exkurs ist der abschließende Aufsatz über eine Rheinreise des Malers Johann Christian Reinhart (1761–1847) zu verstehen, dessen Aquarelle einiger Rheinorte bisher in der Öffentlichkeit kaum bekannt waren. Hierzu gehört auch eine Vedute von Mainz, auf deren Wiedergabe wir verständlicherweise nicht verzichten möchten, auch wenn dies dem Untertitel unserer Publikation widerspricht. Aber man bedenke die starke Präsenz von Kurmainz am Mittelrhein! Dem Autor des Beitrages, Dr. Rainer Schoch, und dem Germanischen Nationalmuseum Nürnberg gebühren für dieses Entgegenkommen ein besonderer Dank.

Mit diesem Sammelband liegt nach bauhistorischen Untersuchungen an der Mosel, im Bergischen Land wie am Siebengebirge die dritte Publikation innerhalb der Schriftenreihe zur Dendrochronologie und Bauforschung vor. Wir danken allen, die dieses Vorhaben unterstützt haben, und schließen hierin herzlich die Referenten der Tagung in Bacharach 2001 ein. Insbesondere gilt unser Dank den Hauseigentümern dieser Mittelrheinstadt für ihr Verständnis gegenüber den dendrochronologischen Untersuchungen.

Die Herausgeber

Das Mittelrheintal als UNESCO-Welterbe Chancen und Perspektiven

Ernst Eggers

Sehr geehrte Damen und Herren,

ich bedanke mich bei dem Rheinischen Verein für Denkmalpflege und Landschaftsschutz und speziell beim Arbeitskreis für Hausforschung für die Gelegenheit, heute zu Ihnen sprechen zu können.

Hinter meinem heutigen Thema steht eine zentrale Frage: Kann die Unterschutzstellung des Mittelrheintals als UNESCO-Welterbe zum Motor der wirtschaftlichen Entwicklung einer Region werden? Es ist ja keinesweg so, dass die Unterschutzstellung des Mittelrheintals nur als Chance und Perspektive begriffen wird. Viele Bürgerinnen und Bürger fürchten im Gegenteil, dass das Mittelrheintal zu einem überdimensionierten Freilichtmuseum gemacht werden könnte. Die bisherige Landesregierung – und das wird auch für die neue Landesregierung gelten – nimmt solche Besorgnisse ernst. Aber es kann und es wird nicht so sein, dass die Unterschutzstellung zum Hemmschuh für die weitere Entwicklung des Mittelrheintals wird.

Dazu gehören in vorderster Linie die Bauten, insbesondere die Burgen und Schlösser, dazu gehören aber auch die Flusslandschaft selbst und die kultur- und naturräumlichen Besonderheiten. Natürlich wird es im konkreten Einzelfall auch Konflikte geben zwischen den Erfordernissen des Welterbes und den Wünschen an die weitere Entwicklung des Tales. Dies zu leugnen wäre unredlich. Ich bin aber sicher, dass sich in der Regel Kompromisse im Sinne einer langfristig tragfähigen und behutsamen Weiterentwicklung des Mittelrheintals finden lassen.

Die Unterschutzstellung des Mittelrheintals als UNESCO-Welterbe ist eine große Chance für die Weiterentwicklung dieser Kulturlandschaft. Lassen Sie mich dazu aus wirtschafts-, verkehrs- und weinbaulicher Sicht einige Perspektiven aufgreifen. Ich nenne zunächst den Tourismus. Der Tourismus im Rheintal blickt auf eine lange, fast 200 Jahre alte Tradition zurück. Bereits Anfang des 19. Jahrhunderts haben englische Dichter, Musiker und Maler die zahlreichen Burgen, Schlösser und den berühmten Felsen der Loreley beschrieben, besungen und gemalt. Das hierdurch entstandene Image der Rheinromantik prägt auch heute noch das Gesamtbild, das die Besucher von der Region haben.

Der hohe Bekanntheitsgrad des Mittelrheintales muss neu entdeckt und weiterentwikelt werden. Der Tourismus bietet als Zukunfts- und Wachstumsbranche *die* Chance für eine nachhaltige wirtschaftliche Entwicklung hier im Rheintal.

Entscheidendes Kapital sind hierbei die Kulturlandschaft, die Natur, die Ortsbilder, die einzigartige historische Bausubstanz und die gastgebende Bevölkerung.

Die Landesregierung setzt in der Tourismuspolitik im Rheintal folgende Schwerpunkte:

1. Qualitätsverbesserung und Vernetzung der touristischen Infrastruktur.

Durch ein umfangreiches, qualitativ hochwertiges und vernetztes Angebot der Urlaubsgestaltung soll der Gast von einem Durchreisenden zumindest zu einem Kurzurlauber werden.

2. Attraktives Hotel- und Gaststättengewerbe.
Das Rheintal weist derzeit bei den Übernachtungszahlen noch die niedrigsten Steigerungsraten und die gerinste Auslastungsquote der Beherberungsbetriebe in Rheinland-Pfalz auf. Das wollen wir ändern. Die häufig veraltete Ausstattung der Hotelzimmer im Rheintal entspricht nicht mehr den Standards des internationalen Wettbewerbs.

Ebenso fehlen vielerorts ausreichende Übernachtungskapazitäten für Busreisegruppen. Das Wirtschaftsministerium hat deshalb eine Förderinitiative zur Verbesserung der Qualität der Hotellerie im Rheintal ergriffen. Im Rahmen der Mittelstandsförderung können seit dem 1. Oktober 2000 Investitionen zur Modernisierung und Erweiterung von Hotelbetrieben im Rheintal bezuschusst werden.

3. Kulturtourismus.
Das Rheintal ist vielen Menschen weltweit ein Begriff. Seine hohe Attraktivität bezieht dieser Teil des Rheins aus dem Zusammenspiel von Kultur, Natur und Wein. Für die touristische Entwicklung ergeben sich hieraus wichtige Ansatzpunkte. Die natürliche Schönheit der Mittelrheinlandschaft muss mit den kulturellen Schätzen zu einem Gesamtangebot verschmolzen werden, das mehr Gäste zu einem längeren Aufenthalt bewegt. In Zusammenarbeit mit dem Kultursommer, dem Kulturministerium und der Rheinland-Pfalz Tourismus GmbH ist das Wirtschaftsministerium derzeit dabei, eine konzertierte Aktion vorzubereiten. Ziel dieser Aktion ist es, das Kulturland Rheinland-Pfalz noch besser zu vermarkten und buchbar zu machen. Vor allem die Burgen und Schlösser bieten positive Perspektiven für eine weitere touristische Nutzung.

Deshalb werden im Rahmen eines vom Landesamt für Denkmalpflege geplanten Burgenkonzeptes u. a. die touristischen Nutzungsmöglichkeiten detailliert ermittelt und in Zusammenarbeit aller Beteiligten umgesetzt. Die UNESCO selbst sucht zunehmend die Partnerschaft mit der Tourismuswirtschaft. Das hat eine Veranstaltung anlässlich der Internationalen Tourismusbörse im Jahr 2000 deutlich gezeigt. Die Chancen für eine enge Kooperation sind gut, wenn ein Gleichgewicht zwischen der Bewahrung der Welterbestätten und der Tourismusförderung gefunden werden kann.

4. Schaffung einer Regionalagentur.
Durch eine gemeinsame Regionalagentur können die Interessen des Tourismus erfolgreicher als durch viele kleine Tourismus-Organisationen gebündelt werden.

Grundlage für eine gut funktionierende Regionalagentur ist ein landesweit computergestütztes Informations- und Reservierungssystem, das zur Zeit aufgebaut wird.

5. Klare Strategie für das touristische Marketing im Rheintal.
Die Landesregierung unterstützt aktiv die von der Deutschen Zentrale für Tourismus im Jahr 2002 geplante, länderübergreifende Marketingkampagne „200 Jahre Rheinromantik“. Die Einbindung aller Anrainerländer des Rheines in diese Kampagne verspricht zahlreiche Synergien und neue Impulse für den Mittelrheintourismus. Ich nenne beispielsweise eine saisonale Entzerrung mit einer besseren Auslastung in der Nebensaison oder die Ansprache von Zielgruppen mit längerer Aufenthaltsdauer. Lassen Sie mich bei den Zukunftsperspektiven des Tourismus im Mittelrheintal noch auf das besonders bedeutsame Einzelprojekt Expo-Loreley hinweisen. Dieses Projekt besteht im Wesentlichen aus dem Landschaftspark und dem Besucherzentrum auf der Loreley. Der Loreleyfelsen wurde zu einem Landschaftpark umgestaltet, um dem Besucher Natur und Landschaft erlebbar zu machen. Hierzu wurden der Loreleytreppenweg erneuert, Rundwanderwege angelegt sowie Renaturierungs- und landschaftsgestalterische Maßnahmen durchgeführt. Mit diesem bereits am 25. Mai 2000 eröffneten Projekt wurde ein Kristallisationspunkt geschaffen, der sich hervorragend in die Mitte des zukünftigen UNESCO-Welterbes Mittelrhein einordnen wird. An den Investitionskosten für den Landschaftspark und das Besucherzentrum in Höhe von rund 6,7 Mio. D-Mark haben sich das rheinland-pfälzi-

sche Wirtschaftsministerium und das Innenministerium mit insgesamt 70 Prozent beteiligt. Auch die Marketingmaßnahmen in Höhe von rund 120.000,– DM hat das Land mit 70.000,– DM unterstützt, um dem Projekt zu einem guten Start zu verhelfen.

Die Entwicklung des Tourismus ist unmittelbar mit der verkehrlichen Erschliessung des Mittelrheintals verbunden. Das fängt schon bei einer neuen Konzeption für die Beschilderung an. Sowohl die verkehrliche als auch die touristische Erschließung des Mittelrheintals erfordern eine Beschilderung, die zu einer umweltverträglichen Verkehrsgestaltung beiträgt und die Besucher verständlich und klar auf den Besonderheiten des UNESCO-Welterbes im Mittelrheintal hinweist. Dies umfasst nicht nur den engeren Talbereich selbst, sondern auch überregionale Hinweise, beispielweise Beschilderungen entlang der Autobahnen. Auch die Frage der zukünftigen, einheitlichen Beschilderung von denkmalpflegerisch und touristisch bedeutsamen Objekten ist in diese Überlegungen mit einzubeziehen. Hierzu sind im Wirtschaftsministerium und in den beteiligten Ressorts erste Arbeiten angelaufen.

Das Rheintal ist seit Jahrhunderten eine der zentralen europäischen Verkehrsachsen. Der Rhein ist *die* europäische Wasserstraße. Die Schienenstrecken im Rheintal zählen im Nord-Süd-Verkehr zu den am stärksten belasteten Schienenstrecken in Europa überhaupt. Die verkehrliche Erschließung des Rheintals, insbesondere im letzten Jahrhundert, hat den weltweiten Bekanntheitsgrad des Tales erst ermöglicht. Eine Weiterentwicklung der Kulturlandschaft Mittelrheintal ist ohne Verbesserung der verkehrlichen Erschließung nicht möglich. Dabei spielt ein geschlossenes Radwegenetz im Rheintal und die Erschließung einiger zentraler Seitentäler mit attraktiven Radwegen eine besondere Rolle. Denn der Radtourismus boomt seit Jahren und das Mittelrheintal kann davon in besonderer Weise profitieren. Die Landesregierung arbeitet intensiv daran, die Radwege längs der B 9 und der B 42 weiter zu vervollständigen. Realistischer Weise wird es noch einige Zeit in Anspruch nehmen, die bestehenden Lücken zu schließen. Wegen der engen Straßenquerschnitte ist hierbei der Bau teurer Stützmauern oder sogar von Kragplatten erforderlich. Die Finanzierung erfolgt aus Mitteln des Bundesfernstraßenbaus; trotz der angespannten Finanzlage ist der Bund deshalb in besonderer Weise gefordert. An dieser Stelle darf ich die Bundesregierung daran erinnern, dass der Antrag zur Unterschutzstellung des Mittelrheintales auch ein Antrag der Bundesrepublik Deutschland ist. Die Bundesregierung muss im Hinblick darauf die Bereitschaft zeigen, Mittel für den Radwegebau im Rheintal zügiger als bislang bereit zu stellen. Die Landesregierung hat den Rheinland-Pfalz-Takt auf der Schiene und mit dem Bus zu einem Markenzeichen für einen umweltfreundlichen und nachhaltigen Ansatz in der Verkehrspolitik entwickelt. Auch im Rheintal besteht insbesondere auf der rechtsrheinischen Strecke Koblenz-Wiesbaden mit den RegionalExpress- und StadtExpress-Zügen im stündlichen Wechsel sowie einem verdichteten Berufsverkehr grundsätzlich ein bedarfsgerechtes Angebot. Linksrheinisch ist die Situation im Nahverkehr wegen der derzeit sehr hohen Belegung mit Fernverkehrszügen noch nicht zufrieden stellend. Erst nach Inbetriebnahme der Neubaustrecke Köln – Rhein/Main werden sich hier Verbesserungen erreichen lassen.

Eine viel diskutierte Frage im Mittelrheintal ist es, ob zwischen Bingen und Koblenz weitere Rheinbrücken gebaut werden sollten. Lassen Sie mich dazu zunächst darauf hinweisen, dass es der Bund bereits in den 80er Jahren aus Verkehrs- und Kostengründen abgelehnt hat, eine Brückenverbindung zwischen St. Goar und St. Goarshausen weiterzuverfolgen. Die Weiterentwicklung des Verkehrssystems im Mittelrheintal muss aus Sicht der Landesregierung in einer Weise erfolgen, die dem Mittelrheintal als Kulturlandschaft von Weltgeltung, als Wirtschaftsraum und insbesondere als Tourismusschwerpunkt ersten Ranges eine nachhaltige Zukunftsperspektive eröffnet. Die Landesregierung hat deshalb eine „Verkehrsuntersuchung Mittelrhein" zwischen Bingen und Koblenz in Auftrag gegeben. Dies betrifft alle Verkehrsmittel gleichermaßen, also Straße, Schiene und Schifffahrt einschließlich der Fähren. In diesem Rahmen werden auch die Überlegungen für den Bau einer Brücke zwischen St. Goar und St. Goarshausen nochmals geprüft. Auf der Grundlage der Untersuchungsergebnisse wird über konkrete Maßnahmen zu entscheiden sein. Mit der guten verkehrlichen Erschließung des Rheintals sind andererseits auch Belastungen verbunden. Die Bevölkerung im Mittelrheintal leidet vor allem unter dem Verkehrslärm, besonders unter dem Schienenverkehr. Die Lärmbelastung kann sich auch nachteilig auf die Standortqualität im Tourismus auswirken. Die Landesregierung steht nicht in direkter Verantwortung für die Lärmsanierung an den Schienenstrecken des Bundes. Das ist Sache des Bundes, des Eisenbahn-Bundesamtes und der Deutsche Bahn AG selbst. Sie setzt sich jedoch im Interesse der betroffenen Bevölkerung seit langem dafür ein, die Belastungen durch den Schienenlärm zu vermindern. Auch aufgrund dieser Bemühungen hat der Bund zwischenzeitlich ein bundesweites Programm zur Lärmsanierung an besonders belasteten Strecken eingerichtet. Die Landesregierung hat für die Schienenstrecken im Mittelrheintal gemeinsam mit dem Land Hessen und der Deutsche Bahn AG ein Lärmgutachten finanziert. Hiermit konnten zwischenzeitlich die Voraussetzungen für eine zügige Lärmsanierung geschaffen werden.

Als vorrangige Maßnahme ist vorgesehen, die Schienen regelmäßig zur Beseitigung lärmerzeugender Unebenheiten auf den Gleisen zu schleifen, sowie Lärmschutzfenster und Lärmschutzwände zu bauen. Mit der Umsetzung dieser Maßnahmen ist bereits begonnen worden. Insgesamt wird es nach dem vorgenannten Gutachten um Lärmsanierungsmaßnahmen im Umfang von rund 72 Miollionen DM (EUR 37 Mio.) gehen. Dabei ist klar, dass insbesondere mit dem Bau von Lärmschutzwänden sehr sensibel umgegangen werden muss, um Beeinträchtigungen der städtebaulichen Situation und des Landschaftsbildes möglichst zu vermeiden.

Nicht nur vom Verkehrsbereich gehen Einflüsse auf die Kulturlandschaft aus. Auch die wirtschaftliche Betätigung kann mit sichtbaren Eingriffen verbunden sein. Andererseits sind solche Veränderungen der natürlichen Landschaft selbst Teil der Kulturlandschaft. Der Tagebau Sooneck bei Trechtingshausen ist dafür ein deutliches Beispiel. Dieser Tagebau besteht nachweislich seit mehr als 150 Jahren. Manche Quellen gehen sogar davon aus, dass an dieser Stelle schon seit mehr als 400 Jahren Quarzit-Tagebau betrieben wird. Der Steinbruch ist deshalb seit langem Bestandteil der Mittelrhein-Region. Er spielt auch als Erwerbsquelle für mehr als 20 Beschäftigte und ihre Familien und als Steuerquelle für die Gemeinde Trechtingshausen eine nicht unbeträchtliche Rolle. Dieser Tagebau ist als gewachsener Bestandteil der Kulturlandschaft am Mittelrhein zu verstehen. Das gilt es zu akzeptieren. Dabei ist klar, dass der Tagebau in seiner derzeitigen Form das Landschaftsbild zumindest vom rechten Rheinufer und vom Fluss aus beeinträchtigt.

Deshalb bemüht sich die Landesregierung gemeinsam mit der Betreiberin des Steinbruches darum, die Eingriffe in die Landschaft in möglichst kurzer Zeit zu vermindern. Die Anstrengungen zur Rekultivierung eines Teils des Steinbruchs sind bereits in Angriff genommen worden. Derzeit gibt es Überlegungen, die Abbauplanung neu zu gestalten, um eine niedrigere Abbauhöhe und eine frühere Rekultivierung zu ermöglichen. Im Mittelrheintal waren ursprünglich eine größere Zahl von kleineren Steinbrüchen in Betrieb. Im Landschaftsbild fallen diese Steinbrüche heute nicht mehr auf, weil ihre dunklen Steilwände inzwischen wieder wie natürliche Felsformationen wirken. Ich gehe davon aus, dass nach Abschluß und Rekultivierung des Tagebaus Sooneck eine nachhaltige Beeinträchtigung des Landschaftsbildes nicht mehr gegeben sein wird.

Der Weinbau und vor allem der Steillagenweinbau sind weitere Bereiche, in denen der Mensch die Landschaft am Mittelrhein in charakteristischer Weise verändert hat. Auch diese Strukturen sind ein prägender und unverzichtbarer Bestandteil der Kulturlandschaft Mittelrhein. Dem Erhalt des Weinbaus kommt neben seiner wirtschaftlichen Bedeutung auch ein erhebliches Potential für die touristische Entwicklung zu. Darüber hinaus hat die Offenhaltung der Steillagen durch den Weinbau zunehmend auch ökologische und landespflegerische Bedeutung. So bleiben durch den Weinbau mikroklimatische Verhältnisse erhalten, auf die viele wärmeliebenden Tier- und Pflanzenarten angewiesen sind. Die Landesregierung unternimmt zum Erhalt des Weinbaus als wesentlichem Bestandteil der Kulturlandschaft erhebliche Anstrengungen. Ziel ist es, einer weiteren Reduzierung der bebauten Weinbergsfläche am Mittelrhein entgegen zu wirken. Dabei ist die große Zahl an hauptberuflichen Winzern, die ihre Weine über die Flasche vermarkten, eine gute Basis. Mit 85 Prozent liegt der Anteil der Weine, welche die Winzer selbst vermarkten, so hoch wie in keinem anderen rheinland-pfälzischen Anbaugebiet. Der Mittelrhein ist darüber hinaus mit 506 ha flurbereinigte Rebfläche das Anbaugebiet mit dem prozentual höchsten Anteil flurbereinigter Rebfläche. Die Flurverfassung ist deshalb zufriedenstellend bis gut. Dies schließt nicht aus, dass an der einen oder anderen Stelle weitere Bodenordnungsverfahren erforderlich sind, um den weinbaulichen, touristischen und landespflegerischen Aspekten des Steillagenweinbaus Rechnung zu tragen. Zur Erhaltung des Weinbaus und vor allem des sehr kostenintensiven Steillagenweinbaus stellen die Landesregierung und die Europäische Gemeinschaft eine Reihe von Fördermöglichkeiten zur Verfügung.

Dazu gehören:
der Steillagenzuschuss als Flächenprämie für die Praktizierung eines umweltschonenden Weinbaus, die Unterstützung von Rationalisierungsinvestitionen, Zuschüsse zur Einführung einer Steillagentechnik und zur Mauersanierung sowie die Hilfe bei Umstrukturierungsmaßnahmen.

Diese Fördermittel können wesentlich zur Verbesserung der Strukturverhältnisse des Weinbaus am Mittelrhein beitragen. Pro Hektar Steillagenfläche können für den Ausbau bis zu 24.000,– DM (12.300 EUR) Zuschuss gewährt werden. Gerade das Beispiel des Weinbaus im Mittelrheintal zeigt, dass nur mit einer Sicherung und behutsamen Weiterentwicklung der Kulturlandschaft eine positive wirtschaftliche Zukunft für diesen weltweit einmaligen Lebens- und Arbeitsraum gewonnen werden kann.

Die Chancen für die Anerkennung des Mittelrheins als UNESCO-Welterbe stehen nicht schlecht. Die Landesregierung erwartet eine positive Entscheidung Mitte des Jahres 2002. Ich verstehe die angestrebte Anerkennung als UNESCO-Welterbe als einen Auftrag an alle Beteiligten: Die Unterschutzstellung der Kulturlandschaft Mittelrheintal soll nicht den derzeitigen Zustand zementieren. Sie ist die Chance für eine sensible, den naturräumlichen und kulturellen Gegebenheiten des Rheintales Rechnung tragende Entwicklung des Mittelrheintals. Dazu müssen die Interessen der touristischen Entwicklung und des Denkmal- sowie Landschaftschutzes im Rheintal besonders sorgfältig und sensibel abgewogen werden. Diese Aufgabe muss im Interesse der Menschen im Rheintal gemeinsam und engagiert angegangen werden.

Vielen Dank

Mittelrhein

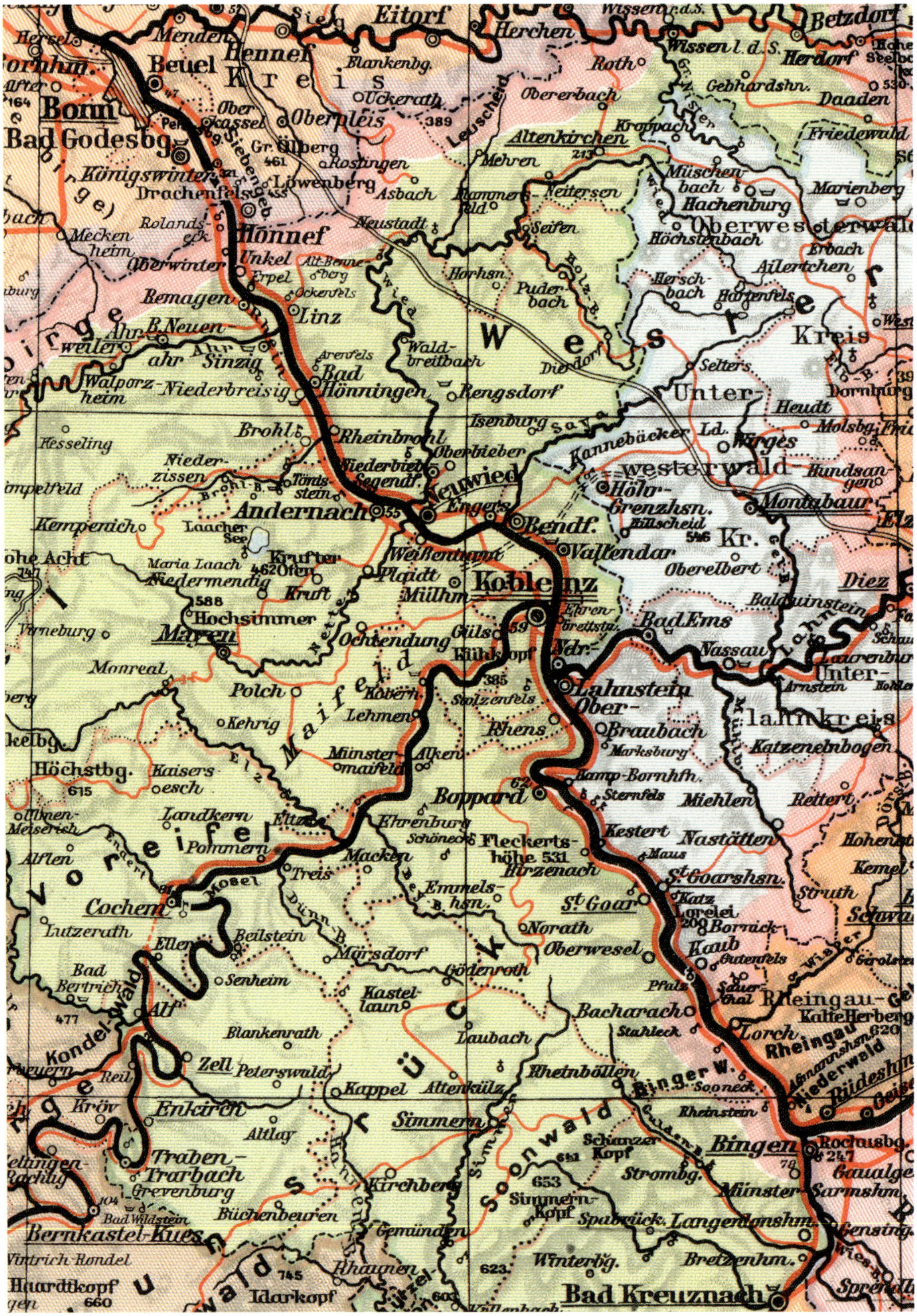

Kartenausschnitt im Maßstab 1 : 500.000 aus Westermanns Monatshefte-Atlas

Natursteine im Baubild des Mittelrheinbeckens und des Mittelrheintals

Karl-Heinz Schumacher

Die Mittelrheinregion umfaßt nach geographisch-landeskundlicher Abgrenzung das Rheinische Schiefergebirge vom nördlichen Rand des Oberrheingrabens und dem Eintritt des Rheins in das Mittelgebirge bei Bingen bis zum Übergang in die Niederrheinische Bucht bei Bonn im Norden. Ausgliedern lassen sich das tief eingeschnittene Engtal des Oberen Mittelrheins zwischen Bingen und Koblenz, das durch tektonische Vorgänge relativ zu seiner Umrahmung eingesunkene Mittelrheinische Becken zwischen Koblenz, Mayen, Neuwied und Andernach und das sich nördlich anschließende Untere Mittelrheingebiet zwischen Andernach und Honnef.

Das Mittelrheinische Becken nimmt nicht nur aufgrund seiner intramontanen Beckenlage eine Sonderstellung ein. An seinem Beispiel lassen sich auch naturräumliche Voraussetzungen, die kulturlandschaftliche Genese und wirtschaftliche Aktivitäten einer Region darstellen, deren mineralische Bodenschätze die Bautradition in weiten Teilen Nordwestdeutschlands und der angrenzenden Niederlande über viele Jahrhunderte prägten.[1] Die vulkanischen Rohstoffe, die im Übergangsraum zwischen Östlicher Hocheifel und Rheintal anstehen, sind die Grundlage eines Steinhauergewerbes, dessen Anfänge bis in das Neolithikum zurückreichen. Gegenstand der Steingewinnung und -bearbeitung waren anfänglich Tephrite (ugs. 'Basaltlaven'), aus denen man seit der Bandkeramik (6.–5. Jt.) Getreidereiben, seit der mittleren Latène-Zeit (2. Jh. v. Chr.) auch Rundmühlen herstellte. Spätestens seit der Zeitenwende wurde der gezielte Abbau auch auf phonolithisch-trachytische Tuffe und Ignimbrite ausgedehnt, wodurch – neben der Herstellung von seriell hergestellten Mahlsteinen[2] – allmählich auch die Verwendung von wenig oder nur grob zugerichteten Mauersteinen sowie von steinmetzmäßig sorgfältig bearbeiteten Werksteinen im Bauwesen Verbreitung fand. Infolge der vielfältigen Nutzungsmöglichkeiten und der direkten Nähe der Vorkommen zum Rhein wurden die Bausteine seit römischer Zeit über den Wasserweg verschifft. Sowohl die leicht zu bearbeitenden Tuffsteine als auch die verwitterungsresistenten Basaltlaven erlangten eine bemerkenswerte überregionale Bedeutung, denn sie prägten bis zu den ersten Jahrzehnten des 20. Jahrhunderts die Architektur in weiten Teilen des Rheinlandes, der Niederlande und Norddeutschlands bis nach Jütland.

Während die überregionale Verbreitung der vulkanogenen Natursteine ausschließlich für Repräsentationsbauten wie Kirchen, Klöster, Schlösser, Rathäuser, Bahnhöfe u. ä. gilt und durch die Rheinschiffahrt bzw. ab dem 19. Jh. auch durch die Eisenbahn gefördert wurde, ist im Gewinnungsgebiet eine räumlich eng an den geologischen Vorkommen orientierte Nutzung der zu Mauerzwecken genutzten Bruchsteine festzustellen. Die für jedes Bauvorhaben in begrenztem Umfang benötigten Werksteine waren leichter über größere Distanzen zu verfrachten als die in großer Menge bereitzustellenden Mauersteine. Aufgrund der Vielzahl und räumlichen Verbreitung der vulkanogenen Bausteinvorkommen bildeten sich eng an die geologischen Vorkommen angelehnte Bausteinbezirke heraus. Die Mauersteinverwendung wurde siedlungsimmanent prägender Bestandteil des lokalen profanen wie sakralen Bauwesens am Mittelrhein.

Die Werksteinverwendung des Oberen Mittelrheintals weicht hiervon wegen fehlender eigener Lagerstätten ab. Man war auf Importe angewiesen, die über den Rhein als dem seit römischer Zeit bedeutendsten Wirtschaftsweg zwischen dem Ober- und Niederrheingebiet gedeckt wurden. Fernhandelsprodukte und Massengüter wie Bauholz, Natursteine und Dachschiefer wurden über ihn verhandelt. Ausgeprägter als im Mittelrheinbecken nutzten daher die Siedlungen des Rheintales die vorbeiziehenden Warenströme. Dies zeichnet sich im historischen Baubild der Siedlungen durch die große Variationsbreite der Baumaterialien ab.

Die Natursteinvorkommen des Mittelrheinbeckens und ihre anthropogene Inwertsetzung

Zwischen den bewaldeten Ausläufern der Östlichen Hocheifel im Westen und dem Rhein im Osten, dem zum Ahrtal überleitenden Laacher Kuppenland im Norden und der Mosel im Süden liegt das Mittelrheinische Becken (Maifeld-Pellenzer Hügelland). Vor 500.000 Jahren begann westlich des heutigen Laacher Sees eine lebhafte vulkanische Tätigkeit, die sich in der Folgezeit nach Osten bis ans Rheintal, nach Süden bis ins Neuwieder Becken ausdehnte.[3] Die räumliche und zeitliche Verlagerung des Eruptionsgeschehens ging einher mit einem charakteristischen Wandel in der mineralogischen Zusammensetzung des geförderten Magmas, die sich bis heute auch in der lokalen baulichen Verwendung der Bruchsteine widerspiegelt.

Drei vulkanische Phasen lassen sich unterscheiden: Zu Beginn des Vulkanismus (490–300.000 Jahre) kamen im nordwestlichen Teilgebiet neben Basalttuffen in 31 Eruptionszentren vor allem phonolithische Tephra und Laven zur Ablagerung. Zwischen Kempenich, Weibern, Engeln, Rieden sowie bei Ettringen und Bell bilden Leuzitphonolithtuffe des Riedener Vulkankomplexes ein stellenweise über 100 m, z. T. sogar bis zu 165 m mächtiges, in mehreren, z. T. zeitlich deutlich voneinander getrennten Förderphasen abgelagertes pyroklastisches Sedimentpaket.

Heute werden Tuffe in Steinbrüchen östlich von Weibern und bei Ettringen (Roderhöfe) gewonnen. Die in größerem Umfang erst seit dem 19. Jh. abgebaute Ettringer Varietät[5] be-

Tab. 1 Riedener Leuzitphonolithtuffe[4]

Eruptionseinheit	Lokale Bezeichnung	Verwendung als Baustein früher	heute	Druckfestigkeit N/mm²		Biegezugfestigkeit N/mm²	
8							
7	Riedener Tuffstein	x		12–25	Ø 16,4	–	–
6	Lavasand						
5							
4	Weiberner Tuffstein	x	x	8–19	Ø 11,6	1,3–1,8	Ø 2,5
3	Ettringer Tuffstein	x	x	18–36	Ø 22,3	1,4–5,1	Ø 2,5
2	Lavasand						
1	Beller Backofenstein	x	(x)				

sitzt wegen ihrer groben Nebengesteinsfragmente einen lebhaften, fast konglomeratischen Charakter und eignet sich nicht für Bildhauerzwecke. Sie kommt meist in Form gesägter Platten, Quader oder ähnlicher Werksteine in den Handel. Im Gegensatz dazu zeichnet sich der schon in römischer Zeit hoch geschätzte Weiberner Tuff durch seine Homogenität aus. Steinmetzmäßig hervorragend zu bearbeiten, besitzt er als Bau- und Denkmalgestein eine weite Verbreitung im Rheinland. Im Mittelalter kam er z. B. als 'Godelscheider Stein'[6] über den Hafen von Andernach zum Versand. Makroskopisch ist er jedoch nicht immer mit hinreichender Sicherheit von dem ähnlichen, mehr grünlich gefärbten Riedener Tuff zu unterscheiden.[7] In Bell entwickelte sich auf der Grundlage des hitzebeständigen Beller Backofensteins – neben Königswinter im Siebengebirge[8] – ein überregional bedeutsames Zentrum des Backofenbauerhandwerks, bis das Gewerbe in den 50er Jahren des 20. Jh. wegen mangelnder Nachfrage nach Steinbacköfen fast gänzlich zum Erliegen kam. In Bell ist der Steinabbau – ebenso wie in Rieden – wegen nachlassender Nachfrage bzw. Erschöpfung der Vorkommen seit Jahrzehnten eingestellt.

Während der zweiten und am längsten dauernden Phase (450–100.000 Jahre) förderten die 62 im gesamten Gebiet bekannten Ausbruchstellen mafische, d. h. im weitesten Sinne basaltische Schmelzen. Einer älteren foiditischen Teilphase (450–380.000 Jahre) im Westen[9] – hier nicht näher betrachtet – steht eine jüngere, basanitisch-tephritische Teilphase (300–100.000 Jahre) im Osten gegenüber. Es entstanden Basaltvulkane mit Tuffdecken, Schlackenkegel und ausgedehnte, oft kilometerlange Lavaströme. Zu ihnen zählen so bedeutende Lagerstätten wie die mikroskopisch kaum voneinander unterscheidbaren Lavaströme des Bellerberges mit seinen Teilströmen Mayener Feld, Kottenheimer Winfeld und Ettringer Feld[10] oder der ursprünglich nur unterirdisch abgebaute Obere Niedermendiger Strom[11], aber auch die Vorkommen des Plaidter Hummerichs[12], der Karmelenberggruppe[13], der Hohen Buche (Forni-

1 Weibern, Lehnenbruch Windkaul bei Weibern. Aufnahme 1998.

Tab. 2 Tephrite aus Mayen und Mendig

Petrographische Bezeichnung	Lokale Bezeichnung	Verwendung als Baustein früher	heute	Druckfestigkeit N/mm²	Biegezugfestigkeit N/mm²
Leuzit-Tephrit	Mayener Basaltlava	x	x	80–150 Ø 112	8–12 Ø 7,4
Nephelin-Leuzit-Tephrit	Niedermendiger Basaltlava	x	x	80–150 Ø 112	8–12 Ø 7,4

cher Kopf)[14] u. v. a. Sie erlangten eine große Bedeutung für Bauwesen und Technik.

Im Neolithikum setzte die Steingewinnung an den Rändern des Mayener Grubenfeldes und im geringeren Umfang auch des Winfeldes ein. Während römischer und mittelalterlicher Zeit schritt der Abbau schluchtartig immer weiter in die zentralen Teile der beiden Vorkommen voran. Unter Beibehaltung des Tagebaus ging man aufgrund des anfallenden Abraumes ab dem 13./14. Jh., sicherlich seit dem 15./16. Jh. im Mayener Grubenfeld zur Anlage von Grubenschächten, später auch zu einem einfachen Schachtbau und zum Glockenbau über. Seit dem 17. Jh. bildeten sich mit seinem Zusammenwachsen unterirdische Abbauhallen und damit ein Untertagebau aus, wie er in ähnlicher Weise in Niedermendig umging. Die Bergamtskarte von 1842/45 verzeichnet in Mayen immerhin 300, teilweise allerdings als alt bezeichnete Schachtbauten, aber nur 20 Tagebauten, vergleichbare Angaben für Kottenheim und Niedermendig fehlen. Der Tiefbau wurde erst an der Wende vom 19. zum 20. Jh. mit der expansiven Abbautätigkeit wieder aufgegeben, als ab 1903 in Mayen erstmals elektrische Krane zum Heben der Steine eingesetzt wurden.[15] Jüngere Abbaustellen schneiden häufig die verlassenen Hallen des unterirdischen (Mayener) Grubenfeldes an. Im Kottenheimer Winfeld hatte Tiefbau übrigens nie stattgefunden, während im Ettringer Feld nur gelegentlicher Abbau stattfand, denn seine Abbaustellen sind durchweg jüngster Entstehung und datieren in das 19. und die 1. Hälfte des 20. Jh.[16] Bis zum hohen Mittelalter wurden nach vorsichtigen Schätzungen allein im Mayener Bellerbergstrom 5 Mio. Kubikmeter Gestein gebrochen. Etwa zehn Prozent davon gelangten als Mühl- oder Bausteine in den Handel.[17]

Im Gegensatz zu Mayen wurde der Niedermendiger Tephrit erst seit römischer und fränkischer Zeit in geringstem Umfang gewonnen. Die bis zu 20 m mächtige Überdeckung des Oberen Niedermendiger Lavastroms mit Löß- und Bimsschichten erschwerte den Abbau erheblich und förderte den Untertagebau. Man durchteufte die auflagernden lockeren Deckschichten und mauerte die Schächte mit dem reichlich vorhandenen Basaltlavaschutt in Trockenmauerwerk aus. Nach dem Durchstoßen der nicht abbauwürdigen obersten Partien, lokal als 'Mucken' und 'Siegel, Glocken oder Deckstein' (Entablatur) bezeichnet, gelangte man an den verwertbaren Teil des Lavastroms, die zehn bis 15 Meter hohen und an der Basis bis zu drei Meter starken 'Schienen' (Kolonnaden). Schienenbündel stützen das von kleinsäuliger, verschränkter Lava, dem 'Deckstein' gebildete Gewölbe der unterirdischen Hallen weitständig ab. Die an der Oberfläche des Lavastroms durch Entgasung und Abbrennen der flüchtigen Gase schaumig aufgeblähten 'Mukken' (Topbreccie, Krotzen) wurden ebenso wie der dem Untergrund auflagernde plattige 'Dielstein' oder 'Framm' nicht genutzt. Obschon erste Abbauspuren auf das Frühmittelalter verweisen, scheint die gezielte Gewinnung in Niedermendig mit dem Bau der Laacher Klosterkirche in Zusammenhang zu stehen, wo

2 Mendig, moderner Kesselbruch mit mittelalterlichen, unterirdischen Abbauhallen im Mendiger Grubenfeld. Aufnahme 1999.

an Sockel und Lisenen des Gründungsbaues (1093–1100) erstmals Niedermendiger Stein auftaucht.[18] 1895 war Niedermendig schließlich auf einer Fläche von annähernd 2,8 km² mit unterirdischen Abbauhallen unterhöhlt. Setzungen und Erdstürze belegen bis heute die weitreichende bergbauliche Tätigkeit im Oberen Niedermendiger Lavastrom. Zu Beginn des 20. Jh. rückte man nach Einführung elektrischer Krane wieder vom Schachtbau ab und wandte sich dem bis heute umgehenden Tagebau zu.

Die dritte und jüngste Phase vulkanischer Tätigkeit brachte vor etwa 13.000 Jahren mit der gewaltigen Eruption des Laacher-See-Vulkans den vorläufigen Abschluß des Vulkanismus in der Osteifel. Sie war so kurz wie heftig und stellte die uns bekannten Eruptionen des Vesuvs (79 n. Chr.), Mt. Pelées (1902), Mt. St. Helens (1980) oder El Cichons (1982) in den Schatten.[19] Innerhalb weniger Tage wurden in der größten nacheiszeitlichen Vulkankatastrophe Mitteleuropas etwa 8 km³ Magma (entsprechend 22–25 km³ Bims und Asche) eruptiert[20] und im unmittelbaren Umland des Schlotes als Lapillituffe (Bimstuffe) oder feinkörnige Aschen flächendeckend abgelagert. Starke Winde verfrachteten die bis zu einer Höhe von 40 Kilometer in die Stratosphäre eruptierten feinen Pyroklastika bis nach Südschweden oder in die Westalpen, wo sie als 'Laacher Bändchen' einen wichtigen Leithorizont darstellen.

Ein anderer Teil des eruptierten Materials wälzte sich in bodennahen Glutlawinen lateral vom Schlot aus nach Norden durch Pönterbachtal, Gleeser und Tönnissteiner Tal in das Brohltal bzw. nach Süden in das Nettetal. Die schlecht sortierten und durch Wassereinfluß infolge Mineralneu- und -umbildung (Zeolithe) verfestigten Ignimbrite standen im Brohltal zwischen 30 bis 60 m, im Nettetal bis zu 30 m Mächtigkeit an. Vorgeschichtlicher Abbau scheint aber nur sporadisch entlang der Talflanken umgegangen zu sein.[21] Dies änderte sich mit dem 1. Jh. nach Chr., als die den Rö-

3 Kretz, Römerbergwerk, Traßgrube Meurin. Aufnahme 1999.

mern aus Pozzuoli bei Neapel bekannten Gesteine (Pozzulane, Hydraulite), die gemahlen und mit Branntkalk vermischt unter calciumsilikatischer Bindung einen auch unter Wasserbedeckung abbindenden Mörtel bilden, als Baumaterial wie hydraulischer Zuschlagstoff entdeckt wurden. Inschriften, Weihesteine und Bergbauspuren in den Vorkommen des Brohl- und Nettetales sowie zahlreiche archäologische Funde im Rheinland verraten dies. In Antike und Mittelalter ließ sich aufgrund der hohen Grundwasserstände jedoch nur die oberste verfestigte, etwa zwei bis vier Meter starke und sehr bimssteinreiche Partie – nach ihrer Wiederentdeckung im 19. Jh. als 'Römertuff' bezeichnet – im Stollenbau gewinnen und zu Bausteinen oder gemahlen als Traß nutzen.[22] Das Mittelalter suchte schließlich die in römischer Zeit angelegten Stollen der Pellenz wieder auf, um hier Schutt umzusetzen und erneut Tuffsteinziegel für repräsentative romanische[23] und gotische Profan- und Sakralbauten zu brechen, wie archäologische Befunde in der Grube 'Meurin 1 und 2' bei Kruft nahelegen. Die zeitgleiche Vermahlung von Traß ist aufgrund des ungenützt in den Stollen verbliebenen Steinbruchschutts bislang nicht eindeutig belegt[24], dennoch wird sie betrieben worden sein.

Wasserbau (Hafenanlagen, Brücken- und Deichbau) eingesetzt wurde. Der Kölner Kurfürst Ernst von Bayern verbot zwar 1604, ungemahlenen Tuff (Traß) auszuführen. Kurze Zeit später wurde das Verbot wieder gelockert, und 1607 ist eine Traßmühle in Plaidt, 1608 und 1611 weitere im Brohltal archivalisch belegt.[26] Es waren aber keineswegs die ersten Anlagen zur Traßproduktion, denn schon 1366 und 1465 werden Mühlen im Brohltal genannt. 1683 errichtete der in Wesel ansässige Bernard van Santen hier eine große Mühle, mit der er über fast fünf Jahrzehnte erfolgreich der übermächtigen Andernacher Konkurrenz im Exportgeschäft mit den holländischen Kunden entgegentrat[27], denn der Hafen von Andernach war der zentrale Umschlagplatz für Handel und Verladung von Traß, Tuff- und Mühlsteinen. Seit Anfang des 20. Jh. sind die Vorkommen des Brohltales bis auf verunreinigte Partien ('Bergtraß, Tauch, Wilder Traß') erschöpft, ältere Abbauspuren gingen dadurch fast völlig verloren.

Seit mehr als 200 Jahren werden auch die im Mittelrheinbecken lagernden Lapillituffe (Bimse) großflächig für die Bausteinherstellung gewonnen, wodurch die Eingriffe in das Landschaftsbild erheblich und die Vorkommen heu-

Tab. 3 Pellenztuff

Petrographische Bezeichnung	Lokale Bezeichnung	Verwendung als Baustein früher	heute	Druckfestigkeit N/mm^2		Biegezugfestigkeit N/mm^2	
Trachytisch-phonolithischer Tuff	Römertuff	x		5–15		1,0	
	Pellenztuffstein		x	6–6,5		1–1,97	

Anders als im Nettetal hat ein nennenswerter mittelalterlicher Abbau im Brohltal nicht mehr stattgefunden.[25] Erst seit der Mitte des 16. Jh. und wieder im 17. Jh. fand der Brohltaltuff aufgrund seiner hydraulischen Eigenschaften erneut Aufmerksamkeit. Holländer exportierten aus Qualitätsgründen bevorzugt ungemahlenen Stein über Brohl und Andernach rheinabwärts in die Niederlande, wo Traß im

te fast erschöpft sind. Schon 1787 formte man bei Engers, Miesenheim und Saffig aus Bimslapilli und Auenlehm 560.000 Stück 'Engerser Sandsteine'. Seit 1830 nutzte man Formkästen und ließ die den Lehmziegeln ähnlichen Steine an der Luft trocknen. Nach 1850 formte man unter Wasserzugabe aus Bimssand und Branntkalk 'Schwemmsteine', die schnell eine weite Verbreitung im Rheinland fanden. Durch die

4 Emmingerhöfe, ausgebimstes Feld (links) neben Bimslagerstätte (rechts). Aufnahme 1999.

Zugabe von Portlandzement erzielte man ab 1920 eine höhere Festigkeit bei kürzerer Trokkenzeit. In der Wiederaufbauphase nach dem Zweiten Weltkrieg wurden mit diesen Steinen ca. 40 % der Häuser im Rheinland errichtet. Heute wird das abgebaute Rohmaterial nach seinen Bestandteilen klassiert und zu Bausteinen für Wärme- und Lärmschutzzwecke verarbeitet. [28]

Andere Vulkanite spielten entweder aufgrund unbedeutender Lagerstätten oder eingeschränkter baulicher Verwendungsfähigkeit ausschließlich eine lokale Rolle. Zu ihnen zählen z. B. leuzititische Lapillituffe, die in dem vom Gänsehals nach Wehr führenden Tal in zwei Steinbrüchen als mindestens 15 m mächtige Wechsellagen von Aschen, Lapillischichten und wenigen Blocklagen aufgeschlossen sind und seit dem Mittelalter als Bausteine gebrochen wurden. Nach Meyer gehören sie nicht zum Tiefenstein-Vulkan.[29] Intensiv rötlich gefärbte Aschestromablagerungen des Laacher-See-Vulkans stehen auf der östlichen Seekesselseite in einem kleinen Aufschluß an, dessen Gesteine erstmals mit dem Bau der Klosterkirche von Maria Laach auftauchen und vermutlich in den 20er Jahren des 20. Jh. letztmalig für die Bausteingewinnung genutzt wurden.[30] Die bauliche Verwendung der bei Glees und Kell anstehenden geschichteten trachytischen Bimstuffe des Laacher-See-Vulkans läßt sich von der Mitte des 16. Jh. bis in das 20. Jh. nachweisen. Nördlich des Phonolithdoms des Lehrenkopfes stehen basaltische Palagonittuffe in zwei alten Steinbrüchen an, die als Bausteine gewonnen wurden. Eine ausgedehntere Verbreitung fanden insbesondere während der 2. Hälfte des 19. und zu Beginn des 20. Jh. die grobkörnigen basaltischen Lapillituffe aus den unteren Steinbrüchen des Leilenkopfes, die durch Aragonit, Kalkspat und Natrolith verfestigt sind und der ersten Ausbruchphase des Vulkans angehören.[31] Die in vielen der basanitisch-tephritischen Schlakkenvulkane gewonnenen 'Krotzen' wurden als Baumaterial besonders gerne in der 1. Hälfte des 20. Jh. verarbeitet. Sie finden sich als basaltische, teilweise rotgebrannte, scharfgratige und in bizarren Formen baulich verarbeitete Schlackensteine nur in unmittelbarer Nähe ihrer Gewinnungsorte.

Unterdevonische Sandsteine und Tonschiefer wurden in unzähligen kleinen Gruben und Steinbrüchen für den Eigenbedarf gebrochen und als kaum zugerichtete Mauersteine überall dort verbaut, wo qualitativ bessere und vielseitiger zu verarbeitende Vulkangesteine nicht verfügbar waren.

Bauliche Nutzung und räumliche Verbreitung der Naturbausteine im Mittelrheinbecken

Natursteine lassen sich entsprechend ihres jeweiligen baulichen Verwendungszweckes von wenig bearbeiteten Mauersteinen für einfachstes Bruchsteinmauerwerk bis zu steinmetzmäßig aufwendig bearbeiteten Werksteinen für Architekturgliederungen bzw. Bildhauerzwekke unterscheiden. Die Übergänge sind fließend, verschiedenste Bearbeitungsqualitäten und Zurichtungsstandards lassen sich beobachten. Die für diese Untersuchung auf funktionaler Ebene vollzogene Differenzierung ist aber letztendlich Ausdruck petrographischer Eigenschaften, die sich z. B. aus

- Genese: Magmatit oder Sedimentit
- Mineralbestand: qualitative und quantitative Beschreibung der Gemengeteile
- Gefüge: Form, Größe und Anordnung der Gemengeteile, unterschieden nach
  - Struktur: Korngefüge
  - Textur: Richtungsgefüge
- Roh- und Reindichte
- Porosität: Differenz aus Roh- und Reindichte
- mechanischen Merkmalen mit
  - Festigkeit: mechanischer Widerstand gegen Verformung (Druck-, Biege-, Zugfestigkeit)
  - Härte: Widerstand gegen Verletzung der Oberfläche (Abnutzbarkeit)
- thermischen Merkmalen

und den daraus folgenden steinmetzmäßigen Bearbeitungsmöglichkeiten

- plastische Bildsamkeit
- handwerkliche Formbarkeit.

ergeben.

Nur maßgenau zuzurichtende Gesteine waren als Werksteine z. B. für die Herstellung von Fenster- und Türeinfassungen, Gesimsen, Blockstufen, Platten, Trögen, Rinnen- und Quadersteinen zu nutzen. Bruchrauhes Mauermaterial genügte geringeren Qualitätsansprüchen, ausschlaggebend war allein seine mengenmäßig ausreichende und preiswerte Verfügbarkeit.

Bei den bis in die 1. Hälfte des 20. Jh. katastrophal schlechten Straßenverhältnissen in der Eifel bezog man Baumaterialien üblicherweise aus dem nächstgelegenen Vorkommen. Unnötig weite oder aufwendige Transportwege wurden vermieden, Transportstrecken für Mauersteine von mehr als fünf Kilometern stellen im regionalen Bauwesen Ausnahmen dar.[32] Viele Bauern besaßen eigene Stein-, Lehm- und Sandgruben, oftmals war der Gemeindesteinbruch der gesamten Dorfgemeinschaft frei zugänglich. Da Mauersteine bei jedem Bauvorhaben mengenmäßig in weitaus größerem Umfang als Werksteine benötigt wurden, waren sie in ihrer räumlichen Verbreitung auch sehr viel enger mit ihren unmittelbaren Gewinnungsorten verbunden als die für jedes Bauprojekt lediglich in Kleinmengen und ggf. als Fertigprodukte zu beziehenden Werksteine. Lediglich bei Repräsentationsbauten konnten finanzkräftige Bauherren wie z. B. Klerus oder Adel als Zeichen ihrer finanziellen Möglichkeiten und ihres sozialen Prestiges hochwertiges Baumaterial (meist Werksteine) aus überregional bekannten Vorkommen „importieren". Erst als

Präquartäre Gesteine

▲ ▲ ▲ Sandstein, Schiefer, Quarzit
▼ ▼ ▼ Kalkstein: `Blaustein´
△ △ △ Bundsandstein (rot)
◁ ◁ ◁ Sandstein (hell)
— — Trachyt (Drachenfels)
— — Latit (Stenzelberg, Wolkenburg)
— — Weidenhahner Trachyt
□ □ □ Basalt
▽ ▽ ▽ Tertiärkalk

Quartäre vulkanogene Gesteine

Phonolithisch-foiditische Gesteine

◆ ◆ ◆ Phonolith
Ettringer Tuff (ET)
Weiberner Tuff (WT)

Alkalibasalitische Gesteine

Wehrer Tuff
Lehrenkopf-Tuff
Leilenkopf-Tuff
◇ — — Kempenicher Palagonittuff
■ ■ ■ Tephrite (Basaltlaven von Mayen und Niedermendig)
⊠ ⊠ ⊠ Basaltschlacken: `Krotzen´

Laacher-See-Bimstuffe

Gleeser Tuff
Keller Tuff
Laacher Tuff (LT)
Brohltal- und Pellenztuff: `Römertuff´ (RT)

Starke Verbreitung
Mittlere Verbreitung
Geringe Verbreitung

Geschlossenes Verbreitungsgebiet von Bausteinen aus:

Basaltlava
Schiefer/ Sandstein
Tuffe (s. o.)
Leilenkopf-Tuff
Wehrer Tuff
Gleeser Tuff
Lehrenkopf Tuff

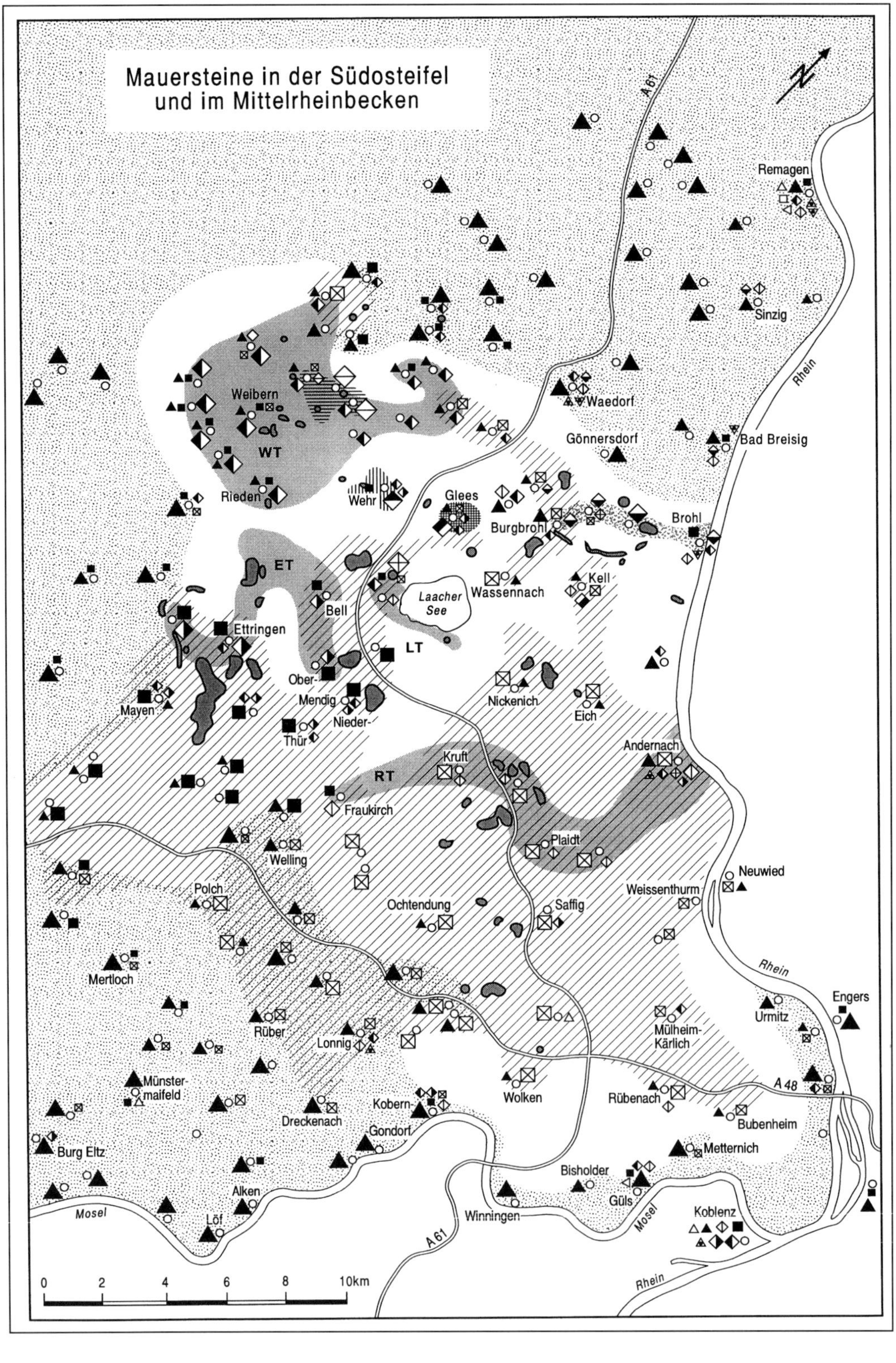
Mauersteine in der Südosteifel
und im Mittelrheinbecken
Remagen
Sinzig
Waedorf
Gönnersdorf
Bad Breisig
Brohl
Weibern
WT
Rieden
Wehr
Glees
Burgbrohl
ET
Laacher See
Wassennach
Kell
Bell
Ettringen
LT
Ober-
Mendig
Nieder-
Mayen
Thür
Nickenich
Eich
Andernach
Kruft
RT
Fraukirch
Plaidt
Welling
Neuwied
Polch
Weissenthurm
Ochtendung
Saffig
Mertloch
Rhein
Engers
Urmitz
Rüber
Lonnig
Mülheim-
Kärlich
A 48
Münster-
maifeld
Kobern
Dreckenach
Wolken
Rübenach
Bubenheim
Burg Eltz
Gondorf
Metternich
Bisholder
Alken
Güls
Mosel
Löf
Winningen
A 61
Koblenz
0
2
4
6
8
10km

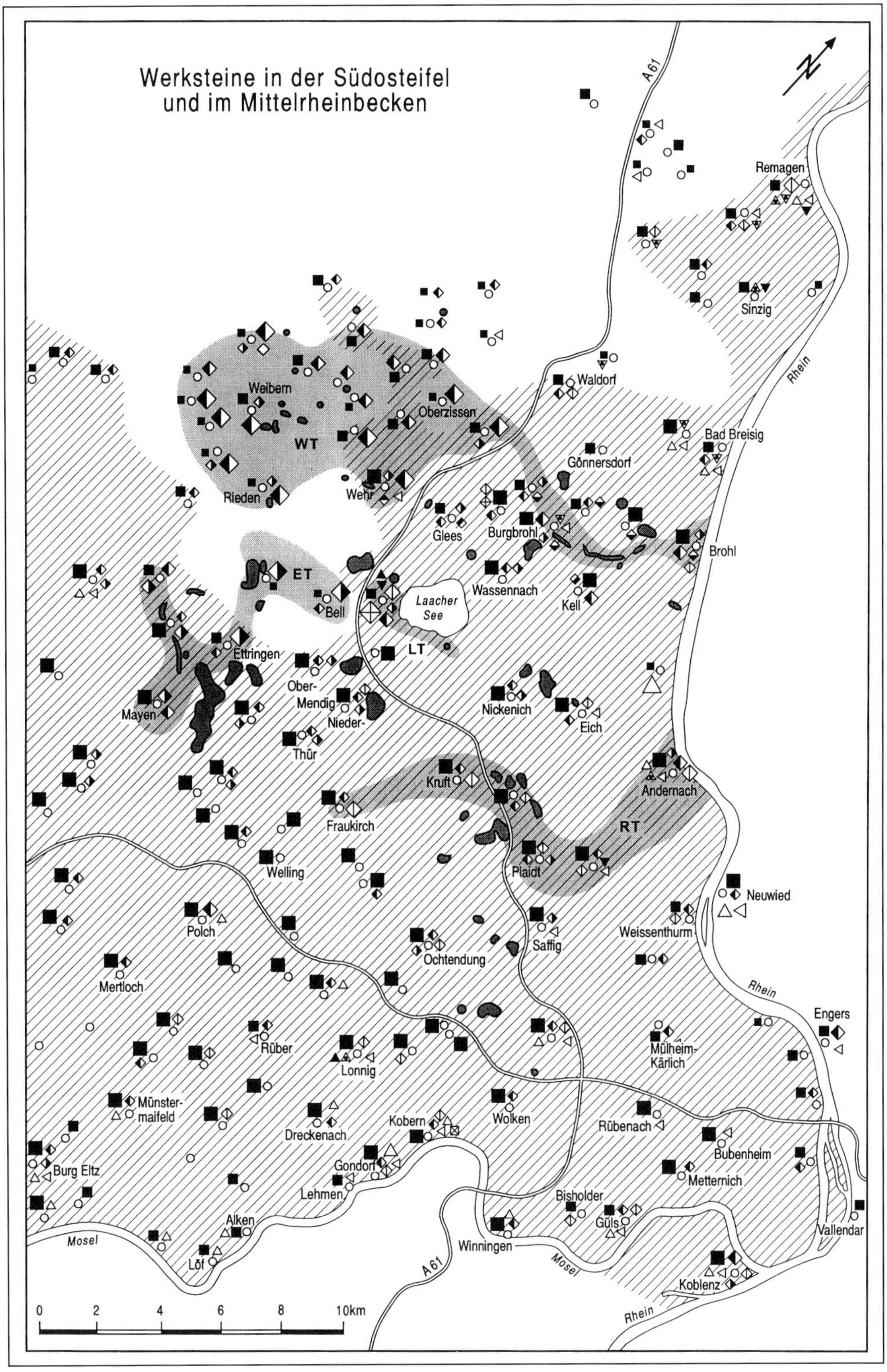
Werksteine in der Südosteifel
und im Mittelrheinbecken
A61
Remagen
Sinzig
Rhein
Waldorf
Weibern
Oberzissen
WT
Bad Breisig
Gönnersdorf
Rieden
Wehr
Glees
Burgbrohl
Brohl
ET
Bell
Laacher See
Wassennach
Kell
Ettringen
LT
Ober-
Mendig
Nieder-
Mayen
Nickenich
Eich
Thür
Kruft
Andernach
Fraukirch
RT
Welling
Plaidt
Neuwied
Polch
Weissenthurm
Saffig
Ochtendung
Mertloch
Rhein
Engers
Rüber
Lonnig
Mülheim-
Kärlich
Münster-
maifeld
Wolken
Dreckenach
Kobern
Rübenach
Bubenheim
Burg Eltz
Gondorf
Metternich
Lehmen
Bisholder
Güls
Alken
Vallendar
Mosel
Löf
Winningen
A61
Mosel
Koblenz
0
2
4
6
8
10km
Rhein

seit der Mitte des 19. Jh. Eisenbahn und Dampfschiffahrt Logistikkonzepte und Transportkapazitäten auf breiter Ebene bereitstellten, wurden auch bislang abgelegene Natursteinvorkommen voll erschlossen und an überregionale Absatzgebiete angebunden.[33]

1. Tuffbausteine des Riedener Vulkankomplexes

Im Siedlungs- und Kartenbild lassen sich die geschlossenen Bausteinbezirke des Ettringer und Weiberner Tuffsteins unterscheiden.

Ettringer Tuffstein[34] kam ausschließlich im unmittelbaren räumlichen Umfeld der Abbaustellen bei den Roderhöfen zum Einsatz. Zwischen Mendig, Bell, Ettringen und St. Johann läßt er sich als Mauerstein an der vorwiegend seit dem 19. Jh. errichteten Bausubstanz nachweisen, während seine bauliche Nutzung als Werkstein darüber hinaus im Süden bis Mayen und im Nordwesten bis nach Schloß Bürresheim reicht. Vermutlich aufgrund seiner obertägigen Gewinnung und infolge der leichten Formbarkeit tritt er in Mayen, Ettringen und St. Johann in Konkurrenz zu basaltischen Bausteinen.

Seit römischer Zeit sollen schon Bausteine in den Weiberner Steinbrüchen gewonnen worden sein.[35] Seit dem 2. Viertel des 12. Jh. ist die Varietät an der Laacher Klosterkirche, an der aus dem Anfang des 13. Jh. stammenden Matthiaskapelle in Kobern, dem zeitgleichen Chorbau der ehemaligen Klosterkirche in Lonnig sowie an dem in der 1. Hälfte des 18. Jh. erneuerten Kirchenschiff und an der neu erbauten Propstei in Wehr vertreten. Zwischen Rieden, Weibern, Kempenich, Hannebach und Niederzissen erstreckt sich der zugehörige Mauersteinbezirk. Werksteine lassen sich weiter nach Osten verfolgen, wobei sich eine topogra-

5 Lonnig, Augustinerklosterkirche St. Maria, heute St. Lubentius. Südwand mit Chorapsis (1220–30), erbaut u. a. aus Römertuff, Basaltlava, Drachenfelstrachyt und bräunlichen Sandsteinen. Aufnahme 1999.

6 Mendig, St. Cyriakus (1180–1200, Sakristei Ende 15. Jh., 1852-57 durch V. Statz um ein Kirchenschiff erweitert). Romanisches Südportal (E. 12. Jh.) aus Weiberner Tuff mit jüngerem Basaltlava-Türgewände von 1717. Aufnahme 1991.

7 Weibern, Bahnhofstraße 21(M. 19. Jh.) und 23 (i 1859) aus Weiberner Tuffstein. Aufnahme 1991.

phisch indizierte Anlehnung über die Brohltalbahn bis an den Rhein abzeichnet. Sogar in Mendig ist das romanische Südportal der St. Cyriakus-Kirche (Ende 12. Jh.) aus repräsentativen Gründen aus importiertem Weiberner Tuff gehauen. Gegliedert wird es aus zwei umlaufenden Rundstäben, die anstelle der Kapitelle verknotet sind. Außen umrahmt ein auf kleinen Konsolen aufsitzender Halbkreisbogen das Portal. Erst 1717 wurde ein – ortsübliches – Basaltlavagewände in das Rundbogenportal eingebaut, wozu man die zweiflügelige Tür verkleinerte.

Typisch für die Siedlungen beider Bausteinbezirke ist die fast ausschließliche Verwendung der jeweils ortsüblichen Tuffvarietät. Sie dominiert als Mauermaterial bis auf die erdberührten Keller- und Sockelmauern, die seit dem Ende des 19. Jh. aufgrund der Anfälligkeit der Tuffe gegen kapillar aufsteigende Feuchtigkeit und Spritzwasser oft aus verwitterungsresistenteren Gesteinen wie z. B. Basaltlava oder unterdevonischen Sandsteinen und Schiefer ausgeführt wurden. Wegen der leichten Formbarkeit sind die Mauersteine meist als sorgfältig behauene Quader oder geschnittene Platten verbaut. Dies zeigt z. B. das 1826 von Johann Claudius von Lassaulx aus 'Backofenstein' erbaute und später um drei Achsen erweiterte klassizistische Schulhaus in Bell. Es überzeugt durch seine qualitätsvolle Konzeption, die sorgfältige handwerkliche Ausführung und die Auswahl des ortsspezifischen Baumaterials. Selbst in Obermendig wurde diese Tuffvarietät zu untergeordneten Zwecken z. B. an Giebelwänden traufständiger Gebäude verarbeitet,

8 Bell, Hauptstraße 11, Schulhaus (ca. 1826) von Johann Claudius von Lassaulx (1781–1848), später um drei Achsen nach Norden erweitert, 1964 renoviert, erbaut aus „Beller Backofenstein“. Aufnahme 2001.

wie die Lassaulx-Schule und andere Gebäude zeigen. In Weibern zeigen Wohnhäuser seit der Mitte des 19. Jh. eine für die Eifel außergewöhnlich aufwendige, repräsentative Fassadengestaltung mit profilierten Frieszonen, Maßwerkelementen in Fensteröffnungen und vor Brüstungen, von Konsolen gestützten Verdachungen, aufwendigen Rahmungen, Eckquaderungen, Gesimsen u. ä. Sie dokumentieren den Wohlstand des Ortes, der auf Gewinnung, Bearbeitung und Vertrieb des Tuffsteins basierte. Einer handwerklich hochwertigen Verarbeitung an den straßenseitigen Schaufassaden stehen bei vielen Bauten jedoch die übrigen Gebäudeseiten gegenüber, an denen sich nur grob behauene Mauersteine finden.

Gründe für die räumlich ausgedehntere Verbreitung des Weiberner Tuffsteins sind in der vielseitigeren und evt. auch leichteren handwerklichen Formbarkeit, seiner längeren Abbautradition, den ausgedehnten Vorkommen und der großen Zahl an Steinbrüchen, der im Vergleich zum Ettringer Stein problemloseren Gewinnung in Lehnen- anstatt in Kesselbrüchen sowie in dem seit dem Ende des 19. Jh. vorteilhaften Verkehrsanschluß über die Brohltalbahn an den Rhein zu suchen.

2. Mafische Gesteine
2.1 Tephritische Bausteine

Tephrite aus Mayen und Mendig haben als die räumlich wie funktional am häufigsten und vielseitigst genutzten Natursteine im gesamten Mittelrheinbecken zwischen Eifelabdachung im Westen, Mosel im Süden und Rhein im Osten zu gelten. Werksteine lassen sich schon seit dem Mittelalter in beinahe jeder Siedlung nachweisen. Grab- und Wegekreuze waren seit dem Spätmittelalter ein Exportschlager.[36] In den von anderen Natursteinen dominierten Bausteinbezirken wurde Basaltlava oft als farblich kontrastierendes (Langkurzwerk, Gesimse, Gewände, Säulen usw.) oder in hochbelasteten Funktionsbereichen als verschleißarmes Baumaterial (Treppenstufen, Radabweiser, Pflaster) verbaut. Lediglich im Nordwesten tritt ihre absolute Verbreitung als Werkgestein (Fenster- und Türrahmungen) zugunsten derjenigen von Ettringer und Weiberner Tuffsteinen zurück und konzentriert sich auf Bauteile, die eine hohe Widerstandsfähigkeit gegen Abnutzung oder Verwitterung verlangen.

Das unbestrittene Kerngebiet der Basaltlavaverwendung zu Mauerzwecken ist der Raum zwischen Kehrig, Mayen, Kottenheim, Thür und Mendig.[37] Hier dominieren die einheitlichen, aus schwärzlichem Gestein erbauten und gelegentlich etwas trist erscheinenden Häuserzeilen der Arbeiterdörfer. Schon die ältesten Gebäude wie z. B. die Kirche in Maria Laach (1093–1230), die St. Cyriakus-Kirche in Niedermendig (1180–1200, Sakristei Ende 15. Jh.) mit neogotischer Erweiterung durch Vincenz Statz (1852–1857), die Genovevaburg und Stadtbefestigung (1291–1326) in Mayen, der im unteren Teil romanische Kirchturm in Thür mit neogotischem Neubau des basilikalen Kirchenschiffes (1867/68)[38], der 1554/59 nach Plan des Kölner Werkmeisters Clais Meußgin erbaute und bis 1911 in Betrieb stehende Rheinkran von Andernach[39], das alte Rathaus in Mayen (1717/18) mit risalitartig vortretendem Uhrturm, Pilasterportal und Balkon[40] sowie viele Profanbauten bis zum beginnenden 20. Jh. dokumentieren die sorgsame, oft sogar werksteinmäßige Bearbeitung und vielfältige Verwendung der Basaltlaven.

Gründe für ihre überragende Bedeutung sind in der hohen Widerstandsfähigkeit und beinahe uneingeschränkten handwerklichen

9 Mayen, Genovevaburg (Kern 1280–1311, 1689 zerstört, A. 18. Jh. und E. 19. Jh. Wiederaufbau). Aufnahme 2001.

10 Andernach, Alter Kran (1554–59), erbaut nach Plänen des Kölner Werkmeisters Clais Meußgin. Die Basaltlava-Sockelsteine zeigen eine reiche Sammlung von Steinmetzzeichen. Aufnahme 1999.

Formbarkeit des Rohmaterials, der räumlichen Nähe zu den Lavaströmen und den kurzen Transportwegen sowie in der überaus langen Tradition des Steinbrecher- und Steinhauergewerbes zu sehen. Seit der frühen Neuzeit wurden viele Gebäude aus dem Schutt der Mühlsteinbrüche errichtet. Die ausgedehnten Haldenareale zeigen, daß sich die gewaltige, bei der Erschließung neuer Gruben bzw. bei der Herstellung von Mühlsteinen anfallende Menge an Bruchsteinschutt allein im örtlichen Bauwesen nicht absetzen ließ, obschon bis in die 30er Jahre des 19. Jh. der von den Steinhauern als 'Kummer' bezeichnete Steinschutt den in Mayen ansässigen Steinmetzmeistern für nur eine freie Zeche im Jahr kostenfrei überlassen wurde. In Thür zeigte das 1430 erstmals erwähnte, auf einen älteren Ursprungsbau zurückgehende und auf 1738 datierte Haus Thur bis zur Sanierung – und dem damit verbundenen Aufbringen einer neuen Schlämme – tephritisches Mauermaterial in kaum zugerichteten Steinformaten. Nur die Gewände heben sich als exakt bearbeitete Werksteine ab. Der aus dem 18. Jh. stammende Turm der St. Nikolaus-Kirche in Kottenheim wurde ebenfalls aus groben Bruchsteinen erbaut, während Vincenz Statz das Kirchenschiff in den Jahren 1856–1857 unter Verwendung von gequaderten Bruchsteinen erneuerte. Aus regelmäßig geschnittenen Basaltlavaquadern und sparsamem Einsatz von Werksteinen aus Weiberner Tuff 1877 erbaut, steht der durch steil aufragende Giebelzinnen geprägte neogotische Bahnhof von Niedermendig am gestalterischen Endpunkt einer Entwicklung, die in Verwendung groben Steinbruchschuttes ihren Ausgang nahm und in sorgfältig konfektionierten Verblendquadern endete. Ähnliche Beispiele lassen sich in vielen Siedlungen nachweisen. Dieser sich im Baubild der Osteifel markant abzeichnende Gestaltungswandel ist die Folge einer Neuentdekkung des Materials[41] und auf verschiedene, auch von außerhalb in das Mittelrheinbecken

11 Thür, Haus Thur (i 1738, Kern älter), erbaut aus kaum zugerichteten Basaltlava-Bruchsteinen und steinmetzmäßig exakten Basaltlava-Werksteinen. Aufnahme 1991.

hineingetragene Faktoren zurückzuführen. Neben den allgemein gestiegenen Qualitätsansprüchen im Bauwesen zählen dazu u. a. auch die Wirkungen des durch den Küstenschutz, den Wasserstraßen- und Eisenbahnbau ausgelösten Baumaterialbooms und die von der Landschaftsromantik getragenen Vorstellungen hinsichtlich des äußeren Erscheinungsbildes der Gebäude, die zu einer Bevorzugung der absoluten Steinsichtigkeit führte.

Die enorm gestiegene Bautätigkeit der Gründerjahre zog bis zum Ersten Weltkrieg in den Industriestädten an Rhein und Ruhr einen gewaltigen Baumaterialbedarf im privaten wie öffentlichen Bereich nach sich.[42] Als Folge der regen Bausteinnachfrage stieg allein in Mayen die Zahl der Steingruben von 90 mit ca. 600 Arbeitern im Jahre 1870 auf über 170 Abbaustellen mit 2.700 Steinbrechern und Steinhauern im Jahre 1914 an. Seit der Mitte des 19. Jh. wurden allein in Mayen 20 Gruben betrieben, die Werksteine für den Eisenbahn- und Brükkenbau über Cochem und Moselkern exportierten. Abnehmer waren nicht nur rheinische Großstädte, die Exporte gingen bis nach Memel und Königsberg. Im Gegensatz dazu erfolgte der Handel mit Mühlsteinen weiterhin über Andernach.[43] Gleichzeitig vollzog sich – ausgelöst durch den Import französischer Süßwasserquarzite[44] und die neu aufkommenden Stahlwalzen – ein folgenreicher Rückgang in der Mühlsteinproduktion von etwa 50 % an der gesamten Steinverarbeitung im Jahre 1855 auf nur noch 8 % im Jahre 1883 und 2 % im Jahre 1913.[45]

12 Mendig, Bahnhof der Rheinischen Eisenbahn-Gesellschaft (i 1877), erbaut aus Mendiger Basaltlava mit Zierelementen aus Weiberner Tuffstein. Aufnahme 1991.

2.2 Basanitisch-tephritische Bausteine: Schlacken und Krotzen

Südöstlich einer Linie von Polch im Südwesten über Welling, Kruft und Nickenich nach Andernach im Nordosten werden die tephritischen Mauersteine des Mayen-Mendiger Typus abgelöst durch schlackige, rötlich gebrannte Krotzen der zahlreichen basanitisch-tephritischen Bausteinvorkommen. Dezidierte Aussagen über ihre jeweilige Herkunft sind bei der Fülle der Lagerstätten ohne mineralogisch-chemische Untersuchungen nicht möglich. Generell stammen sie jedoch aus den jeweils nächsten erreichbaren Steinbrüchen, da bei der Vielzahl der Vorkommen ein unnötig weiter Transport unrentabel gewesen wäre. Im Norden findet der Bausteinbezirk über Eich, Kell und Wassenach Anschluß an die nordwestlich des Brohltales anstehenden, makroskopisch sehr ähnlichen Gesteinsvorkommen und baulichen Nutzungen.[46]

Basaltische Krotzen stehen durch ihre unregelmäßige, oft scharfgratige Oberfläche, große Porosität und leicht rötliche Farbe in auffälligem gestalterischen Gegensatz zu den meist sorgfältig in Quaderform zugerichteten Steinformaten der übrigen vulkanogenen Natursteine. Mit Krotzen erbaute Gebäude wirken dadurch immer etwas „unordentlicher“. Wegen der porösen Oberflächen wurden diese Steine oft großzügig verfugt oder sogar verputzt. Ihre auf lokaler Ebene begrenzte Nutzung setzte an der Klosterkirche Maria Laach schon im Mittelalter ein und erreicht einen den Südostteil des Mittelrheinbeckens umfassenden Höhepunkt während der ersten Hälfte des 19. Jh. Außergewöhnliche Gestaltungsformen finden sich in den 20er und 30er Jahren des 20. Jh., als im Rahmen ideologisch begründeter Autarkiebemühungen der Abbau der Schlacken eine späte Blütezeit erreichte. Bis auf die Sockel führte man ganze Gebäude in expressivem Polygonal- und Krotzenmauerwerk aus, das mit Attributen wie 'heimatverbunden', 'echt' und 'natürlich' belegt wurde. Markante Beispiele bieten Straßenzüge in Minkelbach, Nickenich, Niederzissen, Ochtendung, Rübenach, Plaidt u. a. Johann Claudius von Lassaulx schuf eine Reihe von Schulhäusern[47] und Kirchen[48], die sowohl durch die Beschränkung auf die örtlich verfügbaren Krotzen als auch wegen ihrer qualitätvollen Konzeption als zeittypische und ortsbildprägende Bauten gelten.

In einer Quelle des 18. Jh. wird sog. 'Graustein' erwähnt, der wegen seines geringen spezifischen Gewichtes im Raum Mayen–Mendig sogar zur Ausfachung von Fachwerkkonstruktionen verwendet worden sein soll. Baubefunde haben sich nicht erhalten.[49]

2.3 Wehrer Tuff

Wehr zeichnet sich durch ein historisch gewachsenes Siedlungsbild mit einraumtiefen, giebelständigen Häusern des mitteldeutschen Hausformenkreises und sein einzigartiges Baumaterial aus. In einem Seitental des Wehrer Kessels unterhalb des Tiefensteins gebrochen, prägte der basaltische Lapillituff über Jahrhunderte das Baugeschehen des Ortes. Schon zwischen 1220 und 1240 erbaute man den romanischen Kirchturm der St. Potentinus-und-Martinus-Kirche aus diesem Gestein. Vermutlich 1857 im vierten Ober- und Dachgeschoß erneuert, ist der ganze Turm heute mit Weiberner Tuff verblendet. Für das Kirchenschiff, 1700 bis 1702 durch Frater David Wynant aus dem Kloster Springiersbach in barocken Formen ausgeführt, kam ebenfalls Wehrer Tuff zur Verwendung, die Werksteinelemente bestehen aus kontrastierendem hellem Weiberner Tuff bzw. schwarzblauer Basaltlava. Das benachbarte Propsteigebäude von 1730 zeigt wechselnde Schichten dunklen Wehrer bzw. hellen Weiberner Steins (Specklagen). Über dem hohen Kellergeschoß erhebt sich das zweigeschossige Gebäude mit 17 zu fünf Achsen unter mächtigem, mit Schiefer in altdeutscher Deckart eingedeckten Mansardwalmdach. Die auf die Fensterachsen ausgerichteten und in zwei Ebenen angeordneten Dachgauben sowie der mittelaxial angeordnete Zwerchgiebel prägen die zu einem von Wohnhäusern umstandenen Platz orientierte Schaufassade. Die Fenster- und Türeinfassungen sind – ebenso wie die zweiläufige Freitreppe – in Basaltlava ausgeführt. Die

13 Wehr, St. Pontentinus und Martinus. Turm (1220–40) aus dunklem Wehrer Tuffstein, 1857 im 4. OG und Giebelgeschoß erneuert und mit hellem Weiberner Tuffstein neu verblendet. Aufnahme 1991.

14 Wehr, Propsteigebäude (i 1730). „Specklagen“ aus hellen Weiberner und dunklen Wehrer Tuffsteinen. Aufnahme 1991.

15 Wehr (17. Jh.). Aufnahme 1991.

16 Wehr (2. H. 19. Jh.). Aufnahme 1989.

17 Brohl, St. Johannes Baptist (1888–91) von Clemens Caspar Pickel (1847–1939). Der dunkle Leilenkopf-Tuffstein zeigt erhebliche Verwitterungsschäden, er mußte bei der Sanierung wegen fehlenden Ersatzmaterials durch zementgebundene Kunststeine ersetzt werden. Aufnahme 1991.

18 Brohl, St. Johannes Baptist (1888–91). Leilenkopf-Tuffstein (oben) im Vergleich zum Kunststein (unten). Aufnahme 1991.

Propstei gehört zusammen mit der Malmedyer Propstei in Andernach und dem Torbau der Burg in Burgbrohl zu den am weitesten nach Süden vorgedrungenen Beispielen niederrheinisch geprägter Barockarchitektur im Mittelrheingebiet.

Die repräsentativen Klosterbauten dienten auch als Vorbilder für Profanbauten. Das Haus Hauptstraße 71 zeigt die durch wechselnde Schichtung der beiden Tuffbausteine erzielte Horizontalgliederung. Die Mehrzahl der Häuser und Hofanlagen des 18. Jahrhunderts zeichnet sich entweder durch Bruchsteinerdgeschosse – gemauert aus Wehrer Tuffen – und Fachwerkobergeschosse oder in einer jüngeren Bauschicht ab dem 19. bis zum frühen 20. Jahrhundert durch die ausschließliche Verwendung des Basalttuffs aus. Werksteine wurden vorwiegend aus Mendiger Basaltlava, seltener aus dem in gleicher Entfernung anstehenden Weiberner Tuffstein ausgeführt. Erst in den 30er Jahren des 20. Jh. endete die Gewinnung und bauliche Verarbeitung des Wehrer Tuffs, der bis dahin während der Wintermonate noch von zwei ansässigen Bauunternehmungen für den Bedarf des jeweils folgenden Jahres gebrochen wurde. Bemerkenswert ist die über Jahrhunderte dauernde Persistenz dieses ausschließlich lokal genutzten Bausteins, der sich lange erfolgreich gegen die Konkurrenz und höhere Qualität des in der Nähe gewonnenen Tephrits und Weiberner Tuffs behaupten konnte.

2.4 Leilenkopf-Tuff

Aus den unteren Brüchen des Leilenkopf-Vulkans bei Brohl-Lützing stammen grobkörnige basaltische Tuffe, die während des 19./Anfang des 20. Jh. als zugerichtete Mauersteine dienten. Außer in Brohl-Lützing finden sie sich an weiteren Wohnhäusern in Lützingen, aber auch in Burgbrohl und Bad Breisig. Die 1888 bis 1891 durch Caspar Clemens Pickel errichtete neogotische Kirche St. Johann Baptist in Brohl ist das wohl imposanteste Beispiel. Insgesamt erwies sich der Tuffstein allerdings als wenig verwitterungsbeständig, so daß umfangreiche Sanierungsarbeiten erforderlich wurden. Da der Steinabbau am Leilenkopf jedoch seit längerem eingestellt ist, stand kein adäquates Austauschmaterial zur Verfügung und man verwendete farblich ähnliche zementgebundene Bimsbausteine. Die bauliche Verbreitung des Tuffs lehnt sich eng dem Brohltal an, der in-situ-Befund in Waldorf stellt eine Ausnahme dar.

2.5 Lehrenkopf-Tuff

Basaltische Palagonittuffe aus zwei kleinen Steinbrüchen nördlich des Lehrenkopfes wurden als Mauersteine in Engeln, Fußhölle und Brenk nachgewiesen.

2.6 Kempenicher Tuff

Aus einem kleinen Palagonittuff-Vorkommen nordöstlich von Kempenich stammen die Bausteine, die sich in wenigen Befunden an Altbauten des Ortes als Mauer- und grob bearbeitete Werksteine identifizieren lassen.

3. Laacher-See-Pyroklastika
3.1 Pellenztuff und Brohltaltuff

Tuffe aus Pellenz und Brohltal ('Römertuffe') stellten in römischer Zeit und im Mittelalter eine überregional geschätzte Handelsware dar. Trotz der umfangreichen Zollisten, Stadt- und Baurechnungen z. B. aus Köln oder Koblenz ist eine Unterscheidung nach Varietät und Herkunftsort der verallgemeinernd als „dufsteine" bezeichneten Tuffgesteine jedoch nicht möglich, man ist auf lithologische Kartierungen angewiesen.[50]

Im Baubild des Maifeldes und der Pellenz treten Römertuff-Bausteine kaum in Erscheinung. Sie besitzen hier nicht die aus ihrem überregionalen Absatz im Rheinland abzuleitende Verbreitung, denn die vorherrschend junge Bausubstanz gehört einer Zeit an, während der mit Römertuffen schon wenig gebaut wurde. Andererseits tauchen sie punktuell an fast allen bedeutenden mittelalterlichen Bauten in der Südosteifel auf. Die Bausteinregion aus Pellenztuffsteinen (sowohl Werk- als auch Mauersteine) lehnt sich eng dem Nettetal und damit dem Vorkommen an. Von der barockisierten, im Kern romanisch-frühgotischen 'Fraukirch' St. Maria neben dem 1765 erbauten Laacher Klosterhof im Westen finden sich über Kruft, Kretz, Plaidt und Miesenheim Pellenztuffsteine besonders an Bauten des 19. und frühen 20. Jh..

Andernach war Umschlagplatz für fast alle vulkanogenen Gesteine des Mittelrheinbeckens, sie wurden daher hier häufig vermischt verbaut. So zeigt der um 1370 entstandene Komplex der erzbischöflichen Burg an der zweigeschossigen Westwand des Palas neben Basaltsäulen und Basaltlava-Buckelquadern u. a. Tuffsteinziegel aus den Pellenzgruben, während die Feldseite des benachbarten Koblenzer Tores aus fortifikatorischen Gründen in wesentlich widerstandsfähigerer Buckelquaderung aus Basaltlava-Hausteinen mit schiefrigen Sandsteinausflickungen ausgeführt wurde. Das um 1200 entstandene und im 15., 18. und 19. Jh. umgebaute Rheintor (Kornpforte) besitzt in seinen romanischen Teilen ebenfalls das bekannte Mischmauerwerk aus staufischen Basaltlavaquadern mit Sandsteinlagen an der Feldseite und einer stadtseitigen Verblendung aus Tuffsteinziegeln.

Per Schiff wurde der Pellenztuff zum Stadtmauerbau (1276–89) und später zu weiteren Bauprojekten nach Koblenz verfrachtet. Fund-

19 Andernach, Erzbischöfliche Burg (2. H. 12. Jh., 1491–95, 1519, 1689 zerstört). Verschiedene Tuffsteinvarietäten, vorwiegend Römertuff, Basaltsäulen und Schiefer am Palas (um 1370). Aufnahme 2002.

20 Kobern-Gondorf, Matthiaskapelle (nach 1221), erbaut aus devonischen Sandsteinen und verschiedenen Tuffsteinvarietäten, vorwiegend Römertuff und Weiberner Tuffstein. Aufnahme 1999.

21 Kobern-Gondorf, Matthiaskapelle (nach 1221), verschiedene Schlämmusterflächen. Detailaufnahme 1999.

22 Niederzissen, Waldorferstraße o. Nr. (um 1930). Erbaut aus porösen Schweißschlacken, lediglich für den Sockel und das Ortgangmauerwerk sind zugerichtete Werksteine verwendet worden. Aufnahme 2002.

orte sind auch das 1839 erbaute, 1904 aufgestockte Pfarrhaus in Rübenach und die St. Trinitatiskirche (1836–39) in Weißenthurm[51], beide von J. C. von Lassaulx, sowie ein Neubau in Bassenheim. Moselaufwärts findet es sich zweifelsfrei an der gotischen Kapelle St. Antonius Eremit in Bisholder und an der St. Servatiuskirche (12./Anf. 13. Jh.) in Güls. In Gondorf wurde Römertuff an der Oberburg (Schloß von der Leyen, 15./16. Jh.) und an der durch Vincenz Statz 1858–61 umgebauten Niederburg (1255–1272, Schloß Liebig) verbaut. Die spätromanische Matthiaskapelle (nach 1220) auf der Oberburg von Kobern stellt einen im wesentlichen aus Pellenz- (Römertuff) und Weiberner Tuffsteinen erbauten sechsseitigen Zentralbau mit Apsis dar, an dem neben unterdevonischen Sandsteinen und Tonschiefern auch Basaltlava und als jüngeres Austauschgestein Ettringer Tuff nachzuweisen sind. Die Tuffe sind als regelmäßige Quader in den oberen Wandbereichen und als Bauzier, die devonischen Gesteine in den niedrigeren Wandteilen verarbeitet.[52] Der zwischen 1220 und 1230 erbaute Chor der vor 1128 als Doppelkloster gegründeten Augustinerkirche St. Maria in Lonnig zeichnet sich ebenfalls durch eine große Vielfalt an importierten Bausteinen aus, Werk- und Mauersteine bestehen – neben Sandsteinen und Basaltlava – größtenteils aus Römertuffen. Auch die Klosterkirche in Maria Laach zeigt als Mauer- und Werksteine untergeordnet Römertuffe, z. B. am Giebelfeld des östlichen Querhauses. Sie dürften aus den klostereigenen Gruben von Kruft stammen.

Ein zweites kleines Verbreitungsgebiet der Römertuff-Bausteine ist den Vorkommen des Brohltales zugeordnet. Dies dokumentieren Funde in Kell (Mauersteine), Brohl und Waldorf (Werk- und Mauersteine), Bad Bodendorf, Löhndorf und Eich (Werksteine). Die in Bad Breisig und Remagen nachgewiesenen Römertuffe können allerdings auch über den Rhein kommend aus den Pellenzvorkommen stammen. Pellenztuffbausteine in Gappenach, Küttig und den Windhäuserhöfen (Werksteine) dokumentieren die räumlich weite, aber nur punktuelle Verbreitung.

3.2 Laacher Tuff

Auf das Umfeld des Laacher Seekessels ist die Verwendung des orange gefärbten Laacher Tuffs beschränkt. Bereits an dem durch Pfalzgraf Heinrich II. gestifteten und nach seinem frühen Tod 1095 durch seine Gattin Adelheid von Meissen-Orlamünde fortgeführten Gründungsbau (1093–1100) läßt sich bis zu einer Höhe von 3,5 m an den Umfassungsmauern, dem Querhaus (ohne Einwölbung) und dem Vierungsturm u. a. das aus großen Quadern gefügte rötliche Tuffsteinmauerwerk erkennen. Darüber hinaus wurden die Sockel des Ost- und Westbaus aus harter Augitlava vom Veitskopf, die Lisenen oberhalb des Sockels aus Niedermendiger Tephrit oder aus Buntsandstein, weitere Werksteine an Presbyterium und Krypta aus grauem Sandstein oder lothringischem Kalkstein gehauen. Einer Zwischenphase, in der die Bauausführung wegen fehlender finanzieller Ausstattung der Stiftung nur vermindert voranschritt, gehört die schlackige Lava am Sockel des Lang- und Querhauses an, die vielleicht aus den Brüchen des Laacher Kopfes[53] stammt. Unter Abt Gilbert (1127–1152) lebte die Bautätigkeit nach dieser Stagnationsphase wieder auf, wie sich auch am Wechsel des Baumaterials anschaulich abzeichnet. Erstmals erscheinen am Westwerk Weiberner Tuffsteine, während an den Hochschiffwänden des Langhauses weiterhin mit Laacher Tuff gebaut wird. In der dritten Bauphase zwischen 1152 und 1177 kam es zur Fertigstellung des Ostchores und der Flankierungstürme, an denen wiederum Tuff aus dem Laacher Steinbruch auftaucht.

Aus jüngerer Vergangenheit sind die Verwendung des Laacher Tuffs am Seehotel, am Portal des 1952 erbauten Buchladens sowie der inzwischen abgerissenen Tankstelle in Maria

23 Maria Laach (1093–1220). Das Westwerk mit dem vorgelagerten Paradies (um 1230) zeigt als Baumaterial ein reiches Spektrum meist örtlich gewonnener vulkanogener Bausteine, u. a. Basaltlava, rötlichen Laacher und hellen Weiberner Tuffstein. Aufnahme 1991.

24 Maria Laach (1093–1220). Sockel und obere Lisenen aus Basaltlava, unterer Teil der Lisene aus Buntsandstein, Wandflächen aus Laacher Tuffstein (unten) und Weiberner Tuffstein (oben). Detailaufnahme 1991.

Laach belegt. In Lützingen füllt das Gestein die nachträglich vermauerte Fensteröffnung eines Wohnhauses.[54] In Thür und Niedermendig sind ebenfalls Wohnhäuser aus dem Beginn des 20. Jh. aus dem rötlichen Tuffstein erbaut worden.

3.3 Gleeser Tuff und Keller Tuff

Gleeser und Keller Tuff sind die Lokalbezeichnungen örtlich gewonnener Laacher-See-Pyroklastika, deren bauliche Verwendung sich auf die beiden namengebenden Dörfer beschränkt. Gleeser Tuff besteht aus geschichteten, wenig miteinander verkitteten Lagen grauer und weißer Bimse, wodurch seine Eignung als Mauerstein sehr eingeschränkt ist. Häufig wurde er jedoch als Zuschlagstoff bei der Herstellung von Putzen, Mauermörtel und Estrichen genutzt.[55] Im Bereich kapillar aufsteigender Bodenfeuchtigkeit bzw. im Spritzwasserbereich zeigen alle aus diesem weichen Gestein errichteten Gebäude Bauschäden. Seit dem Beginn des 20. Jh. ging man schließlich dazu über, die Sockelmauerung aus Basaltlava, Krotzen oder unterdevonischen Sandsteinen auszuführen. Etwa mit dem Ende des Zweiten Weltkriegs fand die Verwendung des Gleeser Bausteins ihr Ende.

Der älteste mit diesem Gestein erbaute Profanbau in Glees ist der ehemalige Abteihof des Klosters Maria Laach von 1555. Sein Mauerwerk zeigt, daß auf die Auswahl qualitativ und optisch gleicher Mauersteine wenig geachtet wurde – vielleicht ein Indiz für den inzwischen verlorenen Außenputz. Überwiegend aus den Sandsteinen und Tonschiefern des einzigen örtlichen Unterdevonsteinbruchs[56] erbaut, wurde die Ortsteinmauerung teilweise mit Quadersteinen der Gleeser Varietät ausgeführt. Werksteine für Fenster- und Türöffnungen, die Ortgangabdeckung und Gebäudeecken bestehen aus der widerstandsfähigen Basaltlava.

Ein vergleichbares Erscheinungsbild zeigt sich in Kell. Die geschichteten Lapillituffsteine baute man – sicherlich bereits vor dem 19. Jh. – für den lokalen Bausteinbedarf in der Flur Hasenhell ab.[57] Eindrucksvolle Beispiele ihrer baulichen Nutzung zeigen die 1902–1903 von Lubens Mandt unter Einbeziehung älterer Bauteile erneuerte zweischiffige Halle der St. Lubentius-Kirche sowie mehrere Bauerngehöfte und Wohnhäuser im Ortskern. Die gro-

25 Glees, Wohnhaus (1. H. 20. Jh.). Gebeiltes Quadermauerwerk aus verwitterungsanfälligem Gleeser Tuffstein über Sockel aus gespitzter Basaltlava. Aufnahme 1989.

26 Glees, Abteihof (i 1555). Erbaut aus Gleeser Tuffstein (Orte), Basaltlava (Orte, Fenstergewände und Giebelabdeckung) und unterdevonischen Sandsteinen. Aufnahme 1991.

ben Tuffbausteine eignen sich wegen ihrer Weichheit aber kaum für die Verwendung als Werkstein, großformatige Mauerquader waren jedoch einfach herzustellen und garantierten einen zügigen Baufortschritt.

4. Basalt und Phonolith

Eine kleine Baunische ohne nennenswerte Bedeutung füllen tertiäre Basalte und quartäre Phonolithe. Die Basalte entstammen mehreren Vorkommen und finden sich z. B. in geringem Umfang im unteren Ahrtal und in Remagen, wo sie – meist an untergeordneten Bauteilen wie Stützmauern, Böschungsbefestigungen und einfachsten Bauten – vermischt mit anderen Bausteinen verarbeitet wurden. Der dichte Phonolith der Olbrück ist als Mauerstein auf die gleichnamige Burgruine über dem Brohltal und Galenberg beschränkt.

5. Schiefer und Sandsteine

Bauvorhaben, für die vulkanogene Bausteine nicht zur Verfügung standen, wurden ausschließlich mit den in direkter Nähe zum Bauort anstehenden klastischen Sand- und Schiefergesteinen des Unterdevons ausgeführt. Aufgrund ihres engständigen Kluftsystems und ihrer Schiefrigkeit waren sie jedoch steinmetzmäßig kaum zu bearbeiten.

Nördlich des Brohltales, westlich einer Linie von Weibern über Mayen und Kehrig nach Kollig, südlich einer Linie von Gering über Welling zu den Karmelenberger Höfen und nach Kobern sowie entlang der Mosel bis nach Koblenz wurde vorwiegend mit den sedimentär abgelagerten Gesteinen gebaut. Lediglich Bauteile mit besonderen statisch-konstruktiven Funktionen wie z. B. Fenster- und Türrahmungen und Eckverquaderungen, oder solchen, die einem erhöhten Verschleiß unterlagen wie z. B. Bodenplatten und Blockstufen, wurden aus widerstandsfähigen und steinmetzmäßig gut zu bearbeitenden Natursteinen hergestellt. Neben den nur punktuell für hochrangige Repräsentationsbauten verwendeten Tuffgesteinen (Römertuffe, Weiberner Tuffe) kamen vor allem die tephritischen Basaltlaven aus Mayen und Mendig für diese Zwecke zum Einsatz.

Andererseits ist die Verwendung von Sand- und Tonsteinen in den Orten auffällig, die zwar direkten Zugang zu höherwertigen Natursteinen hatten wie z. B. in Glees (s. v.) oder Mayen, wo die Verfügbarkeit von basaltischen Bausteinen aufgrund der Nähe zu den Abbaustellen im Mayener Grubenfeld also einerseits gesichert war, aber dennoch minderwertiges Baumaterial zur Verwendung kam. Die auf einem Felsvorsprung erbaute Genovevaburg zeigt dies an den ältesten Bauteilen aus dem 13. Jh. Bergfried und Teile der Wehrmauer sind bis zu einer Höhe von sechs Metern über den oberen Burghof mit Bruchsteinen aus den Mayen-Schichten (Siegen/Unterdevon) aufgeführt, während die höher anschließenden Mauerteile aus Basaltlava errichtet wurden. Dieser Baubefund ist dadurch zu erklären, daß man die bei der Aushebung des Burggrabens anfallenden Steine aus Gründen der Zweckmäßigkeit und Kostenersparnis zum Aufführen der Mauern verwendete. Erst nach Fertigstellung des Grabens war man gezwungen, den Bausteinbedarf aus den allenfalls zwei Kilometer entfernten Vorkommen des Grubenfeldes zu decken.

6. Importierte Gesteine

Über den Rhein importierte Gesteine spielen im Mittelrheinbecken eine untergeordnete, im Siedlungsbild aber erkennbare Rolle. Wegen des transporttechnischen Aufwandes ihrer Beschaffung handelt es sich überwiegend um Werksteine, die – oft bildhauerisch aufwendig bearbeitet – wohl als Fertigprodukte aus überregional bekannten Werkstätten bezogen und daher nur an bevorzugten Orten aufgestellt wurden.

Ein auffälliges Element in der Bausteinlandschaft des Untersuchungsgebietes stellen die im Siebengebirge gebrochenen tertiären Trachyte vom Drachenfels bzw. Latite von Stenzelberg und Wolkenburg dar. Gleich gut zu gestaltende Gesteine stehen zwar auch im Mittelrheinbekken mit den tephritischen Basalten an, dennoch tauchen bereits seit romanischer Zeit diese Importsteine auf. Markt-, Grab- und Wegekreuze, Fenster-, Tür- und Torgewände, Säulen, Gesimse u. ä. kennzeichnen ihre Verwendungszwecke. In Remagen (Weiheinschrift der St. Peter-und-Paul-Kirche von 1246, Kapelle der Abtei Knechtsteden, 2. Hälfte 15. Jh.), Sinzig (St. Peter, vor 1241), den Orten des Ahrmündungsdeltas (Grabkreuze in Bad Bodendorf, 18. Jh.), in Bad Breisig/Oberbreisig (17. Jh.), Burgbrohl (Mariensäule, 1786), Andernach (St. Maria Himmelfahrt, um 1230), Koblenz und Lonnig (Chor St. Maria, 1220–30) wurden sie vorwiegend als Quadersteine verbaut oder als Einzeldenkmale aufgestellt. Mauersteine sind aus verständlichen Gründen auf die Siedlungen in unmittelbarer Rheinnähe beschränkt.

Buntsandsteine (Buntsandstein/Trias) kamen aus dem Trierer Raum über die Mosel und vom Oberrhein in das Mittelrheinbecken. In allen Moselorten und vielen Siedlungen entlang des unteren Mittelrheins finden sie sich als Werksteine für Fenster-, Tür- und Torrahmungen, selten auch als Mauersteine verwendet. Seit dem Beginn des 20. Jh. tauchen sie dann auch in flußferneren Siedlungen an repräsentativen Gebäuden auf. Eine exemplarische Verwendung zeigt die von Lambert von Fisenne 1899–1900 erbaute neobarocke St.-Martin-Kirche in Bassenheim mit Gewänden und Quadern aus dem roten Sandstein. Eine graugrün-beige Sandsteinvarietät wird seit dieser Zeit ebenfalls gerne an Profanbauten verwendet.

Ein oberdevonisch-unterkarbonischer Baustein, der im Aachener Raum ugs. als Blaustein bezeichnet wird, scheint ebenfalls bereits während des Mittelalters in das Untersuchungsgebiet gelangt zu sein. In Remagen wurden an der Kirche St. Peter-und-Paul monolithische Säulchen und in Sinzig eine Bildhauerarbeit im Innern der Kirche St. Peter aus dem Kalkstein gehauen.

Bauliche Nutzung und räumliche Verbreitung der Naturbausteine im Mittelrheintal

Das Mittelrheintal ist seit beinahe 2000 Jahren ein wichtiger Transportweg zwischen den ober- und niederdeutschen Ländern. Die per Schiff und Floß auf dem Rhein vorbeiziehenden Baumateriallieferungen haben in den Siedlungen des Rheintals eindeutige Spuren hinterlassen.

Als Mauermaterial nutzte man das überall reichlich anstehende Gestein des devonischen Schiefergebirges. Die geschieferten Sand- und Tonsteine wurden an den steilen Talflanken gebrochen, für ihre Gewinnung waren nennenswerte Wege nicht erforderlich. Besonders deutlich wird dies bei den Burgen, denn Ausbruchmaterial des Halsgrabens wurde für Maurerarbeiten verwendet.

Gesteine für die Herstellung von Werkmaterial stehen am gesamten Mittelrhein nicht an, sieht man von den aus Schiefer hergestellten Grabplatten des 13. bis 15. Jh. z. B. in der Liebfrauenkirche in Oberwesel, den großformatigen Schieferplatten am Winandturm (i 1429 bis i/d 1431) des Posthofes in Bacharach oder den in alten Weinbergterrassen verwendeten Trittstufen ab. Rheinabwärts kam der von Main und Neckar bzw. aus der Pfalz[58] stammende Buntsandstein. Repräsentative Beispiele sind das Hilchenhaus (1546–48) in Lorch, die Wernerkapelle (1287–1426) in Bacharach, die Liebfrauenkirche (M. 14. Jh.) in Oberwesel und die Stiftskirche (M. 14. Jh., 1444–69) in St. Goar, die eine sehr aufwendige Verarbeitung des Materials dokumentieren. In weitaus bescheidenerem Umfang wurden Werksteine in vielen Orten (Bacharach, Oberwesel u. a.) an profanen Bauten verarbeitet, wobei ihre Verbreitung rheinabwärts nachläßt und nördlich von St. Goar nur noch sehr untergeordnet zu beobachten ist.

Präquartäre Gesteine

- ▲ ▲ ▲ Sandstein, Schiefer, Quarzit
- ▼ ▼ ▼ Kalkstein: `Blaustein´
- △ △ △ Bundsandstein (rot)
- ◁ ◁ ◁ Sandstein (hell)
- ▲ — — Trachyt (Drachenfels)
- ▼ — — Latit (Stenzelberg, Wolkenburg)
- ▶ — — Weidenhahner Trachyt
- □ □ □ Basalt
- ▽ ▽ ▽ Tertiärkalk

Quartäre vulkanogene Gesteine

Phonolithisch-foiditische Gesteine

- ◆ ◆ ◆ Phonolith
- ◆ ◆ ◆ Ettringer Tuff (ET)
- ◆ ◆ ◆ Weiberner Tuff (WT)

Alkalibasalitische Gesteine

- ◆ ◆ ◆ Wehrer Tuff
- ◇ ◇ ◇ Lehrenkopf-Tuff
- ◆ ◆ ◆ Leilenkopf-Tuff
- ◇ — — Kempenicher Palagonittuff
- ■ ■ ■ Tephrite (Basaltlaven von Mayen und Niedermendig)
- ☒ ☒ ☒ Basaltschlacken: `Krotzen´

Laacher-See-Bimstuffe

- ◆ ◆ ◆ Gleeser Tuff
- ◆ ◆ ◆ Keller Tuff
- ◇ ◇ ◇ Laacher Tuff (LT)
- ◇ ◇ ◇ Brohltal- und Pellenztuff: `Römertuff´ (RT)

Starke Verbreitung
Mittlere Verbreitung
Geringe Verbreitung

Geschlossenes Verbreitungsgebiet von Bausteinen aus:

- Basaltlava
- Schiefer/ Sandstein
- Tuffe (s. o.)
- Leilenkopf-Tuff
- Wehrer Tuff
- Gleeser Tuff
- Lehrenkopf Tuff

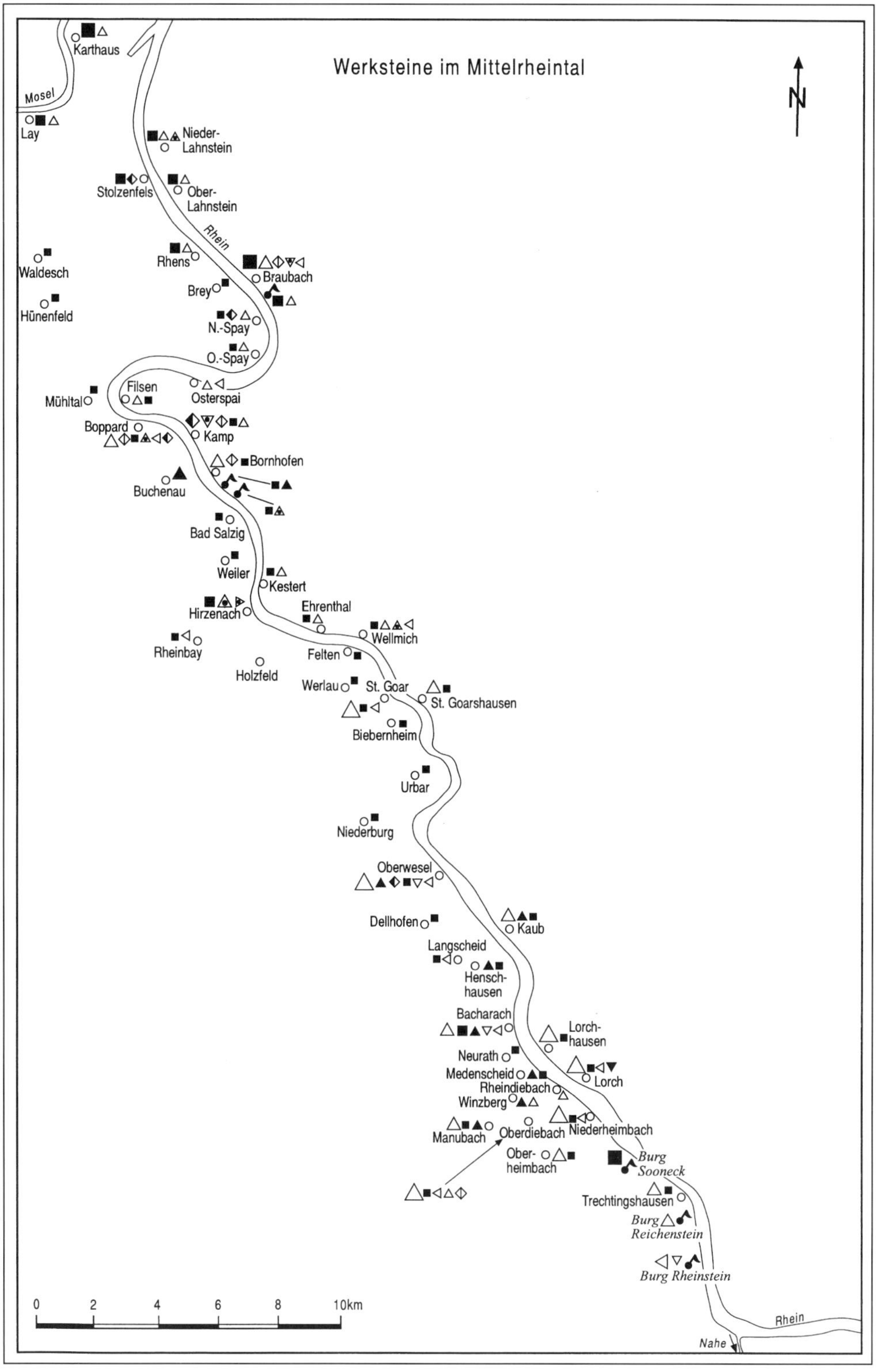
Werksteine im Mittelrheintal
N
Karthaus
Mosel
Lay
Nieder-
Lahnstein
Stolzenfels
Ober-
Lahnstein
Rhein
Waldesch
Rhens
Braubach
Brey
Hünenfeld
N.-Spay
O.-Spay
Filsen
Osterspai
Mühltal
Boppard
Kamp
Bornhofen
Buchenau
Bad Salzig
Weiler
Kestert
Hirzenach
Ehrenthal
Wellmich
Rheinbay
Felten
Holzfeld
Werlau
St. Goar
St. Goarshausen
Biebernheim
Urbar
Niederburg
Oberwesel
Dellhofen
Kaub
Langscheid
Hensch-
hausen
Bacharach
Lorch-
hausen
Neurath
Lorch
Medenscheid
Rheindiebach
Winzberg
Manubach
Oberdiebach
Niederheimbach
Ober-
heimbach
Burg
Sooneck
Trechtingshausen
Burg
Reichenstein
Burg Rheinstein
0
2
4
6
8
10km
Rhein
Nahe

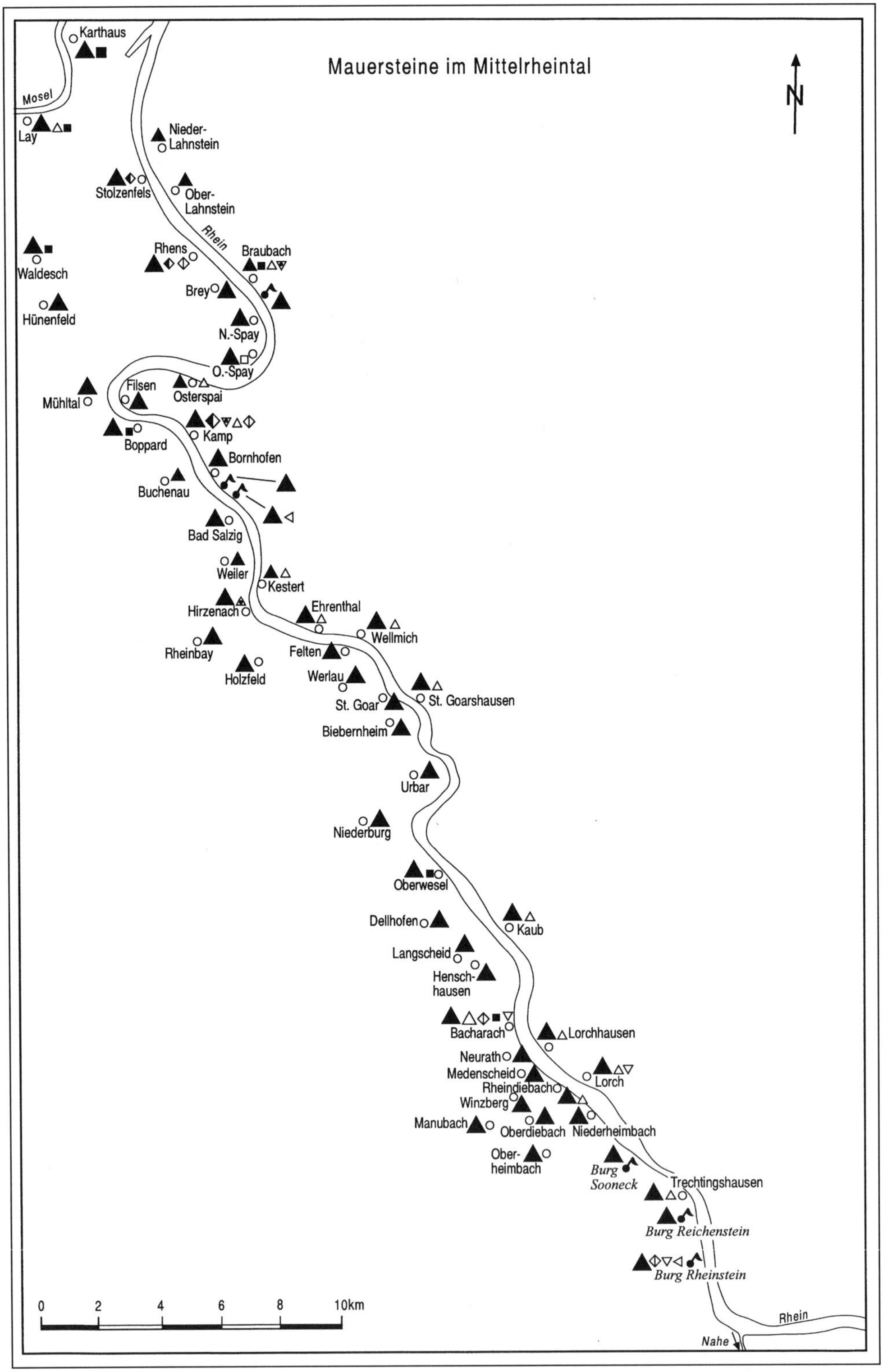
Mauersteine im Mittelrheintal
N
Karthaus
Mosel
Lay
Nieder-
Lahnstein
Stolzenfels
Ober-
Lahnstein
Rhein
Waldesch
Rhens
Braubach
Brey
Hünenfeld
N.-Spay
O.-Spay
Mühltal
Filsen
Osterspai
Kamp
Boppard
Bornhofen
Buchenau
Bad Salzig
Weiler
Kestert
Hirzenach
Ehrenthal
Wellmich
Rheinbay
Felten
Holzfeld
Werlau
St. Goar
St. Goarshausen
Biebernheim
Urbar
Niederburg
Oberwesel
Kaub
Dellhofen
Langscheid
Hensch-
hausen
Bacharach
Lorchhausen
Neurath
Medenscheid
Lorch
Rheindiebach
Winzberg
Manubach
Oberdiebach
Niederheimbach
Ober-
heimbach
Burg
Sooneck
Trechtingshausen
Burg Reichenstein
Burg Rheinstein
0
2
4
6
8
10km
Rhein
Nahe

27 Oberwesel, Liebfrauenkirche, Schiefergrabplatte (i 1598). Aufnahme 1999.

28 Bacharach, Wernerkapelle, (1287–1426). Buntsandstein aus oberrheinischen Vorkommen. Aufnahme 1999.

Aus dem Mainzer Becken (Mainz-Weisenau, Wiesbaden) fanden als Werksteine zugerichtete Tertiärkalke (Hydrophobien- und Litorinellenkalke) rheinabwärts ihre Abnehmer. An Stadtmauern und -türmen ist das Gestein häufig in Form von Kragsteinen punktuell nachweisbar, z. B. an Ochsenturm (d 1536) und Zehnerturm (14. Jh.) sowie der Schildmauer der Burg Schönburg in Oberwesel oder an der rheinseitigen Stadtmauer Bacharachs.

Doch auch stromaufwärts gerichtete Baumateriallieferungen haben in der historischen Bausubstanz des Rheintals ihre Spuren hinterlassen. Aus dem Siebengebirge erreichten Trachyt und Latite als Grab- und Wegekreuze die Region. Die Kirche in Hirzenach (Anf. 12. Jh.–1250) stellt eine Besonderheit dar, denn ihre Werksteine (Portalgewände, Strebepfeilerquader, Langkurzwerk, Säulen und Gesimse) stammen aus dem unmittelbar am Rheinufer gelegenen Drachenfelssteinbruch. Ob dies ggf. durch Beziehungen zum Stammkloster Siegburg begründet ist, wäre noch zu untersuchen. Trachyt-Werksteine sind ebenso auf Burg Liebenstein (vermutlich 14. Jh.) bei Kamp-Bornhofen und von St. Martin (um 1300) in Wellmich belegt. Eine postulierte Verwendung in Trechtingshausen war in situ nicht zu dokumentieren.

Basaltlava-Werksteine lassen sich aufgrund des früher reichlichen Angebotes in fast allen Siedlungen des oberen Mittelrheintals latent dokumentieren. Im Nordteil dominieren sie, im Südteil werden sie von Werkmaterial aus Buntsandstein zurückgedrängt. Sie dienten als Gewändesteine, Blockstufen, Torangeln bzw. Führungshaken für Fallgitter an Stadttoren und waren bis ins 19. Jh. als öffentliche Brun-

29 Oberwesel, Zehnerturm, Kragsteine aus Tertiärkalk, Mainzer Becken. Aufnahme 1999.

30 Hirzenach, Benediktiner-Propsteikirche St. Maria und Johannes Ev. (A. 12. Jh.), heute St. Bartholomäus. Südportal (um 1250). Gewändequader aus Drachenfelstrachyt mit herausgewitterten Sanidintafeln (links) und scharriertes Austauschgestein der Varietät Weidenhahner Trachyt (links unten und rechts). Aufnahme 2001.

nenanlagen und preußische Meilensteine weit verbreitet. An einem Werkstein in Bacharach ließ sich im frischen Bruch das Mineral Hauyn (Sodalith) und damit seine Herkunft aus Mendig nachweisen.[59]

Werksteine aus Weiberner und Römertuff fanden ihren Weg bis über Bingen hinaus rheinaufwärts. Sie wurden an vielen Toren, Stadtmauern und spätmittelalterlichen Gebäuden z. B. in Rhens, Braubach, Boppard und Kamp-Bornhofen verbaut. Nicht näher identifizierte Tuffziegel fanden sich bei Bauuntersuchungen an gotischen Teilen des Rheinbaus auf der Marksburg bei Braubach.[60] Römertuff-Ziegelsteine konnten bei den Sanierungsarbeiten am Wienandturm (um 1430) des Posthofes in Bacharach im oberen Turmschaft dokumentiert werden, am Marktturm sind sie ebenfalls nachweisbar.

Das Mittelrheintal zeichnet sich in seiner autochthonen Mauersteinverwendung durch eine gewisse Regelmäßigkeit aus. Im Gegensatz dazu steht die große Variationsbreite in der als allochthon zu bezeichnenden Werksteinnutzung, die ihre Ursachen in der breiten Angebotspalette der über den Rhein verhandelten Baustoffe hat.

Resümee

Die bauliche Nutzung der Natursteine läßt in ihrer räumlichen und zeitlichen Verteilung – trotz aller Besonderheiten des Einzelbefundes – abgestufte Nutzungsebenen und grundsätzliche Gesetzmäßigkeiten erkennen:

- Eine eingeschränkte handwerkliche Formbarkeit eines Natursteins begünstigte die ausschließliche Verwendung als Mauerstein, eine vielseitige als Werkstein.
- Die lange Tradition der Natursteingewinnung und -bearbeitung führte infolge der großen petrographischen Vielfalt der Vorkommen zur Herausbildung eigenständiger, voneinander präzise abgrenzbarer und geschlossener Bausteinbezirke mit einem charakteristischen Baumaterialspektrum. Durchdringungszonen treten nur im direkten Einzugsbereich gleichwertiger und konkurrie-

render Natursteinvorkommen auf. Die Bausteinregionen sind als landschaftsgebundene, historisch gewachsene Baumaterialeinheiten zu interpretieren und Spiegelbild der physiogeographischen Ausstattung des Untersuchungsraumes.

- Als regional verbreitete Mauermaterialien sind tephritische Basaltlaven, Schlacken und Krotzen, Weiberner und Ettringer Tuffsteine, Brohltal- und Pellenztuffe (Römertuff) sowie unterdevonische Schiefer und Sandsteine nachzuweisen. Ausschließlich lokale Verbreitung fanden Wehrer Tuff, Gleeser Tuff, Keller Tuff, Laacher Tuff, Leilenkopf-Tuff und Lehrenkopf-Tuff sowie Phonolith und Basalte.
- Als regional verbreitete Werksteine können tephritische Basaltlaven sowie Weiberner und Ettringer Tuffsteine sowie Brohltal- und Pellenztuffe (Römertuff) nachgewiesen werden. Auf eine rein lokale Nutzung beschränken sich Wehrer Tuff, Gleeser Tuff, Keller Tuff und Laacher Tuff.
- Wenige Steinsorten wurden aus Vorkommen außerhalb des Untersuchungsgebietes importiert. Ihre absolute Menge bleibt gering, wenngleich sie im Baubild oft markant in Erscheinung treten wie z. B. die Siebengebirgstrachyt und -latite, Buntsandstein und Tertiärkalke.
- Mauersteinregionen lehnen sich eng an die Lagerstätten der jeweiligen Bausteine an. Unnötig weite Transportwege wurden bis zur Aufgabe der allgemeinen Natursteinverwendung im Bauwesen während der 1. Hälfte des 20. Jh. aus transporttechnischen und wirtschaftlichen Gründen vermieden. Werksteinregionen gehen erheblich über den Raum der entsprechenden Mauersteinnutzung hinaus, da Werksteine bei jedem Bauvorhaben nur in begrenztem Umfang erforderlich waren und sich als Fertigprodukte leichter beschaffen ließen. Nicht am Ort anstehende Natursteine wurden gerne als farblich kontrastierende Werksteine verbaut, auch wenn das örtlich anstehende Gestein die gleichen Funktionen besaß.
- Die Mauersteinnutzung ist als eine autochthone, die Werksteinnutzung als eine von allochthonen Faktoren beeinflußte Materialverwendung zu interpretieren. Dies wird besonders deutlich entlang des Rheins, über den seit 2000 Jahren Baumaterialtransporte abgewickelt wurden.
- Ursachen der beschriebenen Materialverwendung liegen in der räumlichen Verteilung und Größe der Vorkommen, in der spezifischen Verwendbarkeit, den steinmetzmäßigen Bearbeitungsmöglichkeiten und der Abbautradition sowie in transporttechnischen Aspekten begründet.
- Auffallend sind die an vielen mittelalterlichen Bauten zu beobachtende große Vielschichtigkeit des Baumaterials. Die Fähigkeit, Logistikkonzepte zu entwickeln und Schwertransportgüter über große Strecken zu verschiffen, an herausragenden Repräsentativbauten Baumaterialien aus weit entfernten Vorkommen anstelle der lokal verfügbaren Baustoffe zu verarbeiten, nötigt Respekt vor den Leistungen vergangener Zeiten ab.
- Die Karten stellen das aktuelle Bild der Bausteinnutzung im Mittelrheinbecken und am Mittelrhein dar. Es ist weitgehend mit dem Erscheinungsbild zu Ende des 19. Jh. identisch. Flächendeckende Verbreitungskarten älterer Epochen lassen sich nicht mit der erforderlichen Signifikanz erstellen, da Angaben häufig nur für Einzelobjekte möglich sind. Sie dürften sich für das profane Bauwesen von der vorliegenden Kartierung durch eine noch engere Anlehnung an die Lagerstätten unterscheiden.

Für die Zukunft bestehen wichtige denkmalpflegerische, städtebauliche und ökonomische Aufgaben darin,

- das überlieferte regionaltypische Baumaterialspektrum im Mittelrheinbecken und Mittelrheintal aufmerksam zu beobachten und nachteilige Veränderungen zu unterbinden,
- die allgemeine bauliche Entwicklung kritisch zu begleiten
- und gestalterische Fehlgriffe im Hinblick auf eine vereinheitlichende Nivellierung möglichst zu vermeiden.

Nicht nur ökologische Aspekte (Schonung von Ressourcen) und denkmalpflegerische Zielsetzungen (nachhaltiges Handeln durch Bewahrung des bauhistorischen Erbes), sondern insbesondere auch wirtschaftliche Gründe, die die unverwechselbare Identität dieser alten Kulturlandschaft und Tourismusregion begründen, verlangen die konservierende Pflege und den respektvollen Umgang mit den kulturellen Werten.

1 Mahlsteine und andere, technischen Zwecken dienende Steinkörper wie z. B. Kollergänge aus 'rheinischer Basaltlava', die schon seit römischer Zeit bis in das Mittelmeer- und Donaugebiet, nach Britannien, später auch Skandinavien, in das Baltikum, nach Rußland und in die Neue Welt exportiert wurden, werden im weiteren nicht näher betrachtet.

2 Vgl. die standardisierte römische Legionärsmühle von ca. 40 cm Durchmesser.

3 Wilhelm Meyer: Geologie der Eifel, Stuttgart 1988, hier S. 365-367.

4 Lothar Viereck: Geologische und petrologische Entwicklung des pleistozänen Vulkankomplexes Rieden, Osteifel, Bochum 1984 (Bochumer geologische und geotechnische Arbeiten, Bd. 17)

5 Josef Röder: Die antiken Tuffsteinbrüche der Pellenz. In: Bonner Jahrbücher, Bd. 157, 1957, S. 213-271, hier S. 219.

6 Manfred Huiskes: Andernach im Mittelalter. Bonn 1980, hier S. 63. (Rheinisches Archiv, Bd. 111)

7 Die Riedener und Weiberner Varietät werden hier gemeinsam betrachtet.

8 Klaus Freckmann: Steinhauergewerbe im Siebengebirge. In: Jahrbuch für Hausforschung, Bd. 41, S. 47-56, hier S.47.

9 Sie wird hier nicht näher betrachtet. Ihre Vorkommen wurden früher nur untergeordnet gewonnen (z. B. Schlackengewinnung am Hochstein/Forstberg) oder dienen heute der Herstellung von Senksteinen und Schotter (z. B. am Lavastrom des Hochsimmers).

10 Petrographisch handelt es sich um einen Leuzit-Tephrit. Vgl.: Meyer 1988 (wie Anm. 3), hier S. 399-400.

11 Petrographisch handelt es sich um einen Nephelin-Leuzit-Tephrit. Vgl.: Meyer 1988 (wie Anm. 3), hier S. 399-400.

12 Petrographisch handelt es sich um einen Basanit. Vgl.: Meyer 1988 (wie Anm. 3), hier S. 401-403.

13 Petrographisch handelt es sich um einen Leuzit-Basanit bzw. Leuzit-Tephrit. Vgl.: Meyer 1988 (wie Anm. 3), hier S. 404-405.

14 Petrographisch handelt es sich um einen Phlogopit-Leuzit-Basanit. Vgl.: Meyer 1988 (wie Anm. 3), hier S. 392-393.

15 Grubenbesitzer Caspar Helmes führte 1903 den elektrischen Kranbetrieb auf dem Mayener Grubenfeld ein, der die gefährliche Arbeit an den altertümlichen Winden ersetzte. Infolgedessen kam es zu einem Überangebot an Waren bzw. einem Sinken der Preise. Vgl.: Berthold Prößler: Mayen von der französischen Zeit bis zum Ersten Weltkrieg 1794–1918. In: Geschichte von Mayen, Hg. Geschichts- und Altertumsverein Mayen. S. 169-238, Mayen 1991, hier S. 214 f.

16 Fridolin Hörter, Franz Xaver Michels, Josef Röder: Die Geschichte der Basaltlavaindustrie von Mayen und Niedermendig. Mittelalter und Neuzeit. In: Jahrbuch für Geschichte und Kultur des Mittelrheins und seiner Nachbargebiete, Bd. 6/7, 1955, S. 7-32, hier S. 16.

17 Wilfried Rosenberger: Beschreibung rheinland-pfälzischer Bergamtsbezirke. Bergamtsbezirk Koblenz, Bad Kreuznach 1979, hier S. 228. Diese Menge entspricht einem Quader von 500 x 100 x 100 Metern Seitenlänge.

18 Anders als in Mayen spielte in Niedermendig die Herstellung von Mühlsteinen bis zum Beginn des 20. Jh. die überragende und die von Bausteinen nur eine untergeordnete Rolle. Davon berichten auch die frühesten urkundlichen Nachrichten über die Anlage einer Tagebaugrube 'In der Wasserkaul' bei Mendig von 1344 sowie über die Errichtung einer hölzernen Winde durch das Kloster Maria Laach aus dem Jahre 1389. Eine vertragliche Vereinbarung vom 24. August 1500 sollte den Layern von Mayen und Kottenheim sowie Niedermendig aufgrund der unterschiedlichen Durchmesser der Basaltlavasäulen annähernd gleiche Arbeits- und Verdienstmöglichkeiten sichern. Sie erlaubte einerseits zwar die Herstellung von Gewändesteinen für Fenster- und Türöffnungen, Wasser- und Futtertrögen sowie Blockstufen aus dem Material, das für Mühlsteine nicht nutzbar war, verbot andererseits aber die Anfertigung von 'Wölfen' und 'Queren' – also kleinen Mühlsteinen – im Niedermendiger Grubenfeld. Die Arbeitskollegen in Mayen und Kot-

tenheim durften hingegen keine Steinmetzarbeiten ausführen, wohl aber die kleinen Mühlsteinformate, sofern auf der jeweiligen Grube eine Winde stand und jährlich nur eine Last – also 24 Stück 'Queren' – gehoben wurde. Zumindest bis 1614 hielten sich die Mendiger Steinhauer an diesen Vertrag, wie ein vermauerter Mühlstein mit einem zu einer Schießscharte umgestalteten Auge in Mendig belegt. Aus einem Brief des Rates der Stadt Köln vom 9. September 1489 an die Gemeinde Niedermendig geht hervor, daß auch die Ausfuhr größerer Rohblöcke verboten war und das Ziel hatte, das Herstellungsmonopol für Mühlsteine zu erhalten. Vgl.: Hörter, Michels, Röder 1955 (wie Anm. 16), hier S. 10, 15-16, nach einem Lehnsbrief des Klosters Maria Laach, Hauptstaatsarchiv Koblenz, Akt. 128, Nr. 290. Der Grundeigentümer (Erbherr) mußte nach einer im Jahre 1789 durch den Gerichtsschreiber Urban Meesen aufgezeichneten Beschreibung das Holz für die Errichtung einer Winde dem Unternehmer (Lehnherr) bereitstellen. Vgl.: Fridolin Hörter: Verpachtung einer Mühlsteingrube in Mendig im Jahre 1344. In: Heimatbuch Mayen-Koblenz 1995, S. 61-63. Fridolin Hörter: Schriftbelege zur mittelalterlichen Basaltlavaindustrie. In: Heimatjahrbuch Mayen-Koblenz 1999, S. 113-116.

19 Hans-Ulrich Schmincke: Vulkanismus; Darmstadt 2000, hier S. 40

20 Freundliche mündliche Mitteilung Dr. Volker Repke, Deutsche Vulkanologische Gesellschaft, Mendig. Die Magmavolumen des Mt. St. Helens, El Cichons und Mt. Pelées betrugen ca. < 1 km^3, das des Vesuvs (79 v. Chr.) ca. 3 km^3. vgl. Hans-Ulrich Schmincke: Vulkanismus, Darmstadt 1986, hier S. 80 sowie Hans-Ulrich Schmincke, 2000: hier S. 40 (wie Anm. 19).

21 Holger Schaaf: Antike Tuffbergwerke in der Pellenz. In: Steinbruch und Bergwerk. Denkmäler römischer Technikgeschichte zwischen Eifel und Rhein, S. 17-30, Mainz 2000, hier S. 17.

22 Diese an Bimskörnern reichen Tuffziegel haben den bei heutigen Restaurierungsarbeiten allgemein verbreiteten schlechten Ruf des Römertuffs begründet, da die Bimse bevorzugte Angriffspunkte der Verwitterung darstellen und durch Auswittern die kavernöse Oberfläche des Steins verursachen. Der heute gewonnene Römertuff stammt aus den tieferen Partien der Glutlawinenablagerungen und ist daher wesentlich ärmer an Bimslapilli.

23 Ein auf 1321 datierter Vertrag belegt, daß das Kloster Maria Laach zwei Steinbrüche in Kruft verpachtete, aus denen ihm anfänglich ein Drittel, später die Hälfte und danach sogar drei Viertel der Förderung zustand. Im Gegenzug beteiligte es sich als Grundeigentümer (Erbherr) an den Investions- und Betriebskosten des Unternehmers (Lehnherr) bei der Ausbeutung des Vorkommens. Die Gewinnung selbst erfolgte bis zum 19. Jahrhundert durch die Layer. Ähnliche Regelungen sind aus den Basaltlavabrüchen bekannt. Vgl. Bertam Resmini: Die Benediktinerabtei Maria Laach, S. 256, Berlin 1993 (Germania Sacra, Das Erzbistum Trier, Bd. 7.). Josef Schmandt: Die historische Entwicklung der rheinischen Basalt- und Basaltlava-Industrie, Siegburg 1930, hier S. 34.

24 Freundliche mündliche Mitteilung von Dr. Holger Schaaf, Vulkanpark GmbH, Mayen und Schaaf, 2000: hier S. 30 (wie Anm. 21).

25 Huiskes, 1980: hier S. 108 (wie Anm. 6).

26 Rosenberger, 1979: hier S. 327 (wie Anm. 17). Carl Bertram Hommen: Einst klapperten alle Nase lang am Brohlbach Wassermühlen für Traß, Mehl und Öl, in: Geliebte Heimat zwischen Laacher See und Goldener Meile, 1989, S. 71-76, hier S. 72.

27 Hommen 1989: hier S. 74 (wie Anm. 26).

28 Die gegenwärtige Rohstoffgewinnung ist bemüht, unter wirtschaftlichen Aspekten und Beachtung gesetzlicher Vorgaben Fest- und Lockergesteine kostengünstig zu gewinnen. Problematisch ist jedoch der heutige Umfang der Rohstoffgewinnung unter Einsatz technischer Großarbeitsgeräte, denn er führt zu nachhaltigen Veränderungen der Landschaft. Seit 1973 sind die Unternehmen zwar verpflichtet, Abbau- und Rekultivierungspläne zu erstellen sowie durch den Nachweis über die Bildung finanzieller Rücklagen zukünftige Rekultivierungsmaßnahmen sicherzustellen, dennoch richtet sich die Begehrlichkeit wegen der allgemeinen Erschöpfung der Lagerstätten zunehmend auch auf die wenigen noch nicht ausgebeuteten Vulkanbauten, so z. B. in Nähe des Naturschutzgebietes Laacher See.

29 Wilhelm Meyer: Vulkanbauten der Osteifel, Köln 1999, hier S. 41-42.

30 Karl-Heinz Schumacher: Das Baumaterial der gotischen Chorhalle des Münsters St. Vitus in Mönchengladbach. In: Denkmalpflege im Rheinland 1, 2000: S. 34-36. Karl-Heinz Schumacher: Lava, Layer, Laacher See. Die Mühlsteinhöhlen von Mendig und ihre Geschichte. In: Die Eifel 2: S. 81-83; Düren 2000. Karl-Heinz Schumacher: Laacher Tuff als Baumaterial im Rheinland. In: Eifeljahrbuch 2001: S. 173-178; Düren 2000.

31 Meyer 1999 (wie Anm. 3), hier S. 10.

32 Naturwerkstein in der Denkmalpflege. Hg. von Gottfried Kiesow, Wiesbaden 1987, hier S. 353. Der angegebene Aktionsradius eines Steinbruches von 20 km kann allenfalls als grober Näherungswert gelten. Im Einzelfall weicht er be-

trächtlich davon ab, ist in der Regel aber oftmals sehr viel kleiner.

33 Die Funktion des Rheins als überregional bedeutsame Wasserstraße, über die Baustoffe als Fernhandelsprodukte weit transportiert werden konnten, bleibt bei unserer Betrachtung des regionalen Baugeschehens im Mittelrheinbecken unberührt.

34 Hierunter ist auch die bauliche Verwendung von Beller Tuffstein in Bell und Obermendig gefaßt.

35 Degen verneint aufgrund der Transportschwierigkeiten diese in der Literatur oft vertretene Auffassung. Vgl. Kurt Degen: Geschichte der Bodenschätze im Brohltal, hier S. 41; Burgbrohl 2001. (Eigenverlag)

36 Votiv- und Grabsteine wurden bereits in römischer Zeit aus Basaltlava erstellt (Eifeler Landschaftsmuseum, Mayen). Die 'Grabstele von Moselkern' wird auf das Ende des 7. Jh. datiert (Landesmuseum Bonn). Die aus Obermendig stammenden und nach Clais Beligen benannten Nichenmäler ('Beligenmäler') datieren auf 1461, 1462, 1471 und 1472. Das erste datierte Kreuz stammt von 1554, erst zu Ende des 16. Jh. werden Datierungen häufiger. Zusammengestellt ist das Material in: Kurt Müller-Veltin: Mittelrheinische Steinkreuze aus Basaltlava, Neuss 1980.

37 Tephrite (Basaltlaven) werden heute nur noch im Mayener und Niedermendiger Grubenfeld gewonnen.

38 Nach Plänen (1855) von Friedrich Freiherr von Schmidt durch August Rincklage und Caspar Clemens Pickel erbaut.

39 Bemerkenswert sind die vielen in den Sockelsteinen eingeritzten Steinmetzzeichen und Jahreszahlen.

40 Wegen seiner Ähnlichkeit mit dem Alten Kaufhaus in Koblenz dem kurtierischen Hofbaumeister Hans Georg Judas zugeschrieben.

41 Kunst des 19. Jahrhunderts im Rheinland. Hg. von Eduard Trier und Willy Weyres, 5 Bände, Düsseldorf 1979-1981, hier S. 217.

42 Vgl.: Berthold Prößler: Mayen von der französischen Zeit bis zum Ersten Weltkrieg 1794–1918. In: Geschichte von Mayen. Hg. vom Geschichts- und Altertumsverein Mayen, S. 169-238, Mayen 1991, hier S. 193-195.

43 Vgl.: Klaus Markowitz: Die bauliche Entwicklung von Mayen seit Beginn des 19. Jahrhunderts bis zum II. Weltkrieg. In: Geschichte von Mayen. Hg. vom Geschichts- und Altertumsverein Mayen, S. 239-276, Mayen, hier S. 243.

44 Champagne-Quarzmühlsteine oder 'Franzosen' genannt. Vgl.: Dietmar Reinsch: Natursteinkunde, Stuttgart 1991, hier S. 212

45 vgl. Schmandt 1930, hier S. 48.

46 Eine detaillierte Untersuchung zu Vorkommen und Verwendungsorten hat kürzlich Kurt Degen für das Brohltal vorgelegt. Vgl. Kurt Degen: Geschichte der Bodenschätze im Brohltal. Burgbrohl 2001. (Eigenverlag)

47 Niedermendig, Obermendig, Bell, Polch, Ochtendung, Nickenich

48 Güls, Nickenich, Polch, Weißenthurm

49 Abbaustellen lagen am Mayener Bellerberg, Kottenheimer Büden, Ettringer Bellerberg und Krufter Ofen. Baubefunde in situ sind nicht bekannt. Vgl.: Urban Meesen: Beschreibung des Amtes Mayen (Maschinenabschrift des Originals von 1789, Geschichts- und Altertumsverein Mayen.

50 Auch die Weiberner Varietät zählte zu den „dufsteinen". Die Baurechnungen der Xantener Stiftskirche von 1380, 1405 und 1421 belegen den Kauf „Godelscheider Steine", also von Tuffsteinen aus Weibern. Huiskes, 1980: hier S. 217 (wie Anm. 6).

51 1899–1902 erweitert von Caspar Clemens Pickel durch Anbau eines Querhauses und Chores.

52 Obschon seit der Mitte des 19. Jh. wiederholt Gegenstand denkmalpflegerischer Bemühungen, scheint erst die letzte Sanierungsmaßnahme während der 90er Jahre des 20. Jh. die grundlegenden statisch-konstruktiven und Wasserableitungsprobleme beseitigt zu haben. Vgl.: Ch. Kettelhack und St. Brüggerhoff: Entwicklung eines Therapiekonzeptes für die Erhaltung der Matthias-Kapelle in Kobern-Gondorf, Der Versuch, eine natur- und ingenieurwissenschaftliche Untersuchung in die denkmalpflegerische Restaurierungspraxis umzusetzen, in: Jahresberichte aus dem Forschungsprogramm Steinzerfall – Steinkonservierung, Bd. 5, Berlin 1995, hier S. 283-294.

53 Freundliche mündliche Mitteilung von Fridolin Hörter, Mayen.

54 Freundliche mündliche Mitteilung von Kurt Degen, Burgbrohl.

55 Freundliche mündliche Mitteilung von Kurt Degen, Burgbrohl.

56 Freundliche mündliche Mitteilung von Kurt Degen, Burgbrohl.

57 Freundliche mündliche Mitteilung von Adolf Bous, Mendig: Vgl. auch die Flurbezeichnung 'In der Helle' am Weg von Kell nach Nickenich auf Hummerich zu.

58 Vgl.: Römischer Steinbruch Krimhildenstuhl bei Landau.

59 Freundliche mündliche Mitteilung von Prof. Dr. Dieter Jung, Hamburg, 1998.

60 Freundliche mündliche Mitteilung von Lorenz Frank M.A.: Neue Untersuchungsergebnisse zur Baugeschichte der Kernburg auf der Marksburg über Braubach. Regionaltagung des Arbeitskreises für Hausforschung im Rheinland am 20. und 21.04.2001 in Bacharach.

Bauforschung am Mittelrhein und in den Nachbarregionen – eine Einführung

Klaus Freckmann

Der geographische Raum

Mit der Aufnahme des Mittelrheines als historische Kulturlandschaft in die von der UNESCO geführte Liste des Welterbes im Jahre 2001 hat die Gegend zwischen Bingen und Koblenz nach langer Unterbrechung wieder internationale Anerkennung gefunden.[1] Festzuhalten ist, daß sich damit nicht das gesamte Mittelrheintal dieses hohen Status' der öffentlichen Anerkennung erfreut. Außen vor bleibt das untere Mittelrheintal, das sich an das Mittelrheinische Becken mit Neuwied und Andernach an dessen nördlichem Rand anschließt und das sich bis an das Siebengebirge und seinem einige Kilometer südlicher gelegenen Pendant auf der westlichen Rheinseite, dem Drachenfelser Ländchen, erstreckt. Es zeigt sich, daß das Schlagwort „Mittelrhein" zu kurz greift und daß die Geographie diese Region in einem weiteren Sinn definiert.[2] Demnach wird das Mittelrheintal durch „die Oberkante des cañonartig eingeschnittenen Tales oder durch die Gebirgsränder rund um das Mittelrheinische Becken" begrenzt.[3] Die Landschaft um den Laacher See, die Pellenz und das Maifeld, werden folglich nicht der Eifel zugerechnet, was allerdings, gegen den Wunsch der Geographen, noch kein Allgemeingut ist.[4] Auch südlich der Mosel sind unterschiedliche Bezeichnungen gebräuchlich, etwa mit dem Vorder-Hunsrück oder dem Rhein-Hunsrück in dem Rhein-Mosel-Dreieck. Folgt man der Linie der „Oberkante des Taleinschnittes", so liegt das Wein- und Waldgebiet westlich von Bacharach und Heimbach noch knapp östlich vom Hunsrück. Diese sogenannten „Viertäler" mit Steeg und Oberdiebach sind indes nicht als ein geographischer Begriff, sondern als ein territorial-historischer, verfassungsmäßiger zu verstehen – das Tal als eine Siedlung, die eine rechtliche Position zwischen Dorf und Stadt einnahm.

Den Mittelrhein auf den engen Taleinschnitt zu begrenzen, hieße den Blick zu verkürzen. Auch wenn man davon ausgehen muß, daß im Mittelalter überaus deutliche und ab der frühen Neuzeit langsam schwindende, aber immer noch unübersehbare große Unterschiede in den Erwerbs- und Kommunikationsmöglichkeiten zwischen den begünstigten und oft fruchtbaren Talregionen und den weniger gut zugänglichen Berglandschaften mit ihren häufigen Grenzertragsböden bestanden und insofern in vielerlei Beziehung unterschiedliche Intensitäten existierten, muß man zur Kenntnis nehmen, daß ein Wirtschaftsleben am Strom ohne den Güteraustausch mit den Höhenlagen nicht möglich ist. Dies trifft beispielsweise auf den Weinbau mit dessen hohem Bedarf an Weinbergspfählen zu und auf alle die Gefäße, die aus Holz gefertigt wurden, wie Kiepen, Bütten oder Fässer.[5] Das Material dazu lieferte der Wald der angrenzenden Bergregionen. Aus entfernter gelegenen Gegenden flößte man zumindest ab dem späten Mittelalter Bauholz an den Mittelrhein, wie kürzlich durchgeführte Bauuntersuchungen von Bacharach und Oberwesel belegen. Es handelt sich dabei um Weichholz, um Tanne oder Fichte, die auf dem Rhein an die Baustellen befördert wurden.[6] Im Hinblick auf den Hausbau ist dagegen von einer einbahnigen Entwicklung auszugehen. In den dicht besiedelten und verkehrsfrequentierten Tälern sind schon seit dem Mittelalter neue Bautechniken und ornamentale Architekturformen einige Zeit früher, wenn nicht sogar etliche Jahrzehnte zuvor, als in den weniger bevorzugten Höhenlagen festzustellen. Erschwerend kommt bei einer solchen Bewertung allerdings hinzu, daß sich auf dem „platten Land“ mit Ausnahme der befestigten kleinen Städte, Flecken und Täler keine nennenswerte spätmittelalterliche bürgerlich-bäuerliche Bausubstanz erhalten hat. Dies gilt etwa für den Hunsrück und den Westerwald im besonderen Maße, ebenso für die westliche Eifel; dagegen stellen sich die Verhältnisse in der mittleren und östlichen Eifel günstiger dar. Dies alles wird aber von den Flußlandschaften Mittelrhein, Mosel, untere Nahe und Lahn übertroffen, deren spätmittelalterlich-frühneuzeitliche Bauüberlieferung immer noch von auffallend großer Fülle ist.[7] Sicherlich kommt dem Weinbau bei dieser besonderen baulichen Dichte eine entscheidende Rolle zu.

Hinzuzufügen ist noch eine Besonderheit, die das Rheintal wie die genannten Seitentäler vor den bergigen Randgebieten und den sich anschließenden Hochflächen auszeichnet, nämlich das Klima, das fachlich als „warmtrockener Gunstraum zwischen Hunsrück und Taunus“ charakterisiert wird.[8] Diese vorteilhafte Situation favorisiert den Weinbau – jene Einnahmequelle, die über Jahrhunderte der größte Wirtschaftsfaktor der Region war, heute aber nur noch eine untergeordnete Rolle spielt. Die jetzige Grenze des rheinischen Weinbaues deckt sich mit derjenigen des Mittelrheintales nach Norden, nämlich dem Siebengebirge, das im Gegensatz zu früher eine ausgesprochene Randlage dieser Sonderkultur ist.[9] Nach alledem bleibt zu konstatieren, daß die folgende Abhandlung, in deren Zentrum die ländliche und kleinstädtische Baugeschichte des Mittelrheines steht, sich wohl auf dessen engen Taleinschnitt konzentriert, dabei aber wegen des besseren Verständnisses der Gesamtregion Mittelrhein zumindest marginal die ihn säumenden Berglandschaften wie Hunsrück, Eifel, Taunus und Westerwald einbezieht.

Der historische Raum

Bis zur Auflösung des Alten Reiches aufgrund der Folgen der französischen Revolution war die territoriale Zugehörigkeit des Mittelrheintales recht komplex.[10] Geistliche und weltliche Herrschaften, die unterschiedlichen Konfessionen angehörten, wechselten miteinander. Im Süden dominierte das Kurfürstentum Mainz mit dem Gebiet um Bingen und in der Rhein-Mosel-Zone das Kurfürstentum Trier, das in Koblenz seine eigentliche Residenz unterhielt und das im oberen Mittelrheintal bedeutende Ämter wie Oberwesel und Boppard besaß. Im weiteren Flußverlauf nahm das Kurfürstentum Köln mit Andernach einer- und Linz andererseits eine herausragende Position ein. Eingesprengt zwischen diesen geistlichen Besitzungen lagen als größere weltliche die Kurpfalz mit Bacharach, Kaub und weiter flußabwärts mit Remagen und Sinzig, die Landgrafschaften Hessen-Kassel sowie Hessen-Darmstadt mit St. Goar und Braubach und schließlich die Grafschaft Wied-Neuwied mit der dortigen Residenz. Bei dieser Vielfalt kann man nicht von Flächenstaaten sprechen. Manche Landstriche beschränkten sich nur auf wenige Meilen, wie beispielsweise das kurkölnische Gebiet um Rhens, das vom kurtrierischen umgeben war, und dem gegenüber Kurmainz mit Oberlahnstein einen Brückenkopf innehatte, und zwar einen besonders lukrativen, denn die dortige Martinsburg fungierte als Zollburg. Bekannteste Einnahmequelle dieser Art ist aufgrund seiner einzigartigen Lage auf einer Rheininsel der Pfalzgrafenstein auf der Höhe von Kaub.

Nach 1815 erhielt Preußen die linksrheinischen Gebiete nördlich des rheinhessisch gewordenen Bingen und die rechtsrheinischen im Anschluß an Koblenz, während der Rheingau und die Strecke bis Lahnstein dem Herzogtum Nassau zugesprochen wurden, das 1866 seine Eigenstaatlichkeit zu Gunsten von Preußen einbüßte.

Territorial zersplittert, wie die Mittelrheinregion von 1789 war, zeigte sich doch eine beson-

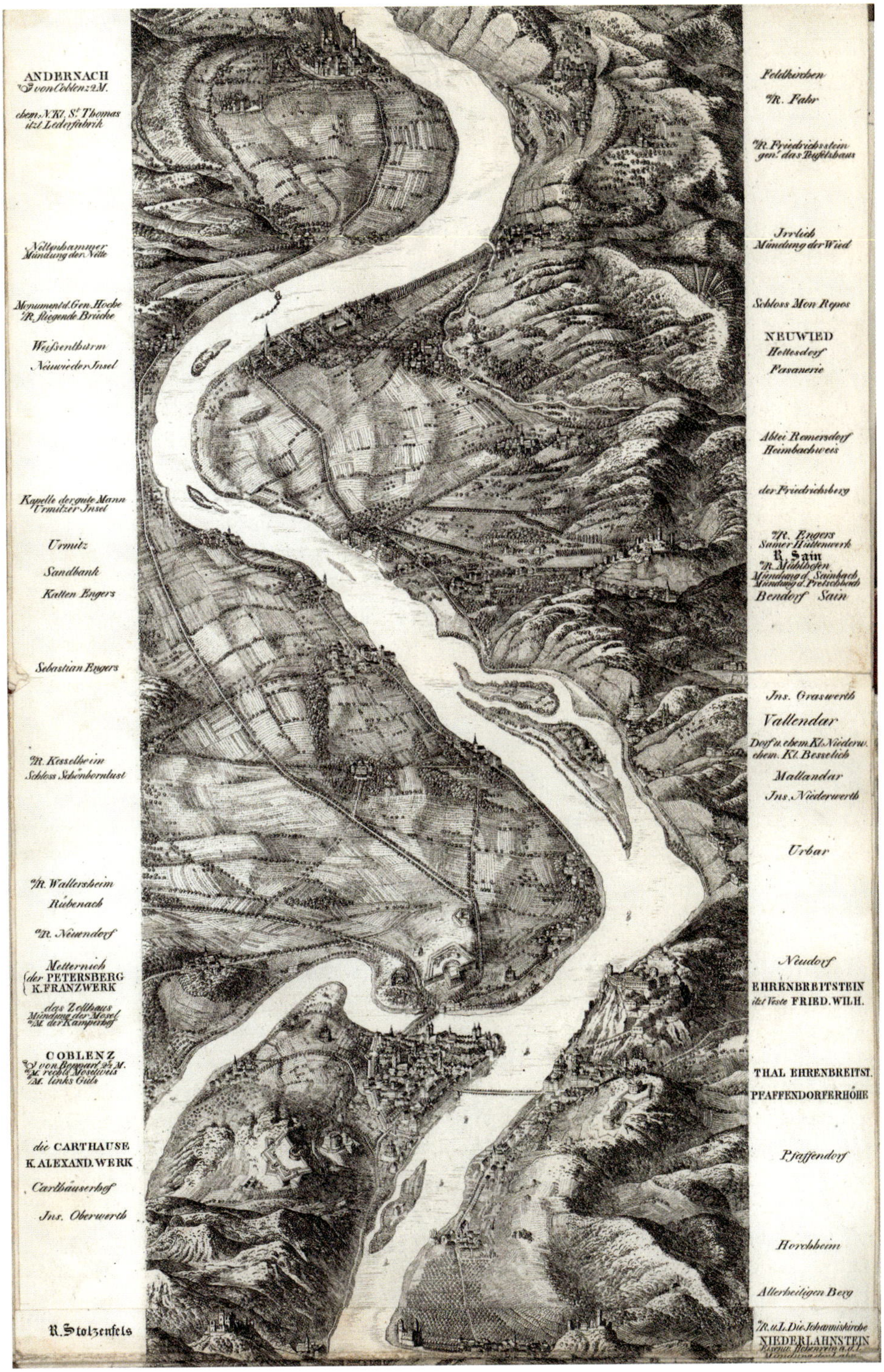

1 J. W. Delkeskamp: Panorama des Rheins von Mainz bis Cöln. Frankfurt am Main 1825. Ausschnitt Anderbnach bis Niederlahnstein.

2 Andernach, Hochstr., ehem. von der Leyenscher Hof, heute Stadtmuseum (vgl. Abb. 42/43). Aufnahme 2003.

dere Seite, die man wenigstens vom baulichen Standpunkt als positiv bewerten kann. Gemeint sind die Residenzen, Schlösser und Herrensitze, von denen aus architektonische Impulse in die benachbarten Städte und in den ländlichen Raum gingen. Kurtriers Präferenz galt im 18. Jahrhundert dem Umfeld von Koblenz, das es mit mehreren zum größten Teil schon im frühen 19. Jahrhundert untergegangenen Schlössern bereicherte.[11] Der hohe Adel errichtete sich aufwendige Stadthäuser, so das in Gondorf an der unteren Mosel beheimatete Geschlecht von der Leyen, das etwa in Andernach einen repräsentativen Massivbau (16.–18. Jahrhundert; Abb. 2) besaß oder sich in Koblenz, wie andere ihres Standes, einer Art von Stadtschloß erfreute, in diesem Falle sogar mit einer Orangerie.[12] Erwähnt sei – besonders markant – ein Schloß im Stil der maasländischen Renaissance, das sich zu Beginn der zweiten Hälfte des 17. Jahrhunderts ein aus der Wallonie an den östlichen Hunsrückrand bei Bingen, in Walderbach, zugewanderter Hüttenherr erbauen ließ und damit einen neuen Akzent setzte.[13] Herangezogen sei als Beispiel eines klösterlichen Bauherrn die Benediktinerabtei St. Michael zu Siegburg, der Hirzenach bei Boppard gehörte und die dort ein stattliches Propstei-Gebäude des 18. Jahrhunderts errichtete; als verputztes Fachwerkhaus suggeriert es einen Massivbau (Abb. 3).[14] In das territoriale Bild gehören auch die kommunalen Bauten, insbesondere die Rathäuser, die als sichtbare Zeichen eines bürgerlichen Selbstverständnisses gewertet werden. Bekannteste Vertreter dieses Genres sind die eher spätmittelalterlich als frühneuzeitlich einzustufenden Fachwerkanlagen in Rhens und Oberlahnstein (Abb. 4, 5), der gleich alte massive Bau in Linz sowie die jüngeren Pendants in Engers mit einem geschweiften Fachwerkgiebel (1642; Abb. 6) oder in der „Freiheit Erpel", ein Massivbau von 1780.[15] Die letztgenannten Belege sind nicht nur als historische Bauzeugnisse von Belang, sondern dokumentieren darüber hinaus auch einen gewissen Grad lokaler Selbstverwaltung und dies sogar in der Epoche des Absolutismus, dessen durchgreifender zentraler Herrschaftswillen in der politisch sehr disparaten Mittelrheinregion kaum eine Chance wie in anderen Territorien hatte, die aufgrund ihrer naturräumlichen Gegebenheiten dem Landesherren bessere Durchsetzungsmöglichkeiten seiner Exekutive boten.

Das Begriffpaar Rathaus und Bürgerstolz verführt leicht zur Annahme, die Bürger früherer Zeiten hätten uneingeschränkt über die Belange ihres Gemeinwesens entscheiden können. Zwar verfügten sie wie in Kurtrier über eine ganze Fülle von Freiheiten, innerhalb derer sich das Stadtregiment – der Rat, die Bürgermeister – zu bewegen vermochte, aber die letzte Instanz war schließlich der kurfürstliche Amtmann oder Schultheiß. Das mußte auch das reichsunmittelbare Boppard erfahren, das sich, wie auch Oberwesel, mehrfach gegen den kurtrierischen Landesherrn auflehnte, allerdings ohne Erfolg, so noch 1497 und 1525.[16] Ein ähnliches Schicksal widerfuhr 1562 Koblenz, dessen Rat sich mit den Zünften gegen

3 Boppard-Hirzenach, ehem. Priorat der Benediktinerabtei St. Michael zu Siegburg. Aufnahme 2003.

4 Rhens, Hochstr. mit Rathaus. Aufnahme ca. 1992.

5 Rhens, Hochstr. mit verputztem Rathaus, Zeichnung von Karl Weysser, 1865. (Landesamt für Denkmalpflege Rheinland-Pfalz, Mainz).

6 Neuwied-Engers, Rathaus. Aufnahme 2003.

den Kurfürsten Johann VI. von der Leyen verbündete, sich auf alte Rechte berief und letzten Endes die Reichsunmittelbarkeit anstrebte. Der Kurfürst, der sich des Rückhaltes seines Adels versichert hatte, brach mit militärischem Druck den ihm aus Koblenz entgegenschlagenden Widerstand, zwang die Stadt zur Botmäßigkeit zurück und erlegte ihr eine neue Verfassung auf, mit der die kurtrierische Landesherrschaft gefestigt wurde.[17] Diese Verhältnisse blieben bis zum Ende des Kurstaates Ende des 18. Jahrhunderts verbindlich, als sich Koblenz nach mehreren überwundenen Teilzerstörungen im Dreißigjährigen wie im Pfälzischen Krieg längst zu einer blühenden Residenzstadt entwickelt hatte. Zur Zierde von Koblenz wurden die Stadterweiterung unter Aufgabe von Fortifikationswerken (1785–1794), was nicht unbestritten blieb, und der Bau des neuen Schlosses frühklassizistischer Prägung.[18]

Mit dem Ausdruck Bürgerstolz verbindet man auch gerne die Zünfte. Sie hatten sich in Koblenz laut ihren Ordnungen ab dem zweiten Drittel des 15. Jahrhunderts konstituiert, nahmen allerdings in der neuen Stadtverfassung keinen entscheidenden politischen Rang ein; denn sie besetzten im großen Rat nur acht von insgesamt 39 und im bedeutenderen Neuen Rat nur vier von 24 Sitzen.[19] Demgegenüber ist indes festzuhalten, daß die Handwerker im öffentlichen Leben durchaus eine gewisse Präsenz behaupteten, wie es alleine schon die auch für Koblenz verbürgten Zunfthäuser belegen, nämlich das Haus der Schifferzunft, seit 1420 unter dem Namen „Zum wilden Bären" bekannt, der Krämerbau mit Gemeindewaage als Zunfthaus der Händler und die entsprechenden Versammlungsstätten der Schuhmacher, der Bauhandwerker und der Wingerts- und Fuhrleute.[20] Für die sechzehn Zünfte von Trier sind ebensoviele Amtshäuser überliefert.[21] In Köln besaßen die dortigen Gaffeln ein ihnen gemeinsames Versammlungshaus und zudem einzelne Häuser verschiedener Zünfte.[22] Es waren Bauten, die durchaus mit denjenigen der Patrizier mithalten konnten. Von ähnlichen, möglicherweise etwas bescheideneren Verhältnissen kann man in Koblenz ausgehen und annehmen, daß die Zunfthäuser im Stadtbild auch ihre Akzente gesetzt hatten. So ist es auch für das ehemalige kurkölnische Linz verbürgt, von dessen beiden bekannten Zunfthäusern das der vereinigten Schuster, Rotgerber und Metzger noch erhalten ist – ein mit 1680 datierter Fachwerkbau.[23] Daß solche Bauten von Handwerkervereinigungen in Kleinstädten eher die Ausnahme als die Regel sind, ist keine Frage. Eine derartige Seltenheit ist das angeführte „neue Gewandhaus" in der Stadt Bacharach, die im späten Mittelalter nur über zwei Zünfte verfügte.[24]

Andererseits ist diese kurpfälzische „civitas" oder das „Tal", ab 1320 auch „oppidum" genannt, mit ihren 220 „Hausgesass" der Kategorie der sogenannten „ansehnlichen Kleinstädte" zuzurechnen, bei denen man von einer Bevölkerung von 1000–2000 Personen ausgeht.[25] Bacharach steht mit seinen öffentlichen Einrichtungen – dem Amt des Schulmeisters (1343), der Mädchenschule (1370), der Lateinschule (1380), der Judenschule (ab 1398), dem

Rathaus (1408), dem Spital (1472), dem Siechenhaus (1584), dem Badhaus (1590) und dem Gerichtshaus (ebenfalls 1590) für eine städtische Struktur, die man mehr oder weniger auf die zentralörtlichen Rheinstädte am Mittelrhein übertragen kann. Es handelte sich um eine urbanisierte Zone mit fließenden Übergängen zum ländlichen Umfeld oder, anders formuliert, um Stadt-Land-Beziehungen symbiotischen Charakters.

Es gilt noch einen Aspekt im Alten Reich zu berücksichtigen, nämlich die einstigen konfessionellen Gegebenheiten, die auch Konsequenzen für den baulichen Bestand hatten. In den protestantischen Territorien der Kurpfalz wurden etliche Klöster schon ab dem 16./17. Jahrhundert säkularisiert. Somit waren in diesen Herrschaftsbereichen Besitzungen in katholischer Hand geringer als in jenen, die unter der Leitung des Krummstabes standen, beispielsweise Kurköln, das im pfälzischen Bacharach den sogenannten „Kölnischen Saalbau" besaß; er stand erst in der Zeit der Zugehörigkeit des Linksrheinischen zu Frankreich zur Versteigerung an (1805 und 1806). Im Jahre 1811 wurde ein Gelände öffentlich angeboten, „worauf der kölnische Bau stand, der öffentlicher Sicherheit halber abgerissen wurde".[26]

Eine Folge der ersten Säkularisation ist auch die im Vergleich mit der Mosel-Landschaft geringe Zahl von Kelterhäusern geistlicher katholischer Herren am protestantischen Mittelrhein.[27] Bauzeichnungen des 16./17. Jahrhunderts, die auch die verschiedenen Arten von Baum- und Spindelkeltern wiedergeben, verdeutlichen diese Besonderheit von Wirtschaftsbauten.[28] Allerdings darf man aus dem einseitigen Erhalt derartiger Quellen in Archiven mit geistlichen und adeligen Materialien nicht den falschen Schluß ziehen, Bürgerliche hätten im Alten Reich keine Kelterhäuser besessen. Schon im Mittelalter existierten im Rheinischen mehrere Eigentumsformen nebeneinander, nämlich das echte Eigentum, das sich auch in bürgerlichen Händen befand, und das unechte, dessen Obereigentümer ein Grundherr war; er gab es zu Lehen weiter. Dies galt auch für Kelterhäuser – die von Hofleuten, oft in Erbpacht, bewirtschaftet wurden.[29] Daneben ist noch der sogenannte Kelterbann anzuführen, unter dem man die Pflicht der Winzer versteht, ihr Lesegut auf herrschaftlichen Keltern gegen eine gewisse Abgabe auszupressen. Ein derartiger Zwang ist indes für den historisch gut erforschten oberen Mittelrhein auch für das Mittelalter nicht nachzuweisen.[30]

Das Stichwort Erbpacht führt bei einer Betrachtung mittelrheinischer Verhältnisse unmittelbar zum Weinbau, insbesondere zum Teilbau, bei dem der Winzer seinem Grundherrn, der als Verpächter fungierte, einen bestimmten Anteil der Ernte, ein Viertel, ein Drittel oder die Hälfte – daher „Halbwinner" – überlassen mußte.[31] Solche Vertragsformen lassen sich bis weit in das Mittelalter zurückverfolgen. Auf diese Weise kam ein „ausgewogenes Kräfteverhältnis zwischen Grundherrn und Winzer" zustande[32], das einerseits aus den zur Verfügung gestellten Produktionsmitteln und andererseits vom Arbeitseinsatz des Pächters bestimmt wurde. Diese Naturalpacht wurde ab der frühen Neuzeit nach und nach in eine Geldpacht umgewandelt.

Schon im Mittelalter hatte der mittelrheinische Weinbau monopolartigen Charakter angenommen. Gepaart war mit ihm ein Handel, der sich immer weitere Ziele erschloß. Dominierten noch bis in das 12. Jahrhundert flandrische und brabantische Kaufleute diesen Fernhandel, so trat an ihre Stelle Köln, das im frühen 13. Jahrhundert sich zum Stapelplatz für Wein aufschwang und bis ins 16. Jahrhundert sein Vertriebsnetz in zunehmendem Maße konkurrenzlos ausbaute. Man verschiffte den Wein des Mittelrheins, des Rheingaues und der Mosel bis hin in die baltischen Länder.[33] Der Wein unterlag als bedeutender Wirtschaftsfaktor besonderer herrschaftlicher Fürsorge, deren fiskalischer Hintergrund sich erhellt, wenn man von dem „Wein im Budget des Erzstiftes" spricht. Gemeint ist in diesem Fall Kurmainz, das nach einer Statistik von 1790 jährlich um die 1000 Stück Wein in die Niederlande geliefert haben soll.[34] Demnach ist es gut verständlich, daß man hier wie in Kurtrier im 17./18. Jahrhundert eine Weinbaupolitik betrieb, die sich um einen fortschrittlichen Anbau, eine Steigerung der Qualität und eine Verbesserung der Verkehrswege bemühte.[35] Eine wichtige Rolle nahm dabei das Transportwesen mit seinen Hafenkranen ein, die längst zum städtebaulichen Wahrzeichen mancher rheinischer Städte geworden sind.[36]

Von dieser enormen Bedeutung des Weinhandels, dessen wechselhafte, oft wirtschaftlich schwierige Geschichte im 19. und 20. Jahrhundert an dieser Stelle ausgespart werden kann, wenden wir uns wieder der Region Mittelrhein zu, in welcher der Weinbau bis vor wenigen Jahrzehnten „siedlungsprägender Faktor" gewesen ist.[37] Die einstige Sonderkultur ist nur noch in einzelnen Landstrichen zwischen Bingen und dem Siebengebirge landschaftsprägend, etwa am Bopparder Hamm und um Leutesdorf. In den Viertälern um Bacharach, Steeg, Oberdiebach und Manubach klaffen große Lücken zwischen den verbliebenen Parzellen. Anhand der erhaltenen, oft überwucherten Weinbergsmauern ist aber noch die Größe des einst bearbeiteten Areals ablesbar. Geblieben sind auch die kleinen, am Rheinufer und in den Seitentälern langgestreckten Kleinstädte und Dörfer mit einer Bausubstanz, die bis in das Mittelalter reicht und die im Zuge des Welterbes die Chance hat, neu entdeckt und geschätzt zu werden, so wie die Rheinromantik heute wieder in aller Munde ist (vgl. hier den Beitrag von Schoch).[38] Sie führte ab dem späten 18. und vor allem im 19. Jahrhundert zu einer Aufbruchstimmung, die manchen dazu animierte, den Mittelrhein als eine unverwechselbare Kulturlandschaft zu erleben.

Das Haus in seiner Abhängigkeit von Raum und Geschichte

Verbindlich wie zu allen Zeiten lassen sich diese Faktoren bis in die frühe Epoche der mittelrheinischen Besiedlung verfolgen. Schon die Kelten wählten mit Bedacht ihre Wohnplätze aus, die sie entweder, wie auf dem linksrheinischen Dommelberg unmittelbar südlich von Koblenz und auf dem Hühnerberg oberhalb von St. Goarshausen, an strategisch vorteilhaften Stellen oder auf der hochwasserfreien und verkehrsmäßig günstigen Niederterrasse des Rheins etwa bei Neuwied-Fahr und in Braubach anlegten.[39] Die Spuren weiterer keltischer Siedlungen verbergen sich vermutlich unter heutigem Baubestand, was einerseits aufgrund des nur begrenzten und immer wieder genutzten Baugeländes als eine Art von Kontinuität einleuchtet, was andererseits aber nicht darüber hinwegtäuschen sollte, daß im Rheinland zwischen dem Ende der Spätantike Mitte des fünften Jahrhunderts und der bauhistorisch erst wieder faßbaren karolingischen Ära eine überaus erhebliche Zeitlücke klafft. Bauliche Konturen im Wohnbereich zeigen sich zu jener Zeit auch nur ausnahmsweise, beispielsweise im Kölner Altstadtviertel um die Kirche St. Alban – ein architektonisches Ensemble, das bis zur Mitte des neunten Jahrhunderts nach und nach errichtet wurde.[40] Für den Mittelrhein kommt, vielleicht auch aufgrund einer anderen Forschungslage, erst das 12./13. Jahrhundert in Betracht, als vornehme Geschlechter, so in Koblenz, wehrhafte Wohntürme erbauten, die heute nur noch archivalisch oder höchstens fragmentarisch faßbar sind.[41] Im ländlich-kleinstädtischen Bereich des weiteren Mittelrheingebietes konkretisiert sich die bauliche Situation, wie Einzelfälle darlegen, ebenfalls schon im 13./14. Jahrhundert. Der Massivbau des Trierer Chorbischofs in Karden an der unteren Mosel, der sogenannte „Korbisch", ist im Erdgeschoß dendrochronologisch mit 1238 und in der Dachzone mit 1305/06 datiert.[42] Für das 14. Jahrhundert sind als weitere Belege zwei Fachwerkhäuser zu nennen, und zwar in Kamp-Bornhofen, Ortsteil Kamp, der „Rittersaal", und in Oberdiebach, der eine von 1347/48, der andere von zirka 1370 (Abb. 7–13).[43] Ein Blick wieder an die untere Mosel weist auf zwei Bauten in Karden und in Kobern hin, die um 1320/21 errichtet wurden[44]; und über den Rhein hin-

7 Kamp-Bornhofen, Ortsteil Kamp, Ecke Rheinufer-Kirchstr. Aufnahme 2003.

8 Kamp-Bornhofen, Ortsteil Kamp, Klostergarten 4, ehem. Wörther Hof. Aufnahme 2003.

weg, nach Osten gewandt, trifft man in Limburg an der Lahn auf Fachwerk, das noch in die beiden letzten Jahrzehnte des 13. Jahrhunderts datiert.[45] Es handelt sich an der Lahn, an der unteren Mosel und am Mittelrhein um ähnliche Verhältnisse, die insofern zusammen betrachtet werden können. Dies gilt über das Mittelalter hinaus, für dessen späte Zeit in unserem Untersuchungsgebiet Fachwerkhäuser in Koblenz-Horchheim, in Braubach und in Linz sowie ein Massivbau in Bad Hönningen anzuführen sind; sie stammen aus den Jahren um 1450. Knapp zwei Jahrzehnte älter ist das Rathaus in Dausenau an der unteren Lahn.[46] Danach, im frühen 16. Jahrhundert, verdichten sich – angefangen mit den Rathäusern von Rhens (um 1500) und Oberlahnstein (1507)[47] – die Belege in diesem ganzen Kulturraum, und zwar sowohl in der Fachwerk- als auch in der Massivbauweise. Auffallen mag, daß bei den bisherigen Datierungen die Häuser von Bacharach nicht berücksichtigt worden sind. Sie werden in einem eigenen Beitrag gewürdigt.

Fachwerk als mittelalterlich einzustufen, ist in der Regel schon am äußeren Erscheinungsbild möglich. Angesprochen ist die Konstruktion des Geschoßbaues, der am Mittelrhein und in seinen Nachbarlandschaften bis zirka 1450 üblich war, auch wenn er sich in seinen wesentlichen Zügen bereits um 1300 herausgebildet hatte. Es lassen sich verschiedene Ent-

9 Oberdiebach, Am Kräuterberg 10 (die mittelalterliche Ständerkonstruktion bis unter das Giebeldreieck). Aufnahme 1997.

10-13 Oberdiebach, Am Kräuterberg 10, Ansicht: originaler Befund der Schwelle, der Eckständer mit den verblatteten Streben, der Mittelständer mit der Eingangssituation und der teilweise erhaltenen horizontalen, ebenfalls verblatteten Schwertungen. Original-Hölzer aus Eiche, Ersatz aus Weichholz. Ab Rähm nachträglich gezimmert (Aufmaß: Dipl.-Ing. Susanne Bümsen/Boppard; Jäckel-Architekten/Oberwesel; 1998).

wicklungsstufen feststellen, oder es zeichnet sich – neutraler formuliert – ein sukzessiver Wandel im Hausbau ab. Die charakteristischen Merkmale der Geschoßbauweise sind einerseits die von der Schwelle bis unter das Dach reichenden Ständer und andererseits als horizontaler Verbund die sich von Eckständer zu Eckständer erstreckenden Riegelhölzer oder Schwertungen, die mit den Mittelständern verblattet sind. Ihr längster, der eine zentrale Position einnimmt, unterfängt die Firstpfette, während seitliche Ständer die Mittelpfette abstützen. Auch die Streben – vertikal-diagonale Hölzer, die eine aussteifende Funktion an den Hausecken übernehmen, können sich von der Schwelle bis in das Dachwerk spannen, wie es, beispielsweise an dem ältesten Fachwerkhaus in Linz (um 1450) zu beobachten ist.[48] Die Hölzer seiner Fassade liegen in einer Ebene, weisen also keine Verkragungen auf. Ist, wie in diesem Fall, das Prinzip der Geschoßkonstruktion besonders gut sichtbar, so zeigt es sich nicht ohne weiteres bei Häusern, deren obere Etage mehrseitig vorspringt. Dies gilt etwa für den ältesten oder für einen der ältesten Bauten der weiteren Mittelrheinregion, nämlich für die unter dem Namen „Haus Simonis“ bekannte ehemalige Niederlassung des Trierer Marienklosters in Kobern von 1320/21. Nur die Giebel vermitteln ab einer Vorkragung im ersten Drittel die mittelalterliche Zimmerungstechnik der langen, erst unter dem Dachvorstand endenden Ständer. Sie sind ein entscheidendes Kriterium für die Geschoßbauweise.[49]

In der zweiten Hälfte des 15. Jahrhunderts wurde der konservative Geschoßbau von dem fortschrittlichen Stockwerkbau abgelöst – fortschrittlich deswegen, weil anstelle des starren Systems eines Holzgerüstes, das mehrere Wohnebenen bis hin zum Dach einfaßte und auch räumlich bestimmte, der additive Aufbau

14 Leutesdorf, Kleine Fischgasse 2. Aufnahme 2003.

15 Leutesdorf, Kleine Fischgasse 2. (Bauaufnahme von Theodor Wildeman, 1919; ehemalige Forschungsstelle Deutscher Bauernhof, Berlin; Baupflegeamt des Landschaftsverbandes Westfalen-Lippe, Münster).

einzelner, in sich abgezimmerter Stockwerkkuben trat, die sich in der Art eines Baukastensystems aufeinander setzen lassen. Daß dies eine größere Freiheit bei der räumlichen Disposition erlaubt, liegt auf der Hand. Von praktischem Belang ist auch der einfachere Bezug von Bauholz: kürzere Stämme sind eher als lange zu beschaffen. Gleichzeitig mit dem Stockwerkbau setzte sich auch als neue Verbindung senkrechter und waagerechter Hölzer die Zimmerung mit Hilfe von Zapfen durch; das Endstück eines zu verbauenden Holzes wird zugebeilt und dadurch in seinem Querschnitt derartig reduziert, daß es sich in ein ausgearbeitetes Loch seines Gegenstückes, das Zapfenloch, einfügen läßt. Eine derartige Verankerung, die zudem durch einen Holznagel gesichert wird, ist beständiger als die ältere Verblattung.

Als frühe Beispiele einer ausgereiften Stockwerkbauweise können die beiden bereits genannten Rathäuser von Rhens und Oberlahnstein zitiert werden. Jedes Stockwerk ist aufgrund von Schwelle, Rähm und nur raumhohen Ständern in sich eigenständig ausgebildet. In Rhens wird die Vorkragung durch Knaggen stabilisiert. Eine aussteifende Funktion haben vor allem die hohen, gekreuzten Ständer, die an den beiden Rathäusern die Eckfelder bestimmen und die in anderen Fällen den Eindruck einer Mittelachse hervorrufen (vgl. zum Beispiel Leutesdorf, Abb. 14, 15). Solche Zimmerungen datieren durchweg in das 16. Jahrhundert (Abb. 16–19). Im Sinne der Aussteifung sind auch manche Hölzer der Brüstung zu verstehen, die sich nach und nach indes zu einer bevorzugten Schmuckzone des Fachwerks entfaltet. Bei dieser Verquickung von baulicher Notwendigkeit und Fassadenschmuck kann man auch an die Kombination von Ständer, langer Strebe, kurzem Kopfband und Kopfdreieck denken, einer Verbindung, die unter dem Namen K-Strebe oder doppelte K-Strebe, „Mann“ oder doppelte „Mann“-Figur bekannt ist und die ab der zweiten Hälfte des 16. Jahrhunderts sehr phantasievolle Formen annahm (Abb. 33).[50] Das Rathaus von Rhens präsentiert in seinem straßenseitigen Giebeldreieck und den beiden Zwerchhäusern eine Auswahl

16 Bacharach-Steeg, Blücherstr. 63. Aufnahme ca. 1992.

17 Rhens, Langstr. 2. Aufnahme ca. 1992.

18 Lorch, Markt 6. Aufnahme 2003.

19 Lorch, Bleichstr. 2. Aufnahme 2003.

20 Lorch, Am Kirchspiel. Aufnahme 2003.

21 Lorch, Wisperstr. 29. Aufnahme 2003.

22 Lorch, Rheinstr. 44/Ecke Apothekengasse. Aufnahme 2003.

23 Lorch, Rheinstr. 44/Ecke Apothekengasse. Aufnahme 2003.

24 Lorch, Langgasse 7. Bezeichnet 1609. Aufnahme 2003.

25 Boppard, Markt 3 und 4. Aufnahme ca. 1992.

derartigen Dekors, der in seiner Lebendigkeit in einem deutlichen Kontrast zum Unterbau steht und der damit dokumentiert, daß das Haus zwei Perioden angehört – der Zeit um 1500 und der zweiten Hälfte oder den letzten Jahrzehnten des 16. Jahrhunderts (vgl. Abb. 4). Der rückwärtige Giebel zeigt übrigens nur rein konstruktives Fachwerk; er hat keine repräsentative Bedeutung.[51]

Funktion und Form spielen auch bei dem sogenannten Schwebegiebel eine Rolle, unter dem man ein überdachtes Sparrenpaar vor einem Giebeldreieck versteht. Auf diese Weise wird die Dachzone vergrößert und der Giebel zumindest in diesem Bereich vor Niederschlag geschützt. Diese optisch herausragende Stelle reizte immer wieder zu filigranen Schnitzereien, die sich im 14./15. Jahrhundert bis hin zu Dreipässen steigerten. Glaubt man bildlichen Quellen, so befanden sich einige exzellente Beispiele solcher Schmuckformen an den im 19. Jahrhundert (1872) abgebrannten Häusern in der Nachbarschaft der Bacharacher Kirche St. Peter.[52]

26 Boppard, Marktstr. 24. Aufnahme ca. 1992.

27 Bingen, Freidhof 9. Aufnahme 2003.

28 Bacharach-Steeg, Blücherstr. 79. Aufnahme ca. 1992.

29 Rhens, Hochstr. 12. (Nachbau von Hochstr. 13 nach dem Zweiten Weltkrieg, bezeichnet 1579/1946). Aufnahme ca. 1992.

Wie vorhin festgestellt, läßt sich nach bisherigen Erkenntnissen für die Mittelrheinregion die Ständerbauweise als spätmittelalterlich klassifizieren. Dies gilt allerdings nicht für den ganzen Stromverlauf. Von Linz aus flußabwärts und im Siebengebirge pflegte man noch bis in das 17. Jahrhundert eine Bauweise, die Elemente der Geschoß- und Stockwerkzimmerung miteinander verband. Die Ständer reichen, wie es besonders gut die Traufseiten der Häuser zeigen, als lange Hölzer bis unter den Dachansatz und überspannen damit das Parterre und die obere Wohnebene. Das Bodenniveau dieser Zone ist an den Zapfenschlössern der (Anker)-Balken ablesbar, die durch die Ständer gesteckt sind, wie es bei der Hochrähmzimmerung üblich ist und bei der Oberrähmzimmerung auch häufig vorkommt, allerdings von der Ausnahme abgesehen, daß der Ankerbalken in den Ständer eingehälst ist.[53] Das Giebeldreieck stellt konstruktiv eine eigene Einheit dar. Bei vorkragenden Giebeln ist bis zu einer gewissen Tiefe von einem oder wenigen Gefachen auch die Ständerbauweise die

30 Rhens, Hochstr. 20. Aufnahme ca. 1992.

31 Kamp-Bornhofen, Ortsteil Kamp, Rheinuferstr. 35, Schulstr. 2. Aufnahme 2003.

32 Rhens, Hochstr. 7. Aufnahme ca. 1992.

33 Spay (Oberspay), Ecke Dorfstr. 29 – Bahnhofstr. Aufnahme 2003.

34 Spay (Oberspay), Dorfstr. 34. Aufnahme 2003.

Regel.[54] Neuzeitliches Fachwerk der Mittelrheinregion kennt mit einer Ausnahme in Erpel, Marktplatz, vielleicht noch 17. Jahrhundert, nicht mehr den Schwebegiebel (Abb. 28–30). Auch sind die funktionalen Zusammenhänge der Konstruktion kaum mehr sichtbar, worauf bereits hingewiesen worden ist. Insbesondere entfaltet sich eine überbordende Dekorationsfreude an den Schauseiten der Häuser. Die Zahl der Beispiele für diese hohe Zeit im 16./17. Jahrhundert ist Legion. Im 18. Jahrhundert geht dagegen der Formenreichtum spürbar zurück. Er weicht mehr und mehr einer konstruktiven Zweckmäßigkeit, was einige Fassadenaufmaße vor Augen führen können, die vom rheinland-pfälzischen Freilichtmuseum als Werkskizzen von Bauten in Koblenz-Rübenach, in einigen Ortsteilen von Neuwied und in Burgbrohl angefertigt worden sind (vgl. Abb. 121 ff.). Vor allem können zwei Gründe für die Versachlichung des Fachwerks angeführt werden, zum einen die barocke Bauauffassung mit ihrer Vereinheitlichungstendenz, die konsequent bis zur überstrichenen Fachwerkfassade ging, und zum anderen die territorialen Forst- und Holzverordnungen, die im zunehmenden Maße auf einen sparsamen Holzverbrauch drängten, worüber noch im Kapitel über die Baumaterialien zu sprechen ist.

Verglichen mit dem Fachwerkbau ist der spätmittelalterlich-frühneuzeitliche Massivbau am ländlich-kleinstädtischen Mittelrhein, also Koblenz ausgenommen, geringer vertreten (Abb. 41). Allerdings ist an einige markante Beispiele zu erinnern. Es handelt sich um Stadthäuser oder um Stadthöfe rheinisch-moselländischer Adelsgeschlechter, wie das auf einen Wohnturm zurückgehende und im 17./18.

35 Erpel, Marktplatz 5, spätes Beispiel eines Schwebegiebels. Aufnahme 2003.

36 Erpel, Markplatz 4. Aufnahme 2003.

37 Erpel, Marktplatz 7. Aufnahme 2003.

38 Kamp-Bornhofen, Ortsteil Kamp, Pantaleonsstr. 2. Aufnahme 2003.

Jahrhundert vergrößerte und neu gestaltete Burghaus der Freiherren von Eltz-Rübenach in dem Koblenzer Vorort Rübenach[55], wie ein untergegangenes Hofhaus mit Treppengiebel in Andernach ebenfalls einst in Besitz der Herren zu Eltz[56], wie der im 16. Jahrhundert errichtete von der Leyensche Hof mit geschweiftem Giebel und Treppenturm in Kamp-Bornhofen, Ortsteil Kamp[57], wie der sogenannte Zehnthof in Hammerstein, der etliche Gemeinsamkeiten mit dem Haus des früheren kurtrierischen Schultheißen in Treis-Karden an der Mosel, Ortsteil Karden, hat[58] oder wie das sogenannte Hilchenhaus in Lorch von 1546–1548, wenn man den nördlichen Rheingaurand hier noch berücksichtigen darf[59], oder wie der bereits angeführte von der Leyensche Hof in Andernach aus dem späten 16. Jahrhundert (Abb. 42-43).[60] Besonders prächtig sind die Fassaden der beiden letztgenannten Bauten mit Steinmetzarbeiten dekoriert; bei dem ersten setzt ein über zwei Stockwerke reichender Rechteckerker mit den Reliefs seiner Brüstung einen deutlichen architektonischen Akzent, bei dem zweiten ist es eine Art Mittelrisalit mit doppelten, übereinander postierten, kannelierten Säulen und Mittelportal; so wird die Vornehmheit dieses ehemaligen Adelsdomizils demonstriert. Neben dem einstigen Andernacher Hof der von der Leyen besitzt die Stadt noch mehrere Massivbauten des 16. Jahrhunderts, deren Besonderheit aufgrund der geschweiften Giebel mit Volutenzier und der bildhauerischen Arbeiten betont wird. In anerkennender Weise hat man von einer „Andernacher Renaissance von 1580“ gesprochen (Abb. 44–46)[61]; sie wurde in diesem kurkölnischen Amtssitz sicherlich von Köln selber inspiriert, dessen spätmittelalterliches Rathaus in der zweiten Hälfte des 16. Jahrhunderts (1569–1573) seine berühmte Vorhalle nach niederländischem Vorbild erhielt.

Geschweifte Giebel des späten 16. und des frühen 17. Jahrhunderts gehören auch zum

39 Kamp-Bornhofen, Ortsteil Kamp, ehem. von der Leyenscher Hof, heute „Hotel Rheingraf“, Rheinuferstr. Aufnahme 2003.

40 Hammerstein, Ortsteil Oberhammerstein, „Burgmannshof“. Aufnahme 2003.

41 Bad Breisig, Stadtteil Niederbreisig, Biergasse 28, ehem. Schultheißenhof. Aufnahme 2003.

42 Andernach, ehem. von der Leyenscher Hof (vgl. Abb. 2). Aufnahme 2003.

43 Andernach, ehem. von der Leyenscher Hof, um 1920, Aufnahme K. Schüssler, Andernach (Stadtmuseum Andernach).

44 Andernach, Hochstr. 72-76/78, um 1925, Aufnahme K. Schüssler, Andernach (Stadtmuseum Andernach).

45 Andernach, Hochstr. 78, um 1925, Aufnahme K. Schüssler, Andernach (Stadtmuseum Andernach).

Baukanon vornehmer Häuser auf dem östlichen Rheinufer, wie in Leutesdorf oder in Linz.[62] Man kann sogar von einer Bautradition sprechen, die sich ungebrochen bis an das Ende des Alten Reiches behauptete. In der zweiten Hälfte des 18. Jahrhunderts sind es vor allem die behäbig wirkenden Giebelaufbauten, die manches Bauensemble am Mittelrhein – von Boppard über Koblenz, Vallendar, Engers bis hin nach Unkel – prägen (Abb. 46–53). Diesen Zwerchhäusern sind eine Pilastergliederung, kräftig profilierte Gurte und Gesimse und häufig eine bewegte Umrißlinie gemeinsam. Die künstlerische Handschrift führt zu dem aus Boppard gebürtigen, lange in der Residenzstadt tätigen und darüber im sonstigen kurtrierischen und kurkölnischen Territorium am Mittelrhein aktiven Baumeister Nikolaus Lauxen (1722–1790).[63] Ob er architektonische Anregungen von Johannes Seiz erhielt, der 1750 zum kurtrierischen Hofwerkmeister ernannt worden war und dem danach das dortige Bauwesen unterstand, ist nicht belegt.[64] Johannes Seiz' Werk hat bekanntlich deutliche Impulse von Balthasar Neumann – dem Lehrer und Vorbild – empfangen.

So wie der Einfluß der kurtrierischen Residenz dem Flußlauf folgte, so läßt sich dies weiter südlich auch im kurmainzischen Gebiet feststellen. Vergleicht man etwa Massivbauten des 18. Jahrhunderts in Bingen (Speisemarkt 3, Freidhof) mit zeitgleichen Mainzer Häusern, so sind verwandtschaftliche Züge bei der Fassadengestaltung mit ihren Festons und Fruchtschnüren in der Art des Zopfstils unverkennbar (Abb. 54 f.). Die eigentliche Domäne von Kurmainz war der Rheingau, dessen kleinstädtische profane Architektur in einem engen Zusammenhang mit dem Mittelrhein steht. Darüber hinaus erstreckte sich das kurmainzische Territorium bis nach Aschaffenburg, wo man ebenfalls auf einen markanten Bau mit Fassa-

46 Andernach, Rheinstr. 4. Aufnahme 2003.

47–49 Vallendar, Gasthaus „Die Traube", Rathausplatz 12. Aufnahmen 2003.

50 Leutesdorf, August-Bungert-Allee 8. Aufnahme 2003 (August Bungert, 1846–1915, Komponist u. a. von (Rhein)-Liedern der rumänischen Königin Elisabeth geb. Prinzessin zu Wied (Carmen Sylva).

51, 52 Leutesdorf, Rheinstr., ehem. kurtrierischer Zehnthof „die Zinn". Aufnahmen 2003.

53 Unkel, Ecke Rheinfront-Pützstr., Freiligrathaus. Aufnahmen 2003.

54 Bingen, Speisemarkt 3. Aufnahme 2003.

denstuckierung stößt. Bei diesem Haus, dem Wohnhaus der einstigen Malerfamilie Bechtold, das allerdings älter als die Mainzer und Bingener Beispiele ist und aus der Zeit um 1730 stammt, wird deutlich, daß sein üppiger plastischer Schmuck süddeutsche Vorbilder aufgreift. Es liegt folglich die Vermutung nahe, daß die barocken rheinischen Baudekorationen nicht originär mainzisch oder kurmainzisch sind, sondern ebenfalls von süddeutschen Vorlagen inspiriert und auf der Rheinschiene flußabwärts vermittelt wurden.

Geschweifte Giebel sind sowohl bei Massiv- als auch bei Fachwerkbauten üblich. Dies trifft auch auf Zwerchhäuser zu (Abb. 63 ff.). Besondere Aufmerksamkeit verdient ein Haus in Linz, Am Gestade Nr. 3, dessen Giebel massiv ausgeführt ist. Er läuft, begleitet von Voluten, nach einem Rücksprung in einem Dreieck aus und gehört, wie auch das Portal mit „gesprengtem" Aufbau und die Fenstergewände mit „Ohren" nahelegen, dem 18. Jahrhundert an.[65] Die massive Bauweise gilt jedoch nicht für das ganze Haus; es besitzt nämlich einen älteren Fachwerkkern, der an einer der Traufseiten noch eine schmuckreiche Brüstung zeigt, was auch in Leutesdorf zu beobachten ist. Dem Fachwerkhaus in Linz wurde 1731 ein repräsentativer Giebel vorgeblendet, der dem Ganzen den Habitus einer als aufwendiger geltenden Baustruktur verleihen sollte (vgl. Abb. 67–68). Hier offenbart sich eine Wertigkeit des Materials, die in den Jahrhunderten zuvor nicht so deutlich zu Tage trat. Zwar schätzte man auch schon im späten Mittelalter bei offiziellen Bauten die massive Ausführung, aber dies war nicht unbedingt ein Grundsatz absoluter Gültigkeit. Es findet sich häufig die Kombination beider Bauweisen, wie es in überzeugender Weise etwa ein stattliches Gebäude am Rhein-

55 Bingen, Freidhof 3. Aufnahme 2003.

56 Vallendar, Ecke Rathausplatz. Aufnahme 2003.

57 Neuwied-Engers, Alte Schloßstr. Aufnahme 2003.

58 Neuwied-Engers, Am Alten Rathaus. Aufnahme 2003.

59 Spay (Oberspay), Rheinufer 19. Aufnahme 2003.

61 Spay (Oberspay), Rheinufer 9. Aufnahme 2003.

60 Spay (Niederspay), Rheinufer. Aufnahme ca. 1992.

62 Osterspai, Hauptstr./Schnatzenstr. 18. Aufnahme ca. 1992.

63 Leutesdorf, Rheinstr. 19. Aufnahme 2003.

64 Leutesdorf, Rheinstr. ab der Großen Fährgasse. Aufnahme 2003.

65 Linz, Mittelstr. 19. Aufnahme 2003.

66 Remagen-Oberwinter, Rheingasse hinter dem Rheintor. Aufnahme 2003.

67 Linz, Am Gestade 3. Aufnahme 2003.

68 Leutesdorf, August-Bungert-Allee 10. Aufnahme 2003 (vgl. zu A. Bungert Abb. 50).

ufer in Kamp-Bornhofen, Ortsteil Kamp, demonstriert, dessen Front auf äußere Wirkung angelegt ist (vgl. Abb. 7). Das mit 1531/32 datierte Haus besticht aufgrund des Zusammenspiels von massivem Unterbau mit einem Fachwerkaufbau, dessen Ecken von polygonalen Türmchen oder Eckwarten erhöht werden.[66] Ganz ähnlich konzipiert, aber bescheidener in den Maßen und in der Gestaltung ist die sogenannte Burg in Leubsdorf bei Bad Hönningen, die noch als „spätgotisch" eingeschätzt wird.[67] Gleiches, das heißt der Zusammenhang von massiver und Fachwerkbauweise, läßt sich auch bei reichen Häusern des 16./17. Jahrhunderts feststellen, die mit Treppentürmen ausgestattet sind; sie sind öfters bis zu Zweidrittel oder Dreiviertel ihrer Höhe gemauert und tragen darüber einen bekrönenden Fachwerkaufbau.[68]

Die verschiedenen Baumaterialien Holz und Stein sind für die innere Disposition des historischen Hauses irrelevant. Soweit am rezenten Bestand verfolgbar, ist das Erdgeschoß über dem in der Weinregion Mittelrhein üblichen Gewölbekeller durchaus massiv ausgeführt, was in erster Linie mit der offenen Feuerstelle zusammenhängt; sie benötigt eine feuersichere rückwärtige Mauer. Die einstige Grundrißgestalt ist im Betrachtungsgebiet im bauhistorischen Sinne noch wenig untersucht worden. Sie dürfte analog zu derjenigen an der Mosel und der Lahn zu sehen sein; dort lassen sich die Verhältnisse relativ klar fassen. Einen vagen Einblick in die frühere Wohnsituation gibt ein 1791 von dem kurtrierischen Baumeister und „Oberlieutenant" Johann Caspar Rolshausen verfaßter Plan zum Neubau des Pfarrhauses in Neuwied-Heimbach (vgl. Abb. 69–71).[69] Die Bauzeichnung ist insofern aufschlußreich, als sie den Grundriß des Vorgängerbaues und einen Alternativentwurf des nachfolgenden Hauses darstellt. Bei dem Altbau handelte es sich entweder um ein Einhaus, bei dem die Funktionen des Wirtschaftens und Wohnens unter einem gemeinsamen Dach vereint sind, oder um einen Streckhof mit den gleichen aneinandergereihten Bereichen; die einzelnen Gebäude sind zusammengewachsen und deren Dachhöhen können indes voneinander differieren. Links befand sich mit der Legenden-Nr. 1 die Kellertreppe oder Schrottreppe, über die die Schröter die Fässer beförderten. Nr. 2 bedeutet den Keller. Es folgt die Toreinfahrt, von der man in den Garten und in den Wohnteil gelangt, und zwar einerseits in die Küche, Nr. 5, und andererseits in ein „Spindchen", Nr. 6, wenn die dortigen Öffnungen als Türen richtig interpretiert sind. Die Küche, deren Feuerstelle als dunkles Rechteck eingetragen ist, besaß auch eine Verbindung zu einer Art Flur mit Spindeltreppe, die vermutlich direkt von der eigentlichen Haustür erreichbar war. Der Raum im Winkel zwischen dieser Treppe und dem Spind ist als „Gesinde-Stübchen" deklariert, Nr. 4. Das neben der Küche größte Zimmer im Parterre, Nr. 3, war dem Pastor vorbehalten. Hierzu gehörte auch ein Nebenräumchen, das nicht näher bezeichnet ist. Im Obergeschoß befanden sich das „Schlafzimmer des

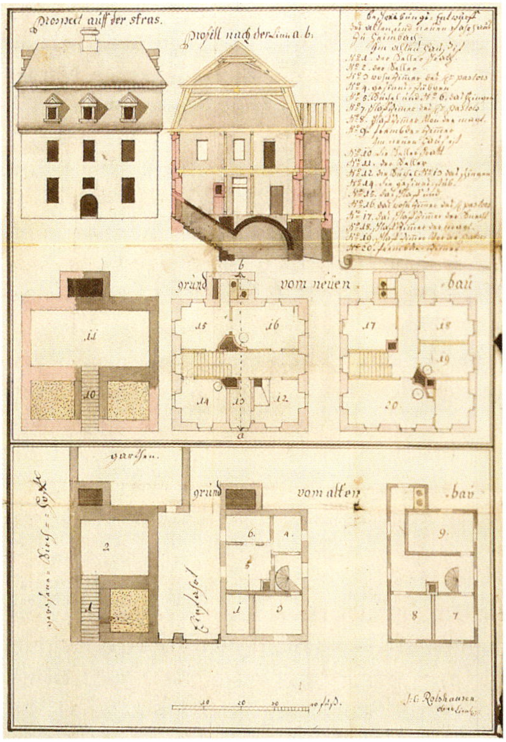

69–71 Neuwied-Heimbach, Pfarrhaus, Bestands- und Umbauplan von Johann Caspar Rolshausen (Landeshauptarchiv Koblenz) und jetziger Zustand. Aufnahme 2003.

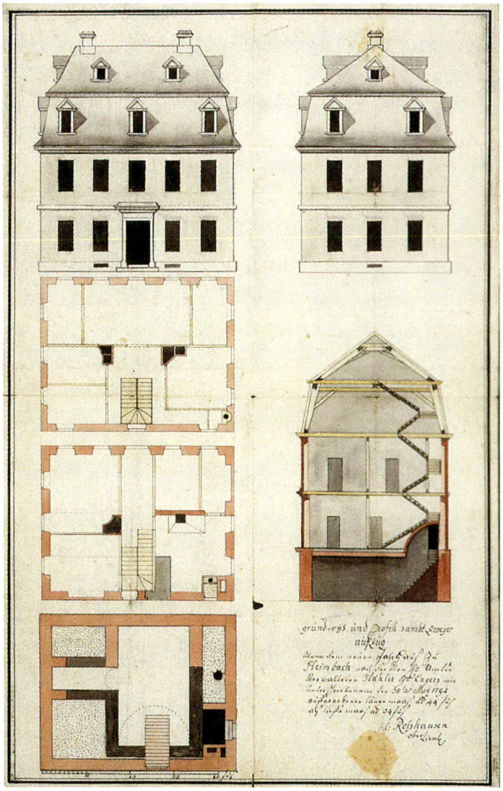

70

71

Herrn Pastors“, Nr. 7, daneben dasjenige der Magd, Nr. 8, und als Nr. 9 ein nicht beheizbares Fremdenzimmer, während die beiden erstgenannten Räume an den Kamin oberhalb der Feuerstelle der Küche angeschlossen waren. Von der Spindeltreppe im Obergeschoß betrat man zunächst einen breiten Flur und erreichte dann die Zimmer sowie die beiden Aborte im hinteren Teil des Hauses. Da der Bestandsplan nicht sonderlich exakt ausgeführt ist, bleiben einige Fragen offen. Vor allem fehlt ein Längs- oder Querschnitt mit den Höhenangaben der Räume. Etwas informativer ist die Zeichnung des geplanten Neubaues. Dargestellt sind eine Seitenansicht des Hauses mit dem mittigen Kellereingang und einem Oberlicht darüber. Im Schnitt, der durch die Kellertreppe gelegt ist, wird die Lage der Haustür ersichtlich; deutlich ist die Konstruktion des gebrochenen oder Mansarddaches mit den beiden Speicherebenen und den liegenden Stühlen; im Anbau, der sich an der zweiten Hausseite befindet – sie ist das Pendant zur vorigen Seitenansicht – sind die Aborte der beiden Etagen untergebracht. Die Legendennummern beziehen sich auf folgende Positionen: Nr. 10 auf die Kellertreppe, Nr. 11 den Gewölbekeller, Nr. 12 und 13 auf die Küche und das Spindchen, Nr. 14 auf die Gesindestube und Nr. 15 und 16 auf das „Schlaf- und Wohnzimmer des Herrn Pastors"; es schließen sich im oberen Stock Nr. 17 und 18 als Schlafzimmer der Magd und des Knechtes an, außerdem sind Nr. 19 als „Schlafzimmer vor die Patres" – vermutlich der Abtei Rommersdorf – und Nr. 20 als Fremdenzimmer gekennzeichnet. Dargestellt sind in beiden Grundrissen die Feuerungs- und Heizmöglichkeiten des Hauses, so in der Küche (Nr. 12) die offene Feuerstelle und in den anderen Räumen die vom Flur zu beschickenden Feuerungen mit ihren vermutlich gußeisernen Öfen, die als kleine Kreise in den Zimmern gekennzeichet sind. Alternativ ist diesem Neubauplan ein zweiter beigegeben, der allerdings keine Raumlegende aufweist. Der Bau ist stattlicher als der des Vorentwurfs und zeigt im oberen Stock mit einem größeren Zimmer die repräsentativeren Verhältnisse einer Bel-Etage. Beiden Plänen ist die Konzeption eines Flurhauses gemeinsam. An den jeweils durchgehenden Flur des Erdgeschosses schließen sich die Räume an, was charakteristisch für die Bauweise ab dem 18. Jahrhundert ist. Ein gutes Beispiel für eine derartige rationale Grundrißlösung ist auch das ehemalige Schul- und Backhaus in Neuwied-Heddesdorf, das aus der Zeit um 1720 stammt und das 1974/75 wegen Unbewohnbarkeit am alten Standort aufgegeben und in das rheinland-pfälzische Freilichtmuseum Bad Sobernheim transloziert wurde.[70] Im Gegensatz zu diesem Gebäude und den Plänen für das neue Pfarrhaus in Neuwied-Heimbach von 1791 verdeutlicht die Bestandsaufnahme des Altbaues mit der Zentralität der Küche eine bauliche Situation, die sich bis in das Mittelalter verfolgen läßt. In ihrer ursprünglichen Form sind Eingangsbereich, Küche mit der Feuerstelle und der Treppenaufgang, der häufig als Wendeltreppe angelegt war, miteinander vereinigt. Die Raumhöhe dieses Entree beträgt oft 4 m oder mehr. Bei einer solchen Konstellation handelt es sich um die sogenannte Flurküche.[71] Sie ließ sich auch noch in einem kleinen Fachwerkhaus in Linz, Klosterstr. – Enggasse, nachweisen, das 1983 kurz vor seinem Abriß noch in seinen vermutlichen Grundzügen aufgemessen wurde.[72] Dieses „Kleine-Leute"-Haus, das um 1650 zu datieren ist, besaß einen zweizonigen Grundriß mit einer Küche (4 x 3,70 m) und der Stube (2,50 x 3,70 m) bei einer Raumhöhe von knapp 2 bzw. 2,50 m. Die zentrale Funktion der Küche war mit den Zugängen von den beiden Gassen aus mit der Stubentür und mit der Wendeltreppe noch gegeben. Die alte offene Feuerstelle hatte man durch eine Kochherd ersetzt; ihre Größe war aber noch anhand des Balkenwechsels in der Decke rekonstruierbar (Abb. 127–129).

Im Hinblick auf die verwendeten Baumaterialien (vgl. dazu den Beitrag von Karl-Heinz Schumacher) hielt man sich bis auf das geflößte Holz im großen und ganzen an die einheimischen Vorkommen. Gute Auskunft hierüber geben einige Bestandszeichnungen der Parzellenstruktur von Kleinstädten am Rhein, durch die Mitte des 19. Jahrhunderts die rheinpreußische Regierung Straßen für den Fernverkehr anlegen und die vorhandenen Durchfahrten verbreitern ließ. Bis dato war der Verkehr über weniger gut passable Neben- und Höhenstrekken geleitet oder auf dem Fluß getreidelt worden. Bei den Straßenbauten mußten etliche Häuser zur Gänze oder teilweise abgebrochen werden. Dies hatte Entschädigungsverhandlungen mit den Eigentümern zur Folge. Die Regierung legte deshalb sogenannte Alignements-Pläne an, in denen die Bausubstanz eines jeden betroffenen Grundstücks nach folgendem Schema klassifiziert wurde: Gebäude von Stein; 1. Stock von Stein, 2. Stock Fachwerk; Gebäude von Fachwerk – 2 Stockwerke; Scheunen von Fachwerk mit 1 oder 2 Stockwerken; außerdem Hofräume und Gärten. Nachstehend ist für Oberwinter bei Bonn dieser Alignements-Plan der Straße Mainz – Koblenz – Köln aus dem Jahre 1851 ausgewertet worden, während derjenige von St. Goar nur kommentiert wird (Abb. 72 u. 81).[73]

Alignements-Plan der Hauptstraße in Oberwinter (1851)

Bauliche Beschaffenheit der Häuser:

1-st. = 1stöckig m = massiv
2-st. = 2stöckig F = Fachwerk

Haus-Nr.	Name des Eigentümers	bauliche Beschaffenheit der Wohnhäuser	
Westliche Straßenseite von Süden nach Norden:			
160	a) Koch	2-st/ 2. Stock	m
	b) Volk, Johann	2-st/ 2. Stock	F
1	Heimann, David	2-st/ 2. Stock	F
5	Langen, Karl	2-st/ 2. Stock	m
6	Langen, Karl	2-st/ 2. Stock	m
7	Eckertz, Adolph	2-st/ 2. Stock	m
8	Fisch, Franz	2-st/ 2. Stock	m
10	Gottschalk, Friedrich	2-st/ 2. Stock	m
11	Fellbach, Hermann	2-st/ 2. Stock	m
12	Eckertz, Peter	2-st/ 2. Stock	F
41	Schneider, Erben	2-st/ 2. Stock	F
42	Hattinger, Baptist	2-st/ 2. Stock	F
43	Faßbender, Renerius	2-st/ 2. Stock	F
44	Gemeinde (Schulgebäude)	2-st/ 2. Stock	m
45	Decker, Christian	2-st/ 2 Stock	m
46	Roland, Anton	2-st/ 2 Stock	m
81	Loosen, Wilhelm Erben	2-st/ 2 Stock	m
82	Schloßer, Hermann Joseph	2-st/ 2 Stock	m
83	Mörl, Christian	2-st/ 2 Stock	m
95	Weyerbusch, Carl	2-st/ 2. Stock	m
96	Langen, Ww.	2-st/ 2. Stock	m
97	Müller, Rolend 2ter (sic !)	1-st	m
99	Lichtenthäler	2-st/2. Stock	m
102	Salm, Levi (?)	1-st/	m
	Gansen, Christian		
101	Römer, Christian	2-st/ 2. Stock	m
Östliche Straßenseite, gesehen von Norden nach Süden:			
102			
103	Lauffs, Gustav	2-st/ 2. Stock	m
104	Lauffs, Gustav	2-st/ 2. Stock	m
105	Hausen. Peter	2-st/ 2. Stock	m
106	Albrecht, Erben	1 st/	m
107	Römer, Michel	1-st/	m
108	Reusch, Wilhelm	2-st/ 2. Stock	m
109	Schneider, Stephan	2-st/ 2. Stock	m
110	Wüst, Jakob	1-st/	m
111	Schneider, Anton	2-st/ 2. Stock	m

112	Häger, Wilhelm		2-st/ 2. Stock	m
113	Büttgen, Heinrich		2-st/ 2. Stock	m
114	Loosen, Gottfried		2-st/ 2. Stock	F
124	Decker, Joseph		2-st/ 2. Stock	m
125	Rüls, Peter		2-st/ 2. Stock	m
126	Günstgemann, Joh. Peter		1-st/	m
127	Gemeinde (Postrat)		1-st/	m
128	Gemeinde (Lehrerwohnung)		2-st/ 2. Stock	m
129	Fischer (Pastor)		2-st/ 2. Stock	m
130	Büttgen, Hermann	Wohnhaus	2-st/ 2. Stock	m
		Scheune		m
139	Dedier, Hermann	2 Häuser	2-st/	m
			2. Stock	F
140	Hattinger, Baptist		2-st/ 2. Stock	F
141	Volk, Wilhelm		2-st/ 2. Stock	F
142	Volk, Wilhelm		2-st/ 2. Stock	m
143	Gütgemann, Friedrich		2-st/ 2. Stock	m
154	Monschau, Peter		2-st/ 2. Stock	F

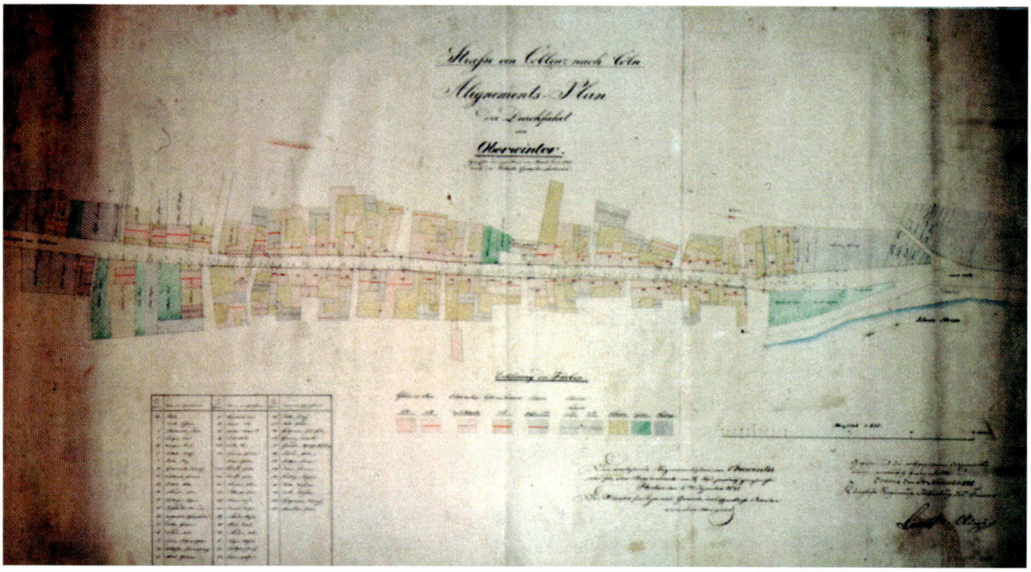

72 Alignements-Plan der Hauptstr. in Oberwinter (1851; Landeshauptarchiv Koblenz).

73 Remagen-Oberwinter, westliche Seite der Hauptstr., Ecke Ackergasse. Aufnahme 2003.

74 Remagen-Oberwinter, westliche Seite der Hauptstr. Nr. 87. Aufnahme 2003.

75 Remagen-Oberwinter, westliche Seite der Hauptstr. 93. Aufnahme 2003.

76–79 Remagen-Oberwinter, westliche Seite der Hauptstr. Nr. 108. Aufnahme 2003.

77

78

79

80 Remagen-Oberwinter, westliche Seite der Hauptstr. Nr. 107. Aufnahmen 2003.

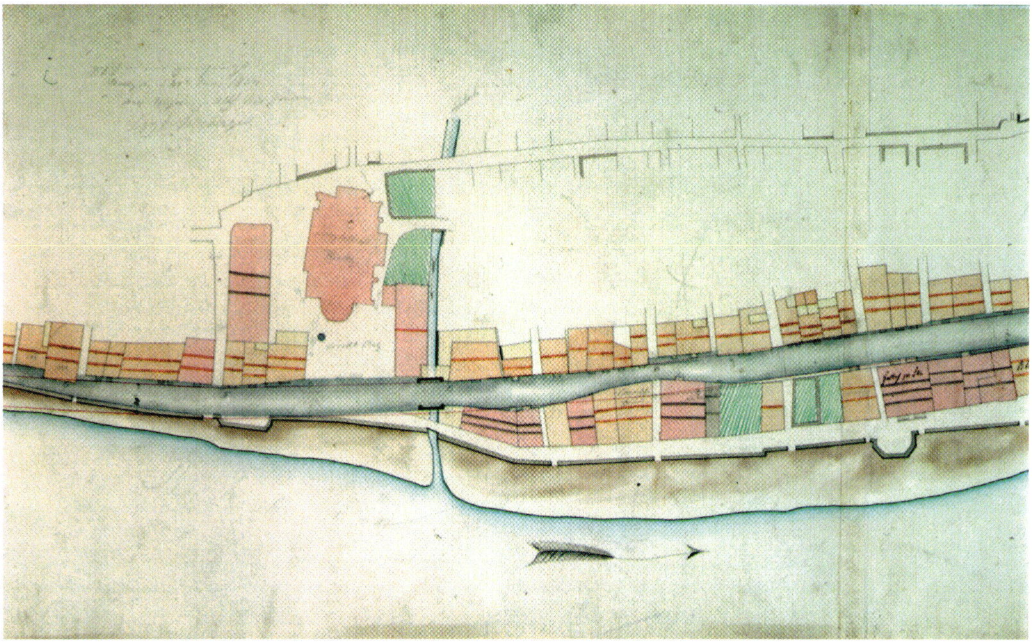

81 Ausschnitt des Alignement-Plans der Heerstr. und Hauptstr. mit der evangelischen Kirche (1834; Landeshauptarchiv Koblenz).

82 St. Goar, Heerstr. 63. Aufnahme 2003.

Da sich in der Häuserliste von Oberwinter die Farbabstufungen der zweistöckigen Bauten – ob ganz massiv errichtet oder ob die obere Etage als Fachwerk ausgeführt – sehr ähneln, ist eine zweifelsfreie Zuordnung der Bauweisen manchmal schwierig oder ungewiß (Abb. 73–80). Man kann, wie heute auch, von einem abwechslungsreichen Straßenbild mit der optischen Dominanz der Fachwerkaufbauten ausgehen. Einstöckige Massivhäuser sind nur in wenigen Fällen vertreten. Von dieser Situation unterscheidet sich das Stadtbild von St. Goar nicht sonderlich; auch es wird von Fachwerk bestimmt, beispielsweise auf der Westseite der heutigen Heerstraße und am südlichen Stadtrand, während um die evangelische Pfarrkirche sowie am Rheinufer nördlich des Lohbaches der Massivbau zahlreicher anzutreffen ist. Außerdem zeigt St. Goar mit seinen vielen dreistöckigen Häusern einen ausgesprochen städtischen Charakter. Oberwinter ist dagegen ein Flecken, auch wenn er einst ummauert war. Vergleiche zu St. Goar Abb. 81–83. Der Ausschnitt gibt die Partie um die Pfarrkirche bis über das ehemalige Gasthaus zur Lilie wieder, das sich in der Rheinstraße oberhalb der rheinseitigen Stadtmauerbastion befand.

83 St. Goar, Ecke Heerstr.-Hauptstr. Aufnahme 2003.

Baumaterialien

Die starke Präsenz des Fachwerks am historischen Mittelrhein ist auch ein unübersehbarer Hinweis für die Bedeutung des Bauholzes. Es nimmt im Kapitel der Baumaterialien eine wichtige Position ein. Sein Bezug – Einhieb, Qualität und Quantität der Stämme, zeitliche Begrenzung des Verbaues – wurde im Spätmittelalter durch Weistümer, Reglementierungen und Verordnungen bestimmt. Forstanordnungen zur Pflege des Waldes und zur Reduzierung des Holzverbrauches sind aus allen Herrschaftsbereichen des Mittelrheins überliefert, so aus dem Sponheimischen ab 1470 und dann in erneuerter Form von 1500, 1547 und 1586, in der Kurpfalz von 1572, 1582 und 1595 sowie 1711, in Kurtrier von 1613 oder 1647 und 1720 sowie 1786, in Nassau ab 1562 mit Erneuerungen in den nächsten Jahrhunderten oder in der Grafschaft Wied-Runkel die Forstordnungen in renovierter Fassung von 1773 oder in Kurköln in einer entsprechenden „Jagd-, Büsch- und Fischerei-Ordnung“ von 1757–1759, die auf etliche Vorlagen zurückgreifen konnte.[74] Aus baulicher Sicht ist wichtig, daß laut den üblichen Verfügungen der mittelalterlichen und frühneuzeitlichen Weistümer, so auch desjenigen von Obermendig von 1531, das im Gemeindewald eingeschlagene Bauholz binnen einer Halb- oder Jahresfrist verarbeitet worden sein mußte; das Haus war somit innerhalb dieses Zeitraumes zu verzimmern.[75] Dies bedeutet, daß dendrochronologische Datierungen, die das Fälldatum eines Baumstammes angeben, mit einem nur kurzen Zeitverzug auch den Baubeginn eines Neubaues dokumentieren. Zum zweiten ist im Hinblick auf den Mittelrhein auf die Wichtigkeit des aus Süddeutschland geflößten Nadelholzes hinzuweisen, das der rheinischen Dendrochronologie eine neue Fragestellung bescherte (vgl. den Beitrag von Burghart Schmidt).

Eng verbunden mit dem pfleglichen Verbrauch des Bauholzes ist auch die obrigkeitliche Förderung des Massivbaues zu sehen, die in vielen Territorien des 18. Jahrhunderts in den Vordergrund gerückt wurde. Exemplarisch sei eine Verordnung von Hessen-Kassel aus dem Jahre 1766 vorgestellt – eine Herrschaft, die auf der Höhe von St. Goar bis nach Pfalzfeld weit in den Hunsrück hineinragte.[76] Vor allem sollte auf diese Weise das Eichenholz geschont werden. Gepaart war mit derartigen Verfügungen die Sorge um einen besseren Brandschutz, der sich auch gegen hölzerne Rauchabzüge und Strohdächer richtete. Die Häufigkeit der Wiederholung gerade solcher Erlasse gegen die weiche Eindeckung – bis weit in die rheinpreußische Zeit – belegt die Zähigkeit altgewohnter Bauvorstellungen und wirft zugleich ein Licht auf die wirtschaftlichen Verhältnisse der ländlichen Rheinprovinz im 19. Jahrhundert, die vielen Hauseigentümern ein Schieferdach beispielsweise verboten.[77]

Der Mensch, sein Haus und die Arbeit

Häuser können als Heimstätte über Generationen und über lange Zeiträume hin hervorragende Geschichtsquellen sein. Dies beweisen viele Monographien, in denen ein öffentliches Gebäude näher dargestellt oder ein Gehöft, vielleicht auch ein Patrizierhaus, publiziert wird. Vorteilhaft ist es, wenn ein Haus mit seinem Baujahr, dem Namen oder Wappen seines Bauherrn gekennzeichnet ist – so als frühes Beispiel das sogenannte „Haus Sickingen“ in Bacharach mit der Jahresangabe 1450 und dem Namen Peter Ackerman (vgl. Beitrag Bacharach) – und darüber hinaus noch einen Sinnspruch aufweist, wie es in markant-drastischer Art ein Beispiel in Koblenz-Neuendorf (Am Ufer Nr. 11) zeigt. Der rechtliche Status des Eigentümers wird in diesem Fall überaus deutlich: „DIESES HAUS UND HOFE IST FREY / WER ES NICHT GLAUBEN WILL DER LECK MICH AM ARSCH UND GEHE VORBEY“. Als Datum ist über dem Wappenstein das Jahr 1732 angegeben (Abb 84–89).

Schwieriger ist die Überlieferung, wenn die Häuser nicht inschriftlich hervorgehoben sind und damit der oder die Erbauer im Dunkel bleiben oder wenn der Besitz über die Zeiten nicht in der Familie weitergereicht wird, was infolge der Realteilung der hinterlassenen Güter beinahe in den meisten Gebieten des Rheinlandes die Regel war. Zu Recht kann man folglich in solchen Fällen von einer anonymen Architektur ohne namentlich bekannten Baumeister oder Bauherrn sprechen. Versteht man das Haus als die spezifische Verkörperung des Sozialen, so möchte man wissen, wer lebte in den historischen Häusern, die man Tag für Tag sieht, um welche Bevölkerung handelte es sich, als diese Bauten errichtet wurden, was arbeitete sie oder welchen Berufen ging sie nach. Mittelbare Auskunft geben archivalische Hinterlassenschaften, von denen vor allem Güterverzeichnisse, Schatzungen, Einwohnerlisten und Inschriften aussagebedeutsam sind. Auf diese Weise lassen sich nicht nur die Lebensdaten und die Berufe von Personen ermitteln, sondern bei einer Verbindung mehrerer Quellenarten manchmal auch deren Immobilienbesitz. Für Linz (Abb. 90 ff.) kann man beispielsweise

84 Koblenz-Neuendorf, Am Ufer 11. Aufnahme 2003.

85 Koblenz-Neuendorf, südliche Partie Am Ufer. Aufnahme 2003.

86 Vallendar, Rathausplatz Nr. 6. Aufnahme 2003.

87 Vallendar, Rathausplatz 6. Aufnahme 2003.

89

88, 89 Kaub, Zollstr. 14. Aufnahme 2003.

90 Linz, vom gegenüberliegenden Ufer aus gesehen, nach Tombleson's Views of the Rhine, London 1832.

aufgrund einer derartigen Kombination, bei der die Inschriften von Grabsteinen und deren Hausmarken eine wichtige Rolle einnehmen, Häuser etwa am Marktplatz und in den verschiedenen Stadtteilen, dem Neupforten-, dem Grevenpforten- oder dem Lewenpfortenviertel, bis in das späte 16. Jahrhundert bestimmten Familien oder Personen zuordnen.[78] Besonders aufschlußreich sind solche Informationen, wenn sich aus ihnen die Lage der ehemaligen kirchlichen und adeligen Hofhäuser ergibt und wenn sich ihre Besitzsituation in der Zeit nach dem Alten Reich rekonstruieren läßt, wie dies für die markante Niederlassung des Deutschen Ordens in Linz möglich ist. Der altehrwürdige Besitz ist auf einer Güterkarte des Jahres 1760 auch bildlich wiedergegeben und dort als „Deutsches Haus“ bezeichnet – analog zu dem Koblenzer Pendant des Deutschen Ordens am „Deutschen Eck“.[79] Das Linzer „Deutsche Haus“, dessen Adresse heute Mühlengasse 11 ist, erwarb Anfang des 19. Jahrhunderts Godfried von Dackweiler, der 1788 Maria Katharina geb. Kügelgen geheiratet hatte. Ihr Vater war kurkölnischer Hofkammerrat und Schultheiß zu Dattenberg. Laut dem Urkataster, wie es in der Rheinprovinz in den Jahren 1825/30 aufgestellt worden ist, befand sich das „Deutsche Haus“ im Eigentum von Friedrich Gereke, dem auch der benachbarte Garten gehörte, so 1839. Das nächste Grundstück, das ursprünglich aus einer großen Parzelle bestand – sie wurde im mittleren 19. Jahrhundert halbiert und trägt seitdem zwei Hausnummern, nämlich 13-15 –, gehörte 1839 Johann Keller.[80] Auch dieses Ensemble wird mit der Familie (von) Kügelgen in Verbindung gebracht, die nicht nur in Linz, sondern auch in Rhens oder in Bacharach hohe kurkölnische Repräsentanten stellte, dort mit Franz Ferdinand Anton Kügelgen (gest. 1788) den Saalschultheißen. Er war der Vater der bekannten Malerbrüder Franz Gerhard und Johann Karl Ferdinand von Kügelgen.[81]

Karten geistlicher Güterverzeichnisse wie die genannte des Deutschen Ordens sind nicht nur wertvolle historische Quellen, sondern be-

91 Urkataster von Linz, Lageplan (1828; Landeshauptarchiv Koblenz)

92 Urkataster von Linz, Ortslage (1829; Landeshauptarchiv Koblenz)

93 Linz, Burgplatz 12. Aufnahme 2003.

95 Linz, Rheinstr. 10-von-Keller-Str. Aufnahme 2003.

94 Linz, Kanzlerstr. 5. Aufnahme 2003.

eindrucken darüber hinaus auch aufgrund ihrer darstellerischen Art, für die eine gewisse künstlerische Naivität kennzeichnend ist. Ansprechende Belege sind beispielsweise einige getuschte Federzeichnungen von 1733 und 1739, mit denen der Kölner Jesuitenorden seine Besitzungen am Mittelrhein – um Oberwesel und im Siebengebirge – festhielt.[82]

Noch ein Wort zur Topographie des historischen Linz: Bezeugt ist für 1463/64 die Existenz eines sogenannten Spielhauses. Unter einer solchen Einrichtung, die sich in manchen Städten und in vielen stadtähnlichen Flecken des Rheinlandes im Mittelalter und in der frühen Neuzeit nachweisen läßt, versteht man eine Art Bürgerhaus, das auch für öffentliche Feiern genutzt wurde. Manchmal war dieses Gebäude identisch mit dem Rathaus, was allerdings für Linz nicht zutrifft, wie das dorti-

96 Linz, Marktplatz 2-5. Aufnahme 2003.

97 Koblenz-Ehrenbreitstein, Helfensteinstr. 70. Aufnahme um 1960 (H. Pohren, Koblenz).

ge stattliche, spätmittelalterliche Rathaus beweist.[83]

Das „Deutsche Haus“ in Linz lenkt nochmals den Blick auf die Besitzungen der adeligen und geistlichen Herren im Alten Reich, insbesondere auf die Hofhäuser oder Hofgüter, die aus einem Wohnhaus und manchmal mehreren Wirtschaftsgebäuden bestanden, meistens in Erbpacht vergeben waren und die im Linksrheinischen während seiner Zugehörigkeit zu Frankreich (1801–1815) versteigert wurden. Stellvertretend für diese Verhältnisse sei Oberwinter angeführt, in dem neben der Kurpfalz elf geistliche Einrichtungen aus Altenberg, Düsseldorf, Bonn, Siegburg, Rolandswerth, Köln und Knechtsteden über Immobilienbesitz verfügten. Darunter befanden sich außer einer Mühle acht weitere Häuser, von denen nur zwei von den früheren Pächtern erworben werden konnten und somit wie bei dem „Deutschen Haus“ eine Besitzkontinuität über das Alte Reich hinaus gewahrt wurde. Dies war aber wohl eher die Ausnahme; denn viele ehemalige Pächter waren offensichtlich nicht in der Lage, ihr altes Pachtland zu kaufen, was zu einer erheblichen Umstrukturierung nicht nur in der Landwirtschaft führen mußte. Daß es sich bei den Oberwinterer Bauten nicht gerade um „Arme-Leute-Häuser“ handelte, belegen die Taxpreise, zu denen sie angeboten wurden.[84] Die Lage einiger der herrschaftlichen Güter ist auch heute noch bekannt. Aufgrund ihrer baulichen Veränderungen vermitteln sie allerdings nicht mehr das ursprüngliche Bild. Will man den ungefähren Eindruck der Erscheinung solcher Hofhäuser vor Augen haben, muß man sich historischer Pläne bedienen, die sich in etlichen Fällen erhalten haben, wie beispielsweise von der kurtrierischen Herrenmühle im Tal Ehrenbreitstein bei Koblenz. Der Name dieser Anlage, die im 18. Jahrhundert errichtet wurde, ist bezeichnend (vgl. Abb. 97–98) War sie als „niederste Mühle“ im Tal ursprünglich kurfürstliches Eigentum, so kam sie

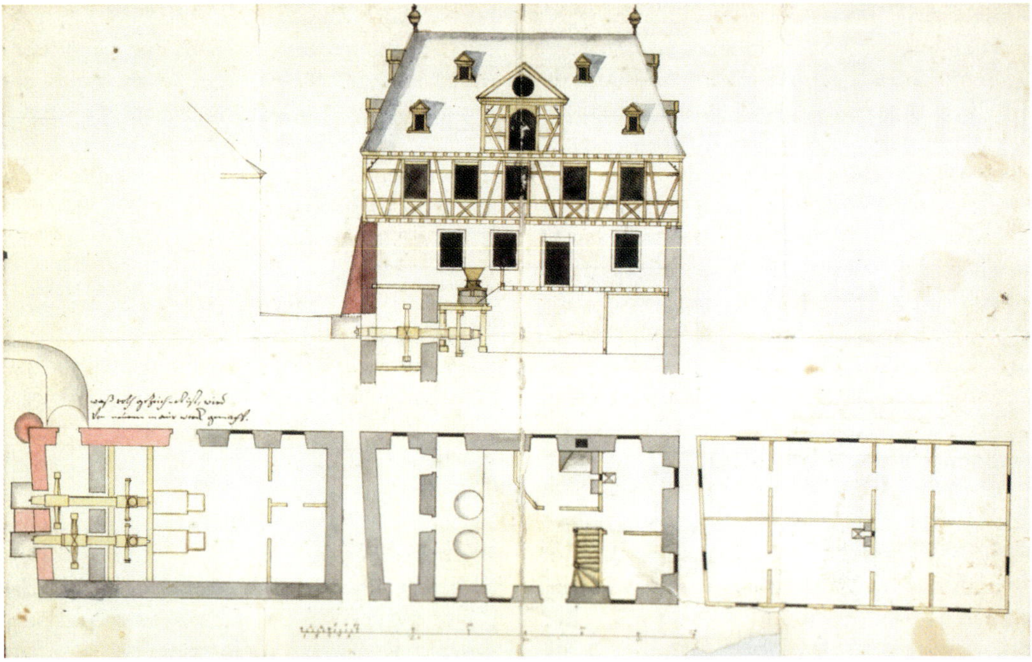

98 Plan der ehemaligen kurtrierischen „Herrenmühle“ im Tal Ehrenbreitstein (Koblenz), um 1723/24 (Landeshauptarchiv Koblenz).

um 1500 durch Schenkung an die Augustiner-Eremiten und wurde nun „Klostermühle“ genannt. Nach dem Niedergang dieser klösterlichen Niederlassung bürgerte sich der Name „Kellerei-Mühle“ ein (nach 1570). Anfang des 18. Jahrhunderts waren die Gebäude ruinös. Im Jahre 1723/24 stand unter dem Pächter Wilhelm Sabel, der das Anwesen bis zu seinem Tode (1759) bewirtschaftete, ein Neubau an. In den zugehörigen Kameralakten sind bis in das Detail die Kosten aufgeführt, die teils zu Lasten der Kammer, teils zu Lasten des Pächters anfielen. Unklar ist, ob der genannte Bauplan, der nicht signiert ist, von dem kurtrierischen Hofbaumeister Joh. Philipp Honorius Ravensteyn oder von dessen Nachfolger Hans Georg Judas stammt, der 1725 dessen Amt übernahm. Im Jahre 1882 kaufte Sebastian Albert Doetsch die Mühle, dessen Erben sie bis 1965 besaßen. Nächster Eigentümer wurde Hans Pohren, der den Mühlenbetrieb nicht mehr fortsetzte und das Gebäude für die Belange eines Bestattungsinstitutes umwandelte. Herr Pohren bewohnt auch heute noch das Haus.[85]

Der Hausbesitz ist neben anderen ein wichtiger Indikator wirtschaftlicher Verhältnisse. Es zeigen sich dabei krasse Unterschiede. So besaß der Linzer Bürgermeister Johann Reifferscheid, dessen Name bis zirka 1676 in den entsprechenden Schatzungsbüchern genannt wird, mehrere Häuser, darunter eines in der Rheingasse, möglicherweise in der Nähe des „Deutschen Hauses“; denn auf der Güterkarte des Deutschen Ordens von 1760 ist dort ein Garten der Reifferscheid eingetragen.[86] Am anderen Ende der Liste finden sich die Tagelöhner, die weder Haus noch Land ihr eigen nennen konnten. Aus Kurköln, das aufgrund seiner Heterogenität der einzelnen Landesteile sicherlich sehr unterschiedliche Einkommenssituationen hinnehmen mußte, ist bekannt, daß im späten Mittelalter zahlreiche kleinbürgerliche Betriebe am Rande des Existenzminimus dahinvegetierten.[87] Auch auf die Gefahr hin, einer generalisierenden Betrachtungsweise aufzusitzen, kann man davon ausgehen, daß sich für weite Bevölkerungskreise die Lebensbedingungen in der Neuzeit sogar bis zum Ende des

Alten Reiches kaum änderten. Hierfür waren sowohl äußere als auch innere, gesellschaftlich bedingte Gründe verantwortlich. So führte der Dreißigjährige Krieg zu enormen Bevölkerungsverlusten. Hatte beispielsweise Leutesdorf im Jahre 1563 157 Haushaltsvorstände gezählt, so reduzierte sich deren Zahl 1651 auf 83. Erst im Laufe des späten 16. und des 17. Jahrhunderts wurden die Verluste, zu denen auch die Pest von 1669 beigetragen hatte, ausgeglichen und wettgemacht, so daß 1754 die Marke von 1000 Einwohnern erreicht werden konnte.[88] Vor diesem Hintergrund erstaunt es nicht, wenn in der Vermögensaufnahme von 1651 Anmerkungen wie folgende zu lesen sind: „Leinenweber/Tagelöhner und mittellos besitzt am 3.4.1651: kein eigenes Haus und keine eigenen Weingärten, 1 Kuh und hat 225 Rtl. Schulden, ... besitzt 1672: ein Haus, ist 66 Jahre alt und hat weder Knecht noch Kinder".[89] Besser, oft sogar erheblich besser, standen sich dagegen die sogenannten Hofleute oder Hofmänner mit den ihnen anvertrauten Pachthöfen, die manchmal über mehrere Generationen in einer Familie verblieben. So werden in den Leutesdorfer Grundbesitzschatzungen Emmerich Wolf (gest. vor 1721) und sein Sohn Nikolaus (1707–1767) als Weingartsmänner mit eigenem Land geführt. Die dritte Generation, wiederum ein Nikolaus (1743–1804), bewirtschaftete als Hofleute das Leutesdorfer Anwesen des in der Eifel ansässigen Klosters Himmerod; der Hof wurde nach der Säkularisation nassauisch-weilburgisch. Der nächste Sohn, ebenfalls ein Nikolaus (1773–1816), war auch wieder Hofmann wie sein Nachkomme Daniel (1782, gest. vor 1857).[90] Auch die Familie Zeuß – Johann Anton (1752–1801) –, die als Pächterin den Hof des Klosters Marienstatt innehatte, konnte diesen Besitz unter den neuen Verhältnissen, als er an den Herzog von Nassau-Usingen gekommen war, weiter bewohnen und ihn sogar 1812 erwerben.[91] Diese Nachrichten, mit denen sich frühere Besitz- und Eigentumsverhältnisse nachvollziehen lassen, begründen sich auf die Familienforschung, die im Rheinland sehr rege ist.[92] Ihr verdanken wir auch die Auswertung historischer Inventare oder Nachlässe, wie in dem Fall des Ehepaares Johann Nalbach, geb. vor 1630, zuletzt genannt 1702, und seiner Frau Margaretha geb. Henck und verwitwete Curten, gest. 1692. Da die Ansprüche der Kinder aus ihrer ersten Ehe sichergestellt werden mußten, wurden Güterverzeichnisse aufgestellt, die bis zu persönlichen Geschenken den gesamten Hausrat auflisteten. Ein begleitender Prozeß lief von 1693 bis 1700. Johann Nalbach war übrigens in Leutesdorf Gerichtsschreiber.[93]

Hinzuweisen ist noch auf einen wichtigen gesellschaftlich bedingten Grund, der für die wirtschaftliche Malaise der von der Landwirtschaft abhängigen Bevölkerung im Rheinland, und zwar nicht nur während des Alten Reiches, sondern auch darüber hinaus, mitverantwortlich war. Gemeint ist die enorme Aufsplitterung des Besitzes, die im Zuge der Erbfolge die Felder bis zur sprichwörtlichen Handtuchgröße zerstückelte. Das Resultat waren, wie die Urkataster darlegen, Kleinstbetriebe von unter einem Morgen an Land, die in manchen Gegenden – etwa in den Siebengebirgs-Gemeinden – weit über die Hälfte der Bauern- und Winzerbetriebe ausmachten.[94] Gemessen an derartigen ökonomischen Mißständen, erkennt man die günstige Lage eines Hofmannes, dessen Erbgut nicht aufgeteilt werden durfte. Für das Gros der Erwerbstätigen war dagegen das Dasein kaum ohne handwerklichen Zugewinn zu bestreiten. Allerdings milderte der Weinbau die Notlage etwas, aber bei schlechtem Ertrag war die Misere um so größer. Ebenso bedrükkend waren die Verhältnisse am oberen Mittelrhein, beispielsweise in der Stadt Oberwesel, deren Bevölkerung in den ersten Jahrzehnten des 19. Jahrhunderts über einen durchschnittlichen Landbesitz von nur zirka 0,5 Morgen verfügte.[95] Ausgehend von diesen Verhältnissen nehmen sich die Größen der landwirtschaftlichen Nebengebäude, wie sie den Alignements-Plänen von Oberwinter und St. Goar aus dem mittleren 19. Jahrhundert zu entnehmen sind, noch recht beträchtlich aus (Abb. 72 u. 81). Über den baulichen Zustand der offensichtlich verwinkelten Grundstücke können diese Pläne allerdings keine Auskunft geben. In jener Zeit hatten Städte wie Oberwesel einen überwie-

99 Linz, Am Gestade, Situation 1. Hälfte 20. Jh. (Rhein. Bildarchiv, Köln)

gend weinbaulich-kleingewerblichen Charakter mit einer Bevölkerung, die zu über 90 % den wesentlichen Teil ihres Lebensunterhalts aus dem eigenen Landbau bezog.[96] So ist auch nicht anzunehmen, daß die 1782 für St. Goar angegebenen 193 Handwerkermeister – Einwohnerzahl 1794 1992 Personen – ausschließlich ihrem Gewerbe nachgingen.[97]

Die bedrückenden Lebensumstände herrschten auch über weite Strecken des 19. Jahrhunderts vor. Verzeichneten der Weinbau und der Weinhandel in dessen ersten Jahrzehnten einen gewissen Aufschwung, so riß die Entwicklung aufgrund der Zollverträge, die Preußen ab den zwanziger Jahren mit anderen deutschen Ländern abschloß, und vor allem aufgrund des geöffneten Marktes im Zuge des Deutschen Zollvereins (1834) ab. Die Weinpreise in den rheinpreußischen Anbaugebieten fielen bodentief. Karl Marx schilderte drastisch die dadurch vor allem an der Mosel ausgelöste Not und prangerte 1842/1843 in der „Rheinischen Zeitung“ in Koblenz, deren Redakteur er war, das Versagen der Behörden an, was prompt zur polizeilichen Einstellung des Blattes führte.[98] Von den wirtschaftlichen Verhältnissen an der Mosel dürften sich diejenigen am rheinpreußischen Mittelrhein kaum unterschieden haben. Die ruinöse Situation spiegelte sich auch im baulichen Bild am Mittelrhein wider. Reisende berichten von elenden, heruntergekommenen und traurigen Kleinstädten, wie beispielsweise Boppard, St. Goar oder Bacharach.[99]

Als weiteres Negativum ist eine unübersehbare Rückstufung etlicher Orte zu berücksichtigen, die in der napoleonischen Ära mit der Auflösung der kleinräumlichen Territorialstrukturen einsetzte. Frühere administrative Zuständigkeiten waren überholt, die Zahl der Amtssitze reduzierte sich, die Gebäude der einstigen Grundherren wurden anderen Zwekken zugeführt, und manches aus der Feudalzeit wurde abgerissen.

Erst die zweite Hälfte des 19. Jahrhunderts und die Jahre um 1900 brachten dem Rheinland mit der Industrialisierung den ersehnten

100 Linz, Am Gestade, anonyme Architekturskizzen. (Rhein. Bildarchiv Köln).

101 Linz, Mittelstr. 22, abgebrochen 1971 (jetzt Sparkasse). Aufnahme um 1930. (Rhein. Bildarchiv).

Aufschwung, auch wenn das Wirtschaftsleben in vielen Bereichen noch kleingewerblich-handwerklich geprägt blieb.[100] Aus Manufakturen und Werkstätten wurden Fabriken, deren gründerzeitliche Hallen und Lagerhäuser die Rheinlandschaft veränderten. Einbezogen wurde in diesen Prozeß der Fluß selber, der zur Wasserstraße ausgebaut wurde. An seinen Ufern finden sich allerdings immer noch Bauten einer früheren Gesellschaftsstruktur und einer anderen Wirtschaftsart, wie das am alten Treidelpfad gelegene Haus „Zum Goldenen Hirschen“ in Kaub, das möglicherweise einst eine Halfenstation – einen Pferdewechsel für den Spanndienst der Schiffahrt – beherbergte, wie es von einem Haus am Neuwied-Fahrer Rheinufer überliefert ist – eine Reminiszenz an vergangene Zeiten (vgl. Abb. 88 u. 130).[101]

Der Mittelrhein hat seit dem 19. Jahrhundert viele Eingriffe über sich ergehen lassen müssen. Zugleich sind in dieser Zeit auch manche bauliche Akzente gesetzt worden, als deren herausragendster die wiederaufgebauten Burgen zu nennen sind. Jüngster Aufbau ist Burg Reichenstein oberhalb von Trechtingshausen, ab 1898. In der Person des Bauherren, Nikolaus Kirsch-Puricelli, dem Hüttenherrn oder Industriellen im benachbarten Hunsrücktal bei Rheinböllen, vereinigen sich erfolgreiches Unternehmertum mit der Repräsentanz und dem Empfinden der Spätromantik.[102] Als Gegenstück am unteren linken Mittelrhein mag die schloßartige Villa Marienfels oberhalb von Remagen genannt sein, die sich der Krefelder Fabrikant Eduard Frings von dem Düsseldorfer Architekten Karl Schnitzler zwischen 1859 und 1863 errichten ließ.[103] Bei Marienfels handelt es sich um eine bauliche Neuschöpfung, die sich nicht, wie sonst am Rhein, auf Burgen als Vorgängeranlagen gründet. Ihr Architekt Schnitzler traf bei der Restaurierung und Revitalisierung mehrerer linksrheinischer Burgen auf den für den Regierungsbezirk Koblenz verantwortlichen Bauinspektor Johann Claudius von Lassaulx, von dem im Rhein-Mosel-Raum vor allem noch Schulhäuser bekannt sind.[104] Die Fassaden dieser meist steinsichtigen Bauten sind streng achsial ausgerichtet und oft mit ei-

102 Linz, Linzhausenstr. 8. Aufnahme 2003.

103 Boppard, Rheinallee, ehem. Hotel „Zum Hirsch". Aufnahme 2003.

nem die obere Fensterreihe umfassenden Rundbogenfries ausgezeichnet. Stilistisch geurteilt vereinigt sich bei Lassaulx ein später Klassizismus mit einer historistischen Tendenz (vgl. Beitrag von K.-H. Schumacher, Abb. 8). Die Stelle eines Königlich Preußischen Landbauinspektors bei der Koblenzer Regierung bekleidete auch Ferdinand Jakob Nebel, dessen Formensprache derjenigen seines Kollegen Lassaulx sehr verwandt ist. Nebel arbeitete ausschließlich im öffentlich-administrativen und kirchlichen Bereich.[105] Was den privaten baulichen Sektor betrifft, so ist auf die zahlreichen Villen der zweiten Hälfte des 19. Jahrhunderts hinzuweisen, die öfters einen Treppenturm aufweisen, der als Belvedere über das Hauptdach ragt. Boppard kennt beispielsweise einige Bauten dieser Art, unter anderem die sogenannte „Weiße Villa" aus dem Jahre 1875.[106] Das Adjektiv weiß kann als ein äußeres Erkennungszeichen vieler herrschaftlicher oder großbürgerlicher Häuser aus den Jahren 1850 und folgende gelten. Es ist ein neogotisch verbrämter Spätklassizismus, der sich auch an zwei beinahe identischen Villen (um 1860) an der nördlichen Rheinfront in Linz mitteilt (Linzhausenstr. 8-10; Abb. 102). Nahezu zeitgleich zeigt sich eine viel stärkere historistische Auffassung mit einer Betonung des Malerischen, wie es in den Villen des Kölner Architekten Vincenz Statz (1819-1899) entgegentritt, der als ein früher Vertreter der wiedererwachenden mittelalterlichen Baukunst in Deutschland gilt. Seine Architekturinterpretation bezeugen einige Villen in Sinzig.[107] Historismus, auch im Fachwerk, findet sich am Mittelrhein in großer Zahl, wie etwa an dem ruinösen ehemaligen Hotel „Zum Hirsch" in Boppard (Abb. 103).

104 Bad Breisig, Koblenzerstr., „Villa Lucia“. Aufnahme 2003.

Raritäten stellen für unsere Region Jugendstil-Bauten dar, die in ihrer Gesamtdisposition diesem künstlerischen Umbruch gerecht werden und deren Fassaden, was häufiger anzutreffen ist, nicht nur floral-vegetabilisch dekoriert sind. Als überzeugendes Beispiel dieser Kunstrichtung ist die Villa Lucia am südlichen Stadtrand von Bad Breisig zu nennen, die 1908/1909 von dem Kölner Architekten Franz Brantzky (1871–1945) für die Familie Knops entworfen worden ist (Abb. 104).[108] Großer Beliebtheit erfreute sich aber damals der sogenannte „Heimatstil“, der eine konventionell-konservative und regionale Architekturtradition miteinander verband und Wert auf heimisches Baumaterial legte.[109] Diese konservative Haltung, die von weiten Bevölkerungskreisen in der Stadt wie auf dem Lande getragen wurde und die bei manchen Arbeitersiedlungen Pate stand, lebte bis in die dreißiger Jahre des 20. Jahrhunderts fort und fand mit den sogenannten Baufibeln mancher Heimatpflegeverbände in den Jahren nach dem Zweiten Weltkrieg eine neue Resonanz.

105 Oberwesel, Liebfrauenkirche, Wandmalerei, um 1500, Ausschnitt, die Heiligen Florinus, Katharina und Kastor mit der Stadtsilhouette von Koblenz.

106 Ansicht von Koblenz-Ehrenbreitstein auf einem Gesellenbrief Anfang 19. Jh., vermutl. ältere Vorlage Ende 18. Jh.

Forschungsstand und Nachbarregionen

Eine Schlüsselstellung in der historischen Darstellung der ländlichen Architektur im Rheinland nimmt die 1935 vom „Verband der Rheinischen Heimatmuseen“ in der Schriftenreihe „Rheinische Heimatpflege“ herausgegebene Publikation „Rheinisches Bauernhaus und -gehöft“ ein. Die Aufsätze des Bandes spiegeln den Forschungsstand aller Landschaften der damaligen Rheinprovinz wider. Mag auch mancher Beitrag aufgrund eines gewissen volkstums-ideologischen Ansatzes gegenwärtig als befremdlich erscheinen, so darf man nicht vergessen, daß mit diesem Resümee über das regionale Bauernhaus zum ersten Male dessen Schutzwürdigkeit in die weitere Öffentlichkeit getragen wurde. Herausgegriffen sei die besondere Stellung des „Winzerhauses an Mittelrhein und Mosel“, die Hans Vogts (1883–1972) betonte. Schon der Titel ist in zweierlei Hinsicht aufschlußreich: Einerseits werden in baulicher Hinsicht die beiden vorgestellten Regionen gleichgestellt, was auch die jüngere Hausforschung bestätigen kann, die darüber hinaus das gesamte Flußsystem des Mittelrheins, nämlich die Unterläufe von Nahe und Ahr sowie der Lahn im Bauhistorischen in einem Zusammenhang sieht. Andererseits weist Vogts’ Aufsatz auf das „Winzerhaus“ als einen besonderen Bautyp hin, was allerdings nicht unwidersprochen bleiben sollte.

In der Reihe „Rheinische Heimatpflege“ ist 1936 ein Heft erschienen, das sich des „Schutzes der Rheinlandschaft“ annimmt. Das Anliegen, der pflegliche Umgang mit der Natur- und Kulturlandschaft, ist auch das entscheidende Moment des 1906 gegründeten „Rheinischen Vereins für Denkmalpflege und Heimatschutz“, der das letzte Substantiv in seinem Namen in den sechziger Jahren des vorigen Jahrhunderts in „Landschaftsschutz“ umwandelte. Das bedeutete de facto keinen Paradigmenwechsel, sondern eine Versachlichung und zeigt zugleich, kulturhistorisch gesehen, auf, daß die Baudenkmäler, diejenigen der „Hohen Kunst“ wie die der Alltagswelt, nicht ohne ihre regionale Eingebundenheit zu verstehen sind, wie es am Mittelrhein gut sichtbar ist. Die zahlreichen Veröffentlichungen des „Rheinischen Vereins“ – man denke beispielsweise an die „Rheinischen Kunststätten“ – verdeutlichen dieses Beziehungsgeflecht.

Die historische bauliche Regionalität, ihre Gemeinsamkeiten und Besonderheiten innerhalb des gesamten Rheinlandes, ist wohl die wichtigste Leitlinie in der Monographie über das „Bürgerhaus in der Rheinprovinz“, die Hans Vogts 1929 vorstellte. Damit rückte er die städtische Architektur in den Vordergrund, die in vielen Fällen eher als kleinstädtisch zu apostrophieren ist und der das ländliche Haus funktional wie dekorativ manche Impulse zu verdanken hat. Vogts’ Arbeit ist die letzte als Leistung eines Einzelnen zu würdigende bauhistorische Untersuchung, die das Rheinland als eine einheitliche Kulturlandschaft sieht, berücksichtigt man hierbei nicht Justinus Bendermachers „Dorfinventarisation im Rheinland“ aus dem Jahre 1971. Sein zweiter, 1981 erschienener Band bezieht sich explizit auf Rheinland-Pfalz. Erst 1998 konnte als Kooperation des Arbeitskreises für Hausforschung und des Rheinischen Vereins für Denkmalpflege und Landschaftsschutz unter dem Titel „Zur Bauforschung im Rheinland“ ein Sammelband vorgelegt werden, der sich wieder des ganzen Rheinlandes annimmt. Vorausgegangen war eine vom „Arbeitskreis für Hausforschung im Rheinland“ 1994 an der Universität zu Köln initiierte Tagung, die bewußt an den frühen Band „Rheinisches Bauernhaus und -gehöft“ von 1935 und an Vogts’ „Bürgerhaus“ anknüpfte und die zwischenzeitlichen Forschungsergebnisse einem großen Kreis rheinischer Bauforscher vor Augen führte.[110] Deutlich werden die unterschiedlichen Forschungsgrade und auch Desiderate in den einzelnen Regionen; wie beispielsweise eine ausstehende stärkere Hinwendung zum Mittelalter. Erwähnenswert ist in dem Zusammenhang des Kölner Treffens die 1993 im Freilichtmuseum Sobernheim gehaltene Jahrestagung des Arbeitskreises für Hausforschung, die sich auf das Thema „Hausforschung und Wirtschaftsgeschichte in Rheinland-Pfalz“ konzentrierte und die mit der Betonung des Ökonomischen auch einen neuen Akzent setzte.[111]

Historische Bauforschung steht zwischen den beiden Polen, generalisierend-vereinfachend zu erscheinen, wenn man die maßgeblichen Entwicklungsstränge nachvollziehen möchte, oder sich im Detail, im Individuellen zu verlieren, wenn man aufgrund der Einzelbetrachtung die größeren Zusammenhänge außer Acht läßt. Natürlich sind solche Einzeluntersuchungen unverzichtbar, fördern sie doch öfters eine große Materialfülle zu Tage, aber sie können, wie gesagt, den Blick verstellen. So bieten auch die für die Mittelrhein-Region zuständigen Denkmaltopographien – ihre Anfänge liegen zirka einhundert Jahre zurück – eine ganze Palette unterschiedlicher Betrachtungsweisen. Hatten sich die Denkmalpfleger in der frühen Zeit eher mit der Wiedergabe des Äußeren eines Hauses zufrieden gegeben, so berücksichtigten sie nach und nach und dies immer intensiver auch die Grundrißentwicklung und konstruktive Fakten, wie Gerüst und Gefüge, was heute eher eine Selbstverständlichkeit ist.[112]

Abgesehen von den Topographien gibt es bis auf wenige Ausnahmen kaum volkskundlich-kunsthistorische Studien, die sich ausschließlich auf den Mittelrhein konzentrieren. Zu nennen ist Herbert Nebels schon erwähnte Arbeit über die „Fachwerkbauten im Ortsbild am Mittelrhein“ aus dem Jahre 1976. Im Mittelpunkt stehen gestalterische Aspekte, Fragen der Ensemblewirkung und des städtebaulichen Wertes der Häuser; sozialhistorische Belange werden nur am Rande behandelt. Zu nennen ist als wichtige jüngere Untersuchung die ebenfalls schon angeführte Monographie von Claudia Euskirchen über den rheinisch-moselländischen Baumeister Nikolaus Lauxen (1722–1791). Die sich an historischen Quellen, vor allem an Archivalien orientierende Untersuchung stellt nicht nur das ganze Arbeitsspektrum dieses regional tätigen Architekten vor, sondern vergleicht sein Werk auch mit den Bauten seiner Kollegen und gewährt überdies einen profunden Blick in das öffentliche Bauwesen des ausklingenden Alten Reiches.

107 Lorch, Langgasse 4. Aufnahme 2003.

108 Lorch, Langgasse 4. Aufnahme 2003.

Nachbarregionen

Im Sinne der Kulturraumforschung sollen noch kurz die Nachbarregionen des Mittelrheins aus bauhistorischer Sicht vorgestellt werden. Allerdings bringt dies aufgrund der unterschiedlichen Belegdichte und des zeitlich heterogenen Bestandes Ungleichgewichte mit sich. Am ehesten lassen sich, wie bereits an früherer Stelle hervorgehoben, die baulichen Verhältnisse an den unteren Nebenflüssen des Rheins miteinander vergleichen, was mit den verwandten Situationen des Weinbaues und der flußorientierten Wirtschaft zusammenhängt. Einzubeziehen ist hierbei auch der Rheingau oder das mittlere Hessen, dessen überlieferte kleinstädtisch-ländliche Architektur unübersehbare Parallelen zu derjenigen des Mittelrheins aufweist.[113] Dies zeigt sich, ausgehend vom späten Mittelalter, an erster Stelle im funktionalen Bereich, nämlich bei dem Grundriß, dessen beherrschender Raum die großzügige und hohe Flur- oder Dielenküche ist. Sie stellt ein Synonym für die Zentralität von Bewegungsabläufen und Begegnungen im Hause dar. Der Grundriß ist in jener Zeit mit einer bescheideneren Stube zweizonig angelegt; ältere Zustände zeigen ein hallenartiges, nicht untergliedertes Parterre, wie es die Befunde in Limburg und Marburg an der Lahn demonstrieren.[114] Daß in der Neuzeit der Grundriß differenzierter wurde und die Küche mit ihrer Feuerstelle ihre raumgreifende Bedeutung verlor, läßt sich sowohl in Südhessen wie beispielsweise an der Mosel belegen. Die Entwicklung ging konsequenterweise zum Flurhaus weiter mit seiner mehr oder weniger symmetrischen Grundrißaufteilung und der rückwärtig angeordneten Küche. Für ihre einstige zentrale Lage gab es keinen Grund mehr, hatte man sich doch längst, das heißt spätestens im 18. Jahrhundert, von der früheren einzigen Feuerstelle und gleichzeitigen Heizquelle unabhängig gemacht und das Haus zumindest hälftig mit jeweils einer Feuerung ausgestattet, wie es sehr schön der Bauplan des Pfarrhauses von Neuwied-Heimbach aus dem Jahre 1791 dokumentiert (vgl. Abb. 69–71). Der sich an das Treppenhaus anschließende größere Raum in der oberen Etage zeigt an, daß die Hauswirtschaft der Flurküche und das eigentliche Wohnen – die private Sphäre – auseinandergerückt sind. Diese Entwicklung gilt gleichermaßen für Südhessen und den Rheingau. Eine weitere Parallele der Nutzung ergibt sich aus dem Begriff Wohnspeicherhaus, dessen untere und mittlere Ebenen dem Wohnen vorbehalten sind, während der oft zweifache Speicher früher zur Aufbewahrung von Frucht, Holz und aller möglichen Gerätschaften diente. Eine am Giebel unter dem First angebrachte und manchmal von einem Zwergwalm geschützte Rolle – die rotierende Mechanik des Seilzugs – erleichterte die vertikale Beförderung von Lasten. Traufständig zur Straße orientierte Bauten besitzen nicht selten ein Zwerchhaus, an dem sich wieder die Aufzugsrolle befindet.

Wenn sich Grundrißgliederung und die Raumstruktur sehr ähneln, wundert es nicht, daß dies auch bei der äußeren Gestalt und beim Dekor der Fall ist. Dies trifft sowohl auf das Fachwerk als auch auf die massive Bauweise zu. Dem 16. Jahrhundert gehören die hohen Giebel mit den stockwerkweise gekreuzten Streben in den seitlichen und mittleren Gefachen an. Die schmuckreichste Fachwerkphase setzt am Mittelrhein und im Rheingau in der zweiten Hälfte des 16. Jahrhunderts ein und hat um 1570/80 ihren ersten Höhepunkt.[115] Mancher Dekor erweist sich als ausgesprochen zählebig, wie der spätgotische Kielbogen, der in reiner Form oder in Verbindung mit Stabgewänden in den südhessischen Landschaften bis in das zweite Jahrzehnt des 17. Jahrhunderts beliebt bleibt, so in Kiedrich von 1614.[116] Mehrfach geschweifte Giebel sind ebenfalls im Rheingau wie am weiteren Rheinlauf anzutreffen, etwa in reich profilierter Fachwerkausführung in Vallendar von 1698, ein Beispiel, dem offensichtlich Koblenzer Bauten aus der Zeit des 1702 verstorbenen kurtrierischen Hofbaumeisters Johann Christoph Sebastiani als Vorbild dienten (Abb. 47).[117] Die späte Datierung des Hauses in Vallendar verblüfft, kennt man doch mehrstufige Volutengiebel mit reichem Rollwerk im Massivbau schon gut einhundert Jahre zuvor, so in Kamp-Bornhofen, Ortsteil Kamp, das bereits genannte ehemalige Hofhaus der von der Leyen, dessen Fachwerkflügel mit 1594 bezeichnet ist (Abb. 39).[118] Noch schwungvoller gestaltet ist der massive Giebel des früheren kurtrierischen Zehnthofes in Leutesdorf; seine Ankereisen an der Rheinfront geben als Baujahr 1618 an (Abb. 51). In andere Architektursprache transformiert, in diejenige des Barock, erfreute sich der variantenreich gestaltete Volutengiebel, ob zugespitzt endend oder in gesprengter Form, bis zum Ausklang des Alten Reiches am Mittelrhein oder an der unteren Mosel einer besonderen Beliebtheit. Entwürfe des Baumeisters Nikolaus Lauxen belegen dies.[119]

Der Formenreichtum des Fachwerks, die manchmal antropomorph wirkende Anordnung der Hölzer, von der sich die Bezeichnung „Mann"-Figur ableitet, und die oft konsequente Spiegelung abstrakt-geometrischer Muster haben zu einer öfters zu hörenden Vermutung folgender Art geführt: „Sicherlich ist in der Anordnung des Fachwerks ein tiefer Sinn und darüber hinaus ein eigener Schmuckwert zu sehen. Konstruktive Notwendigkeit ist kaum gegeben für die hier vorgefundene Anordnung". Diese Ansicht, die kein Einzelfall ist, bezieht sich auf Bauten in Leutesdorf des 16./17. Jahrhunderts (Abb. 14–15 u. 63 f.)[120]; ähnlich formuliert wird man mit ihr auch in anderen Regionen konfrontiert. Was diese erste Wertung betrifft, nämlich den „tiefen Sinn", so handelt es sich um eine Überinterpretation, wenn damit ein symbolhafter Gehalt gemeint ist, der sich möglicherweise aus Urzeiten ableitet. Hierfür, insbesondere für das Nachwirken von Runen im Fachwerk, gibt es keine stichhaltigen Belege.[121] Zutreffend ist dagegen der zweite Teil der Äußerung, der sich auf das Fachwerk als Schmuck bezieht. Diese Aussage läßt sich sogar noch dahingehend verstärken, daß die dekorative Bedeutung im 16./17. Jahrhundert immer dominanter wurde und als reiner Selbstzweck des ästhetischen Formenspiels zu verstehen ist, hinter dem, wie zu Recht erkannt wird, das Konstruktive zurücktritt.

Wenden wir uns wieder dem Verhältnis Mittelrhein und Rheingau zu, die beide mit einer großen Fülle verwandter Architektur ausgezeichnet sind. Doch fällt auf, wenn man benachbarte Kleinstädte wie Kaub und Lorch in ihrem Baubestand miteinander vergleicht, daß das Stadtbild von Lorch beträchtlich von Hofanlagen geprägt wird. Dieser Eindruck verstärkt sich noch weiter zum Rheingau hin. Eine Erklärung hierfür bietet die Territorialgeschichte. In dem ehemals katholischen kurmainzischen Gebiet errichteten etliche geistliche Herren und adelige Geschlechter ihre stattlichen Hofhäuser oder ihre Höfe, die beispielsweise im früheren kurpfälzischen Kaub fehlen. Etwas rheinabwärts, wie in Kamp-Bornhofen, Ortsteil Kamp, das einst kurtrierisch war, finden sich solche Bauten wieder, und zwar konzentriert um die katholische Pfarrkirche St. Nikolaus (Abb. 7 f.). Wie diese Beispiele darlegen, ist im gewissen Maße die Territorialgeschichte im heutigen Siedlungsbild noch ablesbar. Im Zusammenhang mit den herrschaftlichen Kelterhäusern ist bereits auf diese Betrachtung hingewiesen worden.

Genannt wurde an anderer Stelle auch der Begriff „Winzerhaus", der manchmal als der verbindliche Haustyp der Weinbauregionen angesehen wird. Bei der Untersuchung der historischen Architektur am Siebengebirge sind dieser Terminus und seine Geschichte eingehend gewürdigt worden. In einem Satz zusammengefaßt ist zu resümieren: Die verschiedenen Arten der Weinlagerung, ob in ebenerdigen Räumen oder in Kellern, haben keinen Einfluß auf die innere architektonische Struktur des Hauses, das allerdings städtischer geprägt ist als sein Gegenstück in den benachbarten Höhenlagen.[122]

Die nächste Region, die im Zusammenhang mit dem Mittelrhein zu sehen und mit ihm auch streckenweise identisch ist, ist das Mittelrheinische Becken, das sich von Koblenz und Neuwied westlich bis nach Mayen erstreckt und das Maifeld sowie die Pellenz einbezieht.

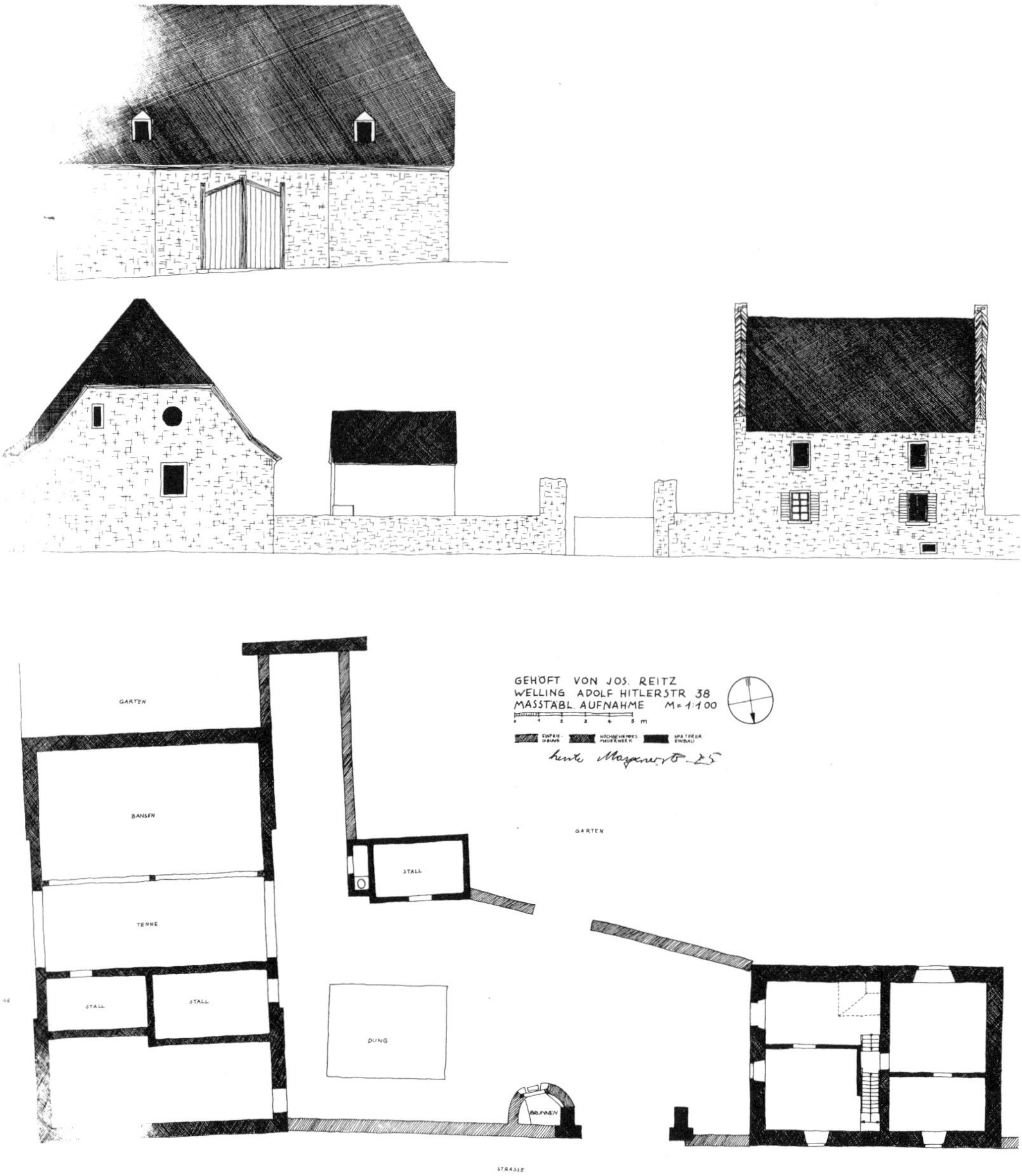

109 Welling bei Mayen, heute Mayenerstr. 25, Zustand in den dreißiger Jahren des 20. Jh. (ehemalige Forschungsstelle Deutscher Bauernhof, Berlin; Baupflegeamt des Landschaftsverbandes Westfalen-Lippe, Münster).

Die in situ erhaltene historische Architektur auf dem Lande ist höchstens bis in das 18. Jahrhundert greifbar. Deswegen ist auch nicht mit Sicherheit zu sagen, in welchem Verhältnis einst Fachwerk- und Massivbauweise zueinander standen. Die von der älteren Hausforschung beschriebene Situation stellt das gemauerte Haus aufgrund der reichlichen Steinvorkommen und des geringen Waldbestandes in den Vordergrund.[123] In Münstermaifeld ste-

110 Welling, Mayenerstr. 25, heutiger Zustand.

hen dagegen Massiv- und Fachwerkbauten nebeneinander, die beide bis in das 16. Jahrhundert reichen. Wie die ländliche Architektur früher ausgesehen hat, zeigen eindrucksvoll Zeichnungen aus dem Jahre 1833, die Hofgüter in Bassenheim am Ostrand des Maifeldes vorstellen.[124] Es sind durchweg Gehöfte, deren Zuschnitt sehr unregelmäßig ist und die in gemischter Bauweise mit einem deutlichen Trend zum Fachwerk ausgeführt sind. Die mehr oder weniger ruinösen Häuser, die zum Teil noch dem 17. Jahrhundert entstammen dürften, sind beinahe ausschließlich mit Stroh gedeckt. Das Gesamtbild deutet auf heruntgergekommene, abgewirtschaftete Verhältnisse hin. Leider sind die Grundrisse nicht wiedergegeben. Sicherlich kann man bei den Wohnhäusern von der üblichen Flurküche ausgehen, die beim Gehöft vom Hof aus und nicht unmittelbar von der Straße zu betreten ist. Eine massive Anlage in Welling bei Mayen, die in den dreißiger Jahren des 20. Jahrhunderts aufgemessen worden ist, verdeutlicht diese Art der Erschließung (vgl. Abb. 109 u. 110).[125] Wie man Bauplänen mit mehrzonigen Grundrissen aus dem späten 18. Jahrhundert entnehmen kann, war der Zugang zum Haus durch die Küche damals durchaus noch üblich, so etwa auf einer Zeichnung des kurtrierischen Hofwerkmeisters Michael Wirth für eine Försterei in Riedenburg auf dem Hunsrück von 1788.[126] Eine ganz ähnliche räumliche Disposition zeigt ein Forsthaus oberhalb von Niederfell auf dem vorderen Hunsrück, das allerdings einige Jahrzehnte älter ist und von 1730 stammt.[127] Daneben kannte man aber auch zweiraumtiefe Häuser mit einem Mittelflur und der von ihm abgetrennten Küche wie es ein Pfarrhausplan des kurtrierischen Hofarchitekten Johannes Seiz für Landkern (Landkreis Cochem-Zell) aus dem Jahre 1775 zeigt.[128] Besonders aufschlußreich ist die Bauzeichnung des Koblenzer „Lieutenants" Nikolaus Lauxen, die er 1771 für das Forsthaus Hochpochten bei Kaisersesch anfertigte.[129] In-

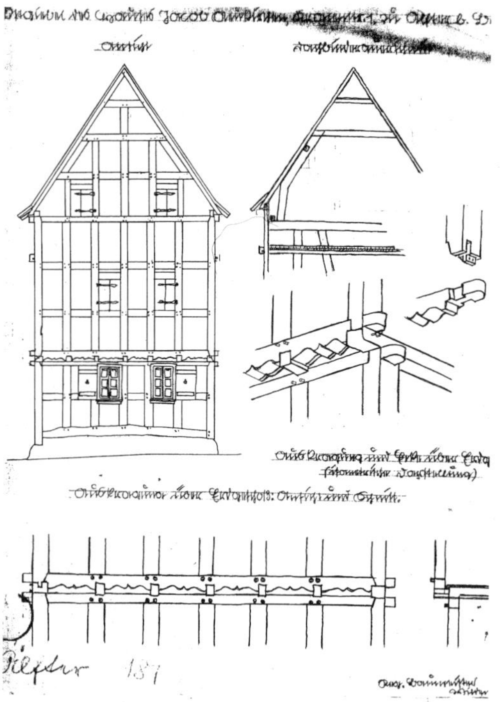

111 Alfter bei Bonn, ehemals Kronenstr. 1, Beispiel für eine Kombination von Ständer- und Stockwerkbauweise mit durchgeschossenen Ankerbalken und eingehälstem Rähm. (Theodor Wildeman, um 1920; ehemalige Forschungsstelle Deutscher Bauernhof, Berlin; Baupflegeamt des Landschaftsverbandes Westfalen-Lippe, Münster).

teressant ist die Darstellung aus dem Grund, weil sie alternativ den Zustand des Altbaues und einen Entwurf des ihn zu ersetzenden Nachfolgebaues vorstellt. Somit finden sich nebeneinander die Grundrißsituation einer Küche, die mit dem „Vorhaus" eins ist, und auf der anderen Seite eine Küche, die sich vom Flur absetzt. Bemerkenswert ist, daß im ersten Fall das „Vorhaus", das ein Synonym für Flur- oder Dielenküche ist, auch deren alte Position wiedergibt, während im zweiten Fall unter Hauseingang und Vorhaus nur der Hausflur ohne die Küche zu verstehen ist. Dies ist ein Zeichen für einen Bedeutungswandel. Mit diesem Beispiel Hochpochten ist indes bereits der geographische Rahmen, der vom Maifeld gesetzt wird, überschritten worden, und zwar hin zur Südeifel und in Richtung Mosel. Die Verhältnisse in der ländlichen Architektur zur Zeit des späten Kurfürstentums Trier zeigen allerdings sehr ähnliche Züge.

Über die Entwicklung der ländlichen Architektur in der Voreifel sind wir dank den Untersuchungen von Gerhard Eitzen informiert, die er 1960 in seinem Band „Das Bauernhaus im Kreis Euskirchen" vorlegte. Die ältesten Belege gehören den Jahrzehnten vor dem Dreißigjährigen Krieg an und zeigen sich mit ihrem zweizonigen Grundriß gleich konzipiert wie in den Nachbarregionen. Den meisten Platz beansprucht der Herdraum oder die Flurküche, die hier volkstümlich „Haus" genannt wird. An eine Trennwand mit der Feuerstelle schließt sich eine Stube an, die auf diese Weise mitgeheizt wird. Die spätmittelalterlichen Fachwerkhäuser, von denen die Publikation ausschließlich handelt, weisen, wie vom Mittelrhein her bekannt, Schwertungen auf, die von der Schwelle bis an das Dach reichen und die Konstruktion winkelsteif machen. Bis weit in das 17. Jahrhundert hinein läßt sich eine gewisse Verschmelzung von Geschoß- und Stockwerkzimmerung beobachten; denn die Ständer der einzelnen Gebinde laufen häufig bis unter die Traufe und damit über zwei Wohnebenen durch. Ankerbalken sind durch diese Ständer durchgesteckt und die herausschauenden Zapfen mit Holznägeln gesichert (Abb. 111). Fachwerk dieser Art ist auch vom Siebengebirge her vertraut.[130]

Ebenso verwandt miteinander sind die Voreifel und die Köln-Bonner Bucht. Die auffallendste Gemeinsamkeit sind die zur Straße hin geschlossenen Höfe und die sich aus der dichten Folge von Wohnhaus und Wirtschaftsbau ergebenden langzeiligen Straßenbilder. Der Zugang ist nur durch die Torfahrt und über den von Stall und Scheune gesäumten Hof möglich. In alten Häusern sind Entree und Flurküche miteinander identisch (vgl. Abb. 112 u. 113). Auch wenn das Fachwerk westlich des Rheins nicht so schmuckreich ist wie auf der Strecke Rheingau – Siebengebirge und wie in den Seitentälern, stößt man auf Bauten die ebenso reizvolle Momente besitzen wie im südlichen

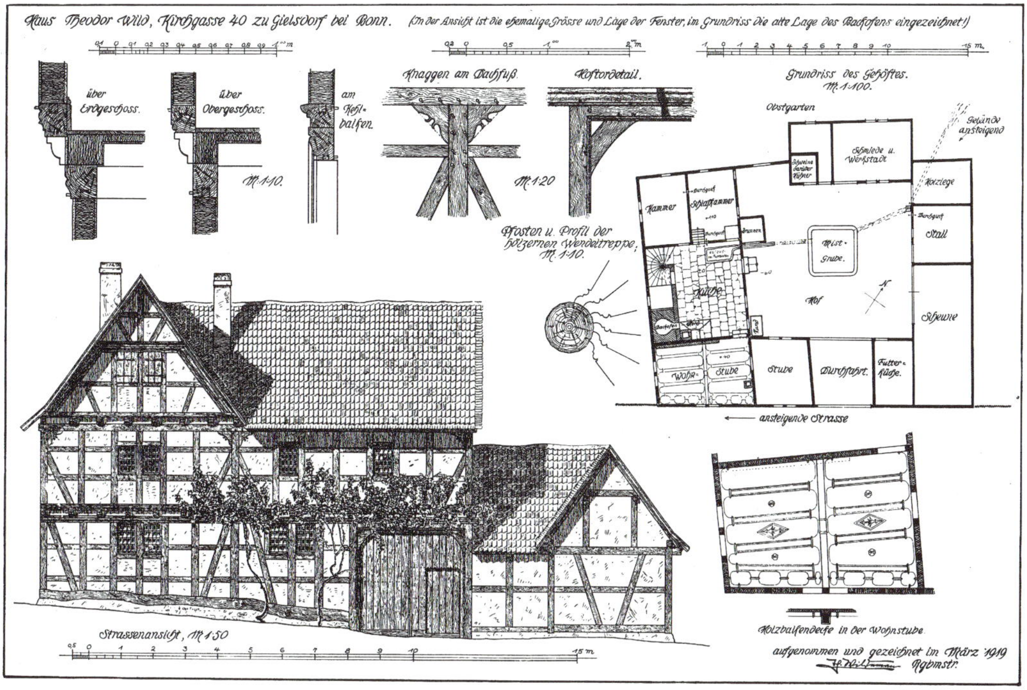

112 Alfter-Gielsdorf, heute Kirchgasse 94. (Theodor Wildeman, 1919. In: Rheinisches Bauernhaus und -gehöft 1935, S. 209).

113 Alfter-Gielsdorf, Kirchgasse 94. Aufnahme 2003.

114 Rheinbach-Klein-Altendorf, Hauptstr. 1. Aufnahme um 1997.

Rheinland, wie es beispielsweise die durch einen Erker belebte Hausfront in Rheinbach-Klein-Altendorf darlegt (Abb. 114). Mittig plaziert, über Eck gestellt oder beide Hausecken flankierend gehören solche Vorbauten zum Repertoire mittelrheinischer Architektur, und zwar nicht nur in der Fachwerk- sondern auch in der massiven Bauweise. Im Zusammenhang mit Rheinbach ist noch auf die Verbindung von Fachwerk und Ziegelsteinen hinzuweisen, die nach Norden weiter zunimmt.

Nach dem Maifeld, der Voreifel um Euskirchen und Mechernich, der an sie grenzenden Köln-Bonner Bucht und dem Siebengebirge sind als historische Hauslandschaften noch kurz der Hunsrück und der Westerwald vorzustellen, so weit diese Landschaften den Mittelrhein säumen. Die Frage ist, ob sich der tradierte Baubestand dieser Höhenlagen von dem im Tal unterscheidet. Zunächst sieht man sich aber wieder mit dem Problem der Quellenlage konfrontiert, die für die Architektur in situ keineswegs so günstig wie in der Voreifel ist, vom Mittelrhein ganz zu schweigen. Die geringe Zahl der rein ländlichen Bauten vor der Mitte des 17. Jahrhunderts läßt sich – wie schon an anderer Stelle betont – mit den zahlreichen Kriegen erklären, von denen der Dreißigjährige noch nicht der Endpunkt sein sollte. Dorfzerstörungen, eine durch Krankheit und Mangel an dem Lebensnotwendigen reduzierte Bevölkerung und die dadurch verursachten Wüstungen waren die Folge. Die Verhältnisse besserten sich in regional unterschiedlicher Intensität im Westerwald bereits in der zweiten Hälfte des 17. Jahrhunderts[131]; auf dem Hunsrück hatte man erst um 1700 wieder eine Bevölkerungszahl wie um 1600 erreicht.[132] Somit ist einleuchtend, daß die heute noch faßbare historische Bausubstanz zum größten Teil in das 18. Jahrhundert datiert, in eine Zeit, in der manche Territorien den Wiederaufbau durch landesherrliche Maßnahmen förderten.

Verbreitetster Haustyp im Westerwald ist das quererschlossene Einhaus, während in den Randgebieten das Gehöft vorherrscht. Der Grundriß kennt mit dem „Ern“ eine Art Flurküche. Beschäftigt hat die Forschung der sogenannte Niederlaß, unter dem man ein einseitig geschlepptes Dach versteht, das dem Hausgiebel eine asymmetrische Form verleiht. War man zunächst der Auffassung, dieses tief gezogene, fast bis an den Boden reichende Dach sei als ein besonderer Schutz gegen die Witterung anzusehen, so gelangte man schließlich aufgrund archivalischer Studien zur Erkenntnis,

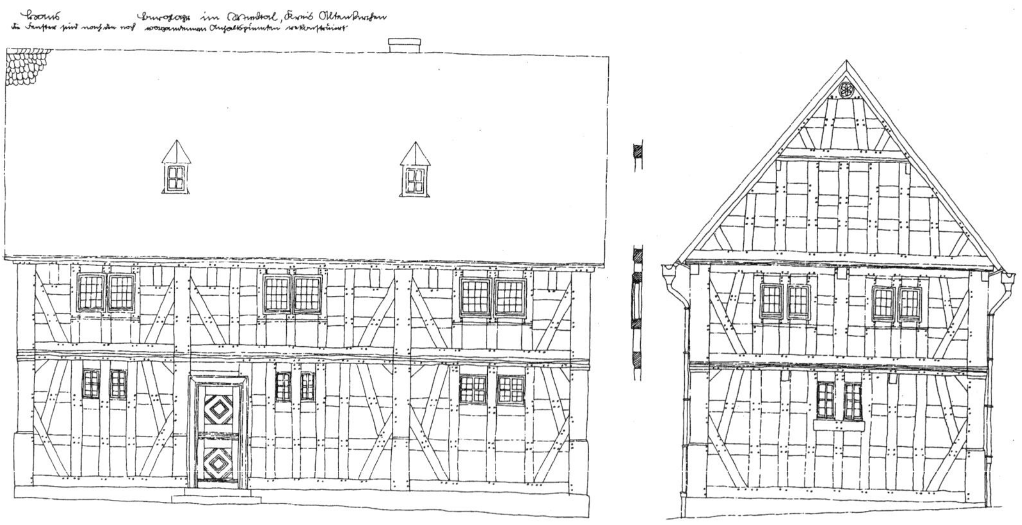

115 Burglahr im Wiedtal, heute nicht mehr auffindbar (Theodor Wildeman, 1923; vgl. Rheinisches Bauernhaus und -gehöft 1935, S. 187).

116 Liesenich/Hunsrück (Kreis Cochem-Zell), (vgl. E. E. Bierau 1933, Foto 19).

daß es sich um eine Hauserweiterung handelt, die mit der intensiven Stallhaltung und dem dazu gehörigen Futterbedarf zusammenhängt.[133] Somit ist eine geänderte Landwirtschaft die Ursache für einen vergrößerten Hausgrundriß und die sich daraus ergebende unregelmäßige Giebelsituation. Auffallendstes äußeres Kennzeichen des Westerwälder Fachwerks des späten 17. und 18. Jahrhunderts ist die beträchtliche Fülle des verwendeten Bauholzes und dessen große Querschnitte (Abb. 115). So optisch wirkungsvoll derartige Fassaden sind, so unübersehbar sie einen gewissen Wohlstand der Bauherren repräsentieren, so nachvollziehbar ist, daß auf Dauer ein solcher großzügiger Verbrauch an Baumaterial den Unmut der territorialen Obrigkeit hervorrufen mußte, für die das Holz beispielsweise eine wichtige Ressource

117 Unkel, Kirchgasse 2, Zustand um 1930 (Archiv Hans Schneiß, Irmenach).

118–120 Unkel, Kirchgasse 2. Aufnahmen 2003.

im Montangewerbe darstellte. Auch städtische Häuser wurden noch im 18. Jahrhundert vom Parterre bis zum Giebel in Fachwerk errichtet, und zwar in reichhaltiger Verstrebung der Stockwerkwände, wie es etwa der Plan eines Stiftshauses im kurtrierischen Limburg an der Lahn von 1730 belegt.[134] Ganz anders strukturiert zeigt sich das Fachwerk gut siebzig Jahre später in den benachbarten nassauischen Gebieten; denn in ihnen setzte sich auf amtlichen Druck hin eine Sparbauweise durch, die weitgehend auf den Querverbund der Riegel verzichten sollte und damit das Holzwerk als recht „mager“ wirken läßt.[135]

Auch beim Hunsrück handelt es sich bei der tradierten ländlichen Architektur um ein Überschneidungsgebiet von quererschlossenem Einhaus, das sich vorzugsweise im Westen und dort auch in massiver Bauweise findet, und dem Gehöft, das eher in Richtung Rhein und meistens als Fachwerk anzutreffen ist. Im unterteilten Grundriß des 18. Jahrhunderts ist die frühere Flurküche noch ablesbar. Die als Charakteristikum angesehenen Klebedächer, die vor allem über den Laufzonen vor Stall und Scheune und weniger häufig an der Traufe des Hauses angebracht sind und die als Schlechtwetterschutz fungieren, erweisen sich bei genauerer Betrachtungsweise als Zutat vermutlich des 19. Jahrhunderts (Abb. 116).[136] Indiz für eine verbesserte Landwirtschaft in der zweiten Hälfte des 18. Jahrhunderts sind offensichtlich die doppelten Dächer in Mansardausführung, die größeren Lagerraum für die Frucht bieten, was man allerdings auch aus der Rhein-Region kennt, dort indes seltener, vergleiche beispielsweise Unkel (Abb. 118–120). Diese wenigen Anmerkungen über die baulichen Verhältnisse auf dem Hunsrück mögen vorerst genügen. Eine detaillierte Untersuchung soll einer Monographie vorbehalten bleiben.

Die Hauslandschaft „Mittelrhein-Westerwald" im Rheinland-Pfälzischen Freilichtmuseum Bad Sobernheim

Im 1974 gegründeten Freilichtmuseum Bad Sobernheim sind die rheinland-pfälzischen Hauslandschaften jeweils in Zweiergruppen angeordnet. Auf diese Weise lassen sich in didaktischer Hinsicht die Übergangszonen der verschiedenen Haustypen anschaulich darstellen. Auch kommt eine solche bauliche Anordnung dem Bedürfnis der Museumsbesucher entgegen, die hier exemplarisch vorgestellte ländliche historische Architektur in einem vertretbaren zeitlichen Rahmen zu erleben. Das geplante museale „Mittelrhein-Westerwald-Dorf" soll in seiner Ausbauphase etwa zehn Häuser umfassen. Bisher sind zwei Bauten aus der Mittelrhein-Region und einer aus dem Westerwald wiedererrichtet worden.[137] Weitere Häuser sind bereits abgetragen worden und harren ihres Wiederaufbaues, der bisher aus finanziellen Gründen immer wieder verschoben werden mußte. Faßt man alle diese translozierten Beispiele zusammen, so wie es der Idealplan des Freilichtmuseums vorsieht, hat man eine Übersicht der tradierten Bauweise der mittelrheinischen Landschaft vor Augen. Vergrößern läßt sich die Liste an Bauten durch einige zusätzliche, die aus unterschiedlichen Gründen abgerissen werden mußten und deren historisches Baumaterial allerdings für das Freilichtmuseum sichergestellt werden konnte. Dies was etwa in Neuwied-Fahr der Fall, als ab der zweiten Hälfte der siebziger Jahre des vergangenen Jahrhunderts mehrere Häuser in der dortigen Linzer Straße (B 42) dem Ausbau dieser Hauptstraße geopfert wurden. Diese Bauten sind, so gut es die zeitlichen und personellen Gegebenheiten zuließen, dokumentiert worden.

121 Ehemaliges Schul- und Backhaus am alten Standort in Neuwied-Heddesdorf, 1975 (Archiv Rheinland-Pfälzisches Freilichtmuseum Bad Sobernheim).

Besonders innig ist das Freilichtmuseum mit dem 1975 in **Neuwied-Heddesdorf** abgetragenen **ehemaligen Schul- und Backhaus** verbunden, stellt es als das erste in das Museumsgelände verbrachte Gebäude zugleich den Grundstein dieser Anlage und des „Mittelrhein-Westerwald-Dorfes“ dar. Unklar ist, ob dieses Haus, das laut dendrochronologischer Untersuchung um 1720 errichtet wurde, von Anfang an öffentlichen Belangen diente. Sicher ist dies erst für die Zeit um 1780. Als Schulhaus wurde das Gebäude 1828 aufgegeben. Man benötigte mehr Platz und erstellte einen Neubau. Um 1905 heißt es, daß der Altbau „dieses ehrwürdige Gebäude, einst eine Zierde des Dorfes“ abgebrochen werden sollte. Dieser Entschluß wurde indes nicht verwirklicht; man vermietete das Haus, wie schon in den Jahren zuvor, und verkaufte es 1959 schließlich an einen benachbarten Landwirt, der es 1974 dem Freilichtmuseum übereignete. Dort wurde der Bau, der an seinem alten Standort zu einer Ruine verkommen war, bis 1976 wiedererstellt (Abb. 121–122).[138] Anzumerken ist noch, daß ein derartig desaströser Zustand eines in das Museum verbrachten Hauses keine Besonderheit darstellt, sondern eher als die Regel anzusehen ist. Oft standen die Häuser über Jahre leer und wurden als Abfallkippen mißbraucht.

Als zweiter in das Freilichtmuseum translozierter Bau ist ein Beispiel aus Bad Breisig-**Haus Niederbreisig** zu würdigen, das aufgrund seiner Mehrgliedrigkeit indes eher als ein Bauensemble anzusprechen ist. In seiner Heimatstadt nahm es bis zu seinem Abbau im Jahre 1979, für den eine Straßenverbreiterung verantwortlich war, die Ecke Grabenstr. (später Mittelstr.) und Koblenzerstraße (B 9) ein (ehem. Haus Kriegeskorte, letzte Eigentümerin die Stadt Bad Breisig). Der Kern des Hauses, der aus dem 16. Jahrhundert stammt und in dem sich beim Abbau noch rudimentär die ursprüngliche Anlage einer Flurküche nachweisen ließ, wurde im 19. Jahrhundert so intensiv

122 Ehemaliges Schul- und Backhaus Neuwied-Heddesdorf im Rheinland-Pfälzischen Freilichtmuseum Bad Sobernheim, Aufnahme 2003 (Dieter Goergen).

123 „Haus Niederbreisig“, Ansichten.

umgestaltet, daß die alte Raumaufteilung nicht mehr vollständig zu rekonstruieren war. Allerdings ist aber noch das bauliche Wachstum des Ensembles über die Jahrhunderte hinweg in seinen Grundzügen ablesbar. Den Kernbau vergrößerte man vermutlich im 18. Jahrhundert in Richtung Mittelstraße und verbaute damit den frühneuzeitlichen alten Giebel. An sein rückwärtiges Pendant fügte man Mitte des 19. Jahrhunderts einen landwirtschaftlichen Trakt an (Abb. 123–126).[139]

Kommen wir nun zu den Bauten, die entweder von Museumsmitarbeitern oder von Architekturbüros nur dokumentiert wurden, ohne nach Sobernheim transloziert zu werden, und zu den Beispielen, die eventuell noch wiedererrichtet werden. Zur ersten Gruppe gehört ein kleines **Fachwerkhaus in Linz**, das dort einst an der Ecke Klosterstraße-Enggasse stand und das niedergelegt und durch eine folkloristische Neuschöpfung ersetzt wurde.[140] Der histori-

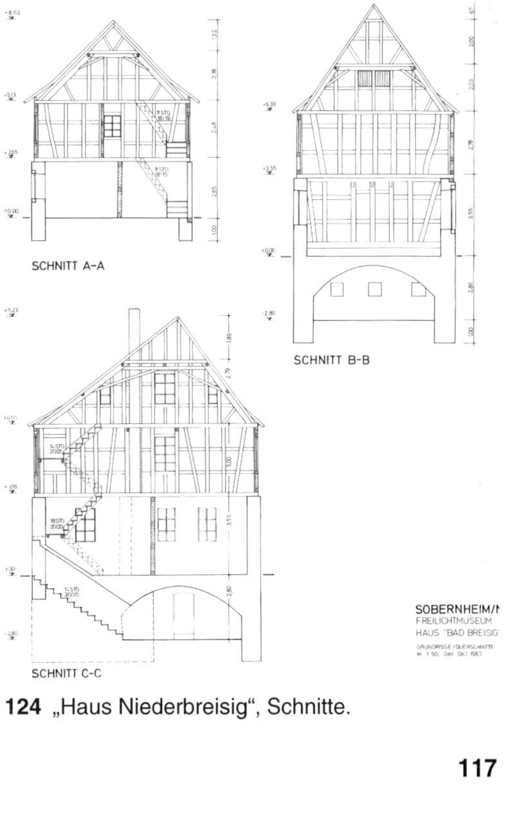

124 „Haus Niederbreisig“, Schnitte.

125 „Haus Niederbreisig" im Rheinland-Pfälzischen Freilichtmuseum Bad Sobernheim, Aufnahme 2003 (Dieter Goergen).

sche Bau, der Mitte des 17. Jahrhunderts entstanden sein dürfte, war von bescheidenen Ausmaßen (vgl. S. 82). Man betrat ihn traufseitig und befand sich gleich in der Flurküche. Am dortigen massiven Giebel befand sich die offene Feuerstelle. Entsprechend der üblichen Raumdisposition erreichte man die zweiräumige obere Etage mit ihren Schlafzimmern von der Küche aus, von der aus eine halb gewendelte Treppe aufstieg. So unprätentiös sich das Fachwerk dem Betrachter gegenüber einst zeigte, so wies es an seiner traufseitigen Hauptansicht doch ein Schmuckelement auf, nämlich eingeschnitzte Kielbögen zwischen den Balkenköpfen der oberen Schwelle. Dieses die Fassade belebende Ornament, in dem Maßwerkformen nachklingen, läßt sich an mittelrheinischen Fachwerkbauten bis Ende des 17. Jahrhunderts beobachten (Abb. 128).

126 „Haus Niederbreisig" am alten Standort. Foto vor 1975 (Jochen Tarrach, Sinzig).

Die Kleinräumigkeit des Hauses drängt die Frage nach dem einstigen sozialen Status der Erbauer und der späteren Bewohner auf. In diesem Zusammenhang hört man gerne das Wort Tagelöhnerhaus; aber dieser Begriff trifft kaum auf die ländlichen Verhältnisse des Alten Reiches und des 19. Jahrhunderts am Mittelrhein zu. Wo und bei wem hätte man sich von Tag zu Tag erneut verdingen sollen? Man bewirtschaftete vor den durch die französische

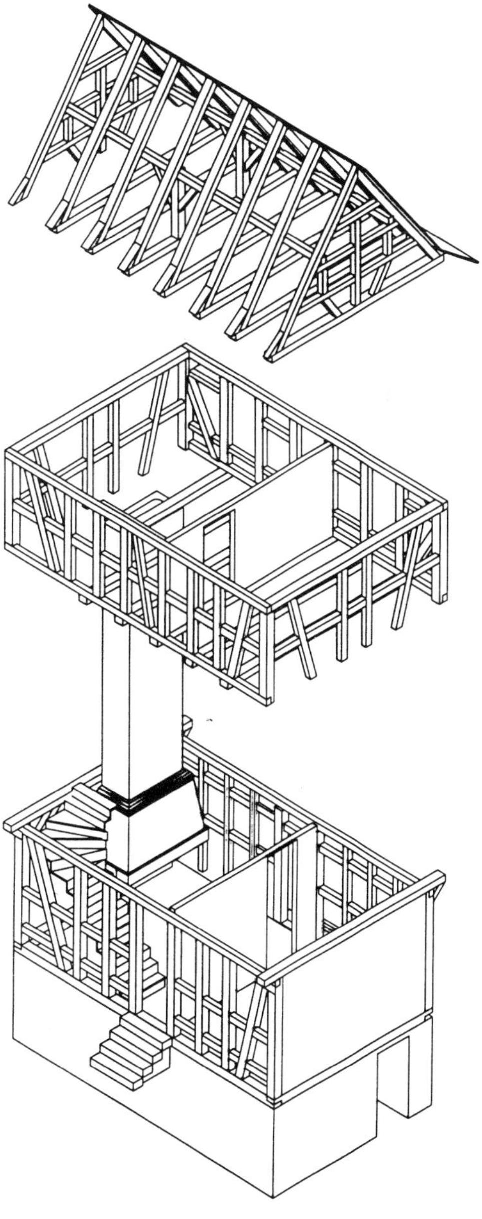

127 Linz, ehemals Ecke Klosterstr. – Explosionszeichnung.

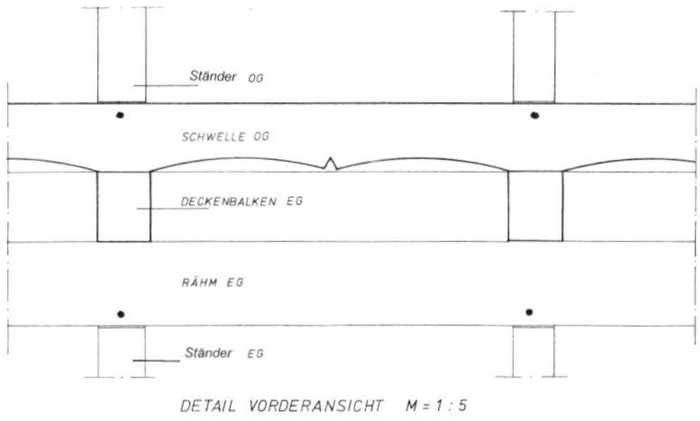

128 Kielbogen zwischen den Balkenköpfen der oberen Schwelle.

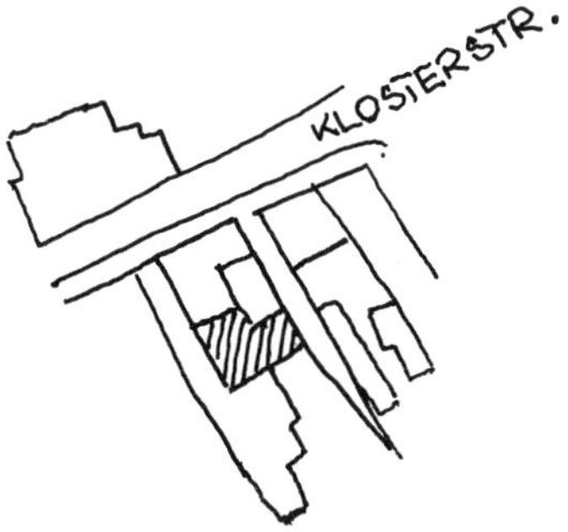

129 Linz, ehemals Ecke Klosterstr. – Enggasse, Lageplan. (Katasterkarte 56.9004D, Flur 34, Parzelle 64).

Revolution und ihre Folgen bedingten Umwälzungen das eigene oder das grundherrlich vergebene Land. Reichte dies als Existenzgrundlage nicht aus, boten sich Arbeiten auf den zahlreichen klösterlichen und adeligen Höfen an. Schließlich betrieb man auch ein Handwerk, welches das Lebensnotwendige garantierte. Von einer derartigen Situation kann man auch von den Erbauern des kleinen Linzer Hauses ausgehen, aber wegen der fehlenden archivalischen Belege ist sie nicht zu beweisen. Konkret wird es erst, wie in so vielen Fällen, mit der Einrichtung des Urkatasters, dem zufolge das Haus in den dreißiger Jahren des 19. Jahrhunderts Eigentum von Andreas Wester war, der außerdem an Ländereien nur einen Acker in der Größe von 59 Ruten und 60 Fuß besaß. Im Jahre 1837 wurde das Haus an Egidius Wester veräußert oder vererbt.[141]

Unter den vom rheinland-pfälzischen Freilichtmuseum abgebauten mittelrheinischen Fachwerkhäusern nimmt ein Beispiel aus **Neuwied-Fahr** aufgrund seiner volkstümlichen sozialhistorischen Einstufung eine besondere Stelle ein. Das 1979 in der Linzer Straße (Nr. 40) abgetragene Gebäude, das wegen des bereits angeführten Ausbaues der B 42 aufgegeben wurde, hieß im Volksmund das „Fischerhaus“.

130 Neuwied-Fahr, Linzer Str. 30, Aufnahme 2003.

Diese Bezeichnung wird von der Ortslage unweit des Rheinufers unterstützt, muß allerdings nicht bedeuten, daß Fischer hier ausschließlich lebten. Wie vorhin schon dargelegt, überwog vielmehr eine mehrteilige landwirtschaftlich-handwerkliche Nutzung. Sie wird auch aus der Tatsache ersichtlich, daß unmittelbar am Rheinufer, das einst durch den heutigen Straßendamm nicht verbaut war, ein als Fährhaus und später als Post- oder Halfenstation genutztes Gebäude liegt, das mit 1584 datiert ist (früher Bismarck-Str. 24, dann Linzer Straße 24, heute Linzer Str. 30; Abb. 130) und daß sich in nächster Nachbarschaft eine kleine Wassermühle befindet, deren Holzwerk aus dem Jahre 1686 aufgrund seines reichen figürlichen Schmuckes zu den herausragenden Fachwerkbeispielen des Rheinlandes gehört, leider aber ruinös ist (Hümmerichs Mühle, früher In der Hohl 2, heute Fahrstr. 79; Abb. 132, 133).[142]

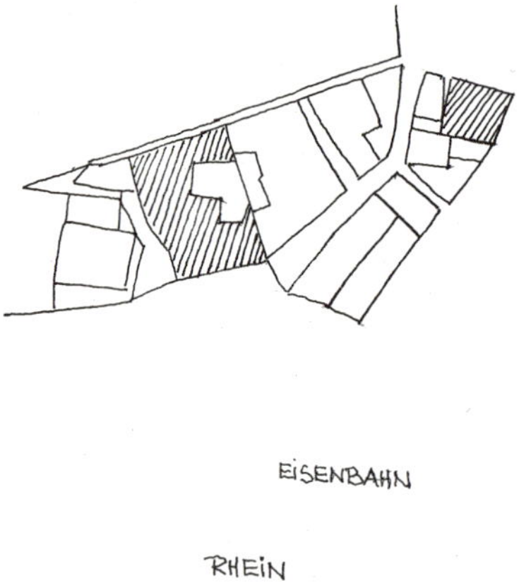

131 Neuwied-Fahr, Linzer Str. 30 (links) und Fahrstr. 79 (oben rechts). Lageplan. (Katasterkarte von 1972, Gemarkung Fahr Nr. 753, Flur 2, Parzellen 593/1 u. 555).

132 Neuwied-Fahr, Fahrstr. 79, Ansicht. Aufnahme 2003.

133 Neuwied-Fahr, Fahrstr. 79 Ansicht und Fenstererker. Aufnahme 2003.

134 Neuwied-Fahr, ehem. „Fischerhaus" in der Linzer Straße, Ansicht. Aufnahme um 1980/81 (Foto: Ulrich Borkowsky).

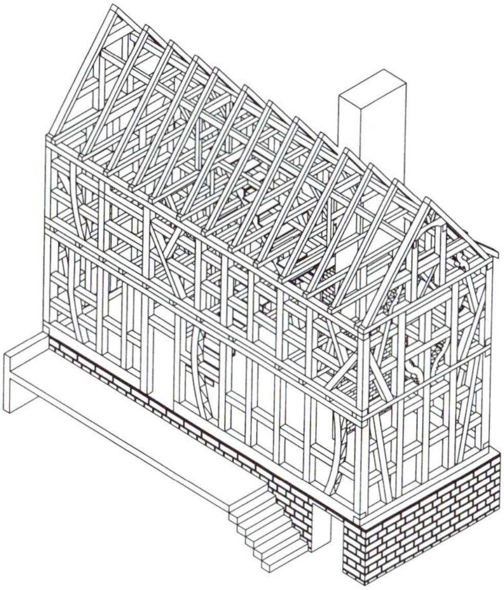

135 Draufsicht.

Das **„Fischerhaus"** in Neuwied-Fahr ist in die zweite Hälfte des 17. oder in das frühe 18. Jahrhundert zu datieren, wie es vor allem der Aufbau des Giebels nahelegt (Abb. 134–138). Die Eckfelder des Erdgeschosses waren wandhoch ausgestrebt. Im oberen Stockwerk befanden sich sogenannte K-Streben. Brüstungsfelder unter dem mittleren Fensterpaar wiesen zumindest teilweise noch geschweifte, krabbenbesetzte Fußbänder auf, die sich im Giebelbereich neben einem mittleren Andreaskreuz unter der Aufzugsluke wiederfanden und auch das oberste Feld unter dem First schmückten. Nicht dekorativ hervorgehoben waren dagegen

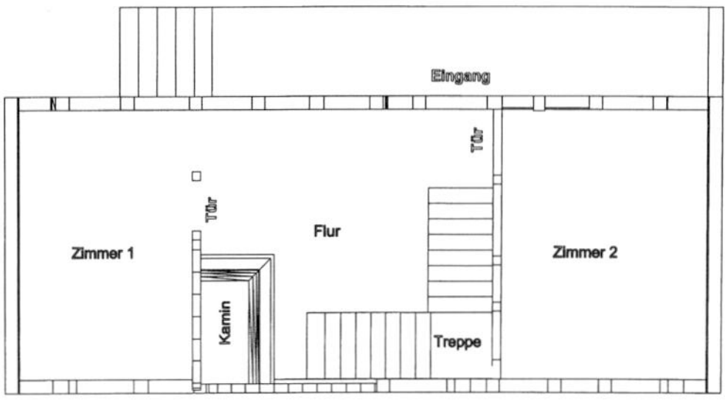

136 Grundriß.

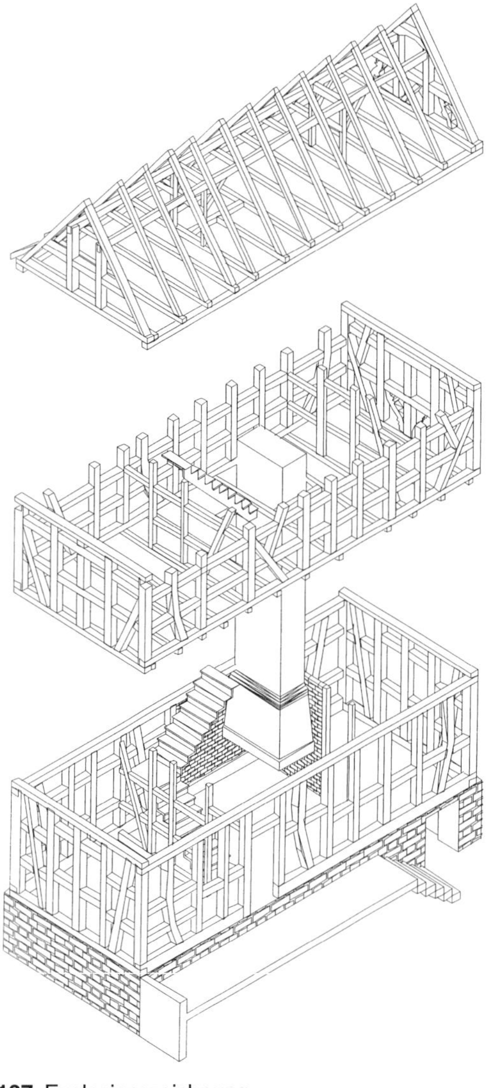

137 Explosionszeichnung.

138 Neuwied-Fahr, Linzer Str. 40 „Fischerhaus"). Lageplan. (Katasterkarte von 1972, Gemarkung Fahr Nr. 7853, Flur 2, Parzelle 857/507).

der rückwärtige Giebel und die beiden Traufseiten, deren Fachwerk rein statisch gesetzt war.

Das quererschlossene Haus öffnete sich von der linken Traufe. Ursprünglich betrat man die Flurküche, deren Höhe zirka 2,80 m betrug, unmittelbar von außen und gelangte von ihr sowohl in die Stube am vorderen als auch in einen Nebenraum am hinteren Giebel. In den Winkel, den die Zwischenwand der Küche und der vorderen Stube mit der rechten Traufseite bildete, war die offene Feuerstelle eingefügt, deren gesamter Bereich ausgemauert war. Zu dieser Feuerung gehörte als Zweiraumheizung eine Takenanlage, mit der sich die vordere Stube zumindest temperieren ließ. Eine solche Takenheizung, die mit einem stubenseitigen, von der Küche aus beschickbaren gußeisernen Ofen kombinierbar war, setzt, wie das Beispiel Neuwied-Fahr aufzeigt, zumindest einen zweiräumigen Grundriß voraus. Die obere Etage erreichte man von der Flurküche aus über eine hölzerne, im rechten Winkel geführte Podesttreppe, die gegenüber der Haustüre ansetzte. Dort oben lagen zwei Schlafzimmer und eine kleine Räucherkammer, die sich direkt über der früheren Feuerstelle der Flurküche befand. Zu dem ebenerdigen hinteren Nebenraum ist noch nachzutragen, daß er später als Küche diente und zu diesem Zweck einen besonderen Schornstein erhielt.

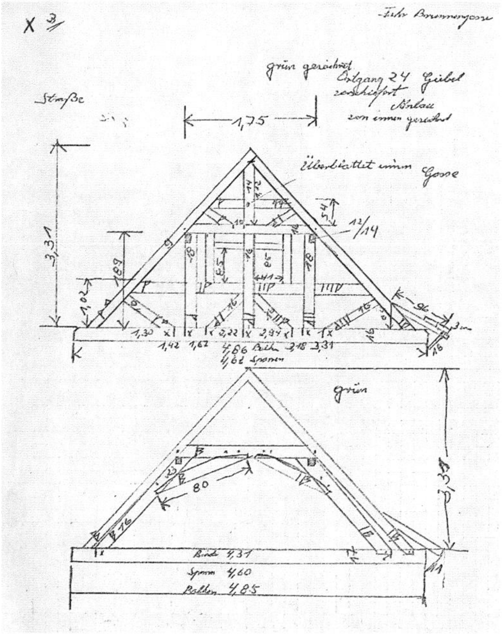

139 Linzer Str. 32/Kleine Brunnengasse. Giebeldreieck und liegender Stuhl, Aufmaßskizze, 1981.

Greifen wir wieder das Kataster auf, um einige Daten früherer Bewohner zu erfahren. Als das Freilichtmuseum das Gebäude 1982 abbaute, gehörte es der Erbengemeinschaft Zwernemann-Borkowsky. Eigentümer in der Vorgängergeneration war ein Schneiderehepaar, nämlich Elise und Otto Braesch.[143]

In der Nähe des „Fischerhauses" zu Neuwied-Fahr befand sich zirka 100 m rheinabwärts ein kleines, ebenfalls Anfang der achtziger Jahre des vorigen Jahrhunderts niedergelegtes Fachwerkhaus an der Ecke der **Linzer Straße (Nr. 32) mit der Kleinen Brunnengasse (Nr. 1a).** Dieser Bau, der im Kern dem 18. Jahrhundert angehörte und der vermutlich im 19. Jahrhundert zur Kleinen Brunnengasse rechtwinklig erweitert wurde, war mit seinem Schaugiebel rheinseitig orientiert (Abb. 139–143). Über einem gewölbten Keller von 7,30 m Tiefe und 3,76 m lichter Breite erhob sich ein Fachwerk, dessen Giebelbreite zwischen 4,77 m und 5,03 m lag und dessen Traufseiten

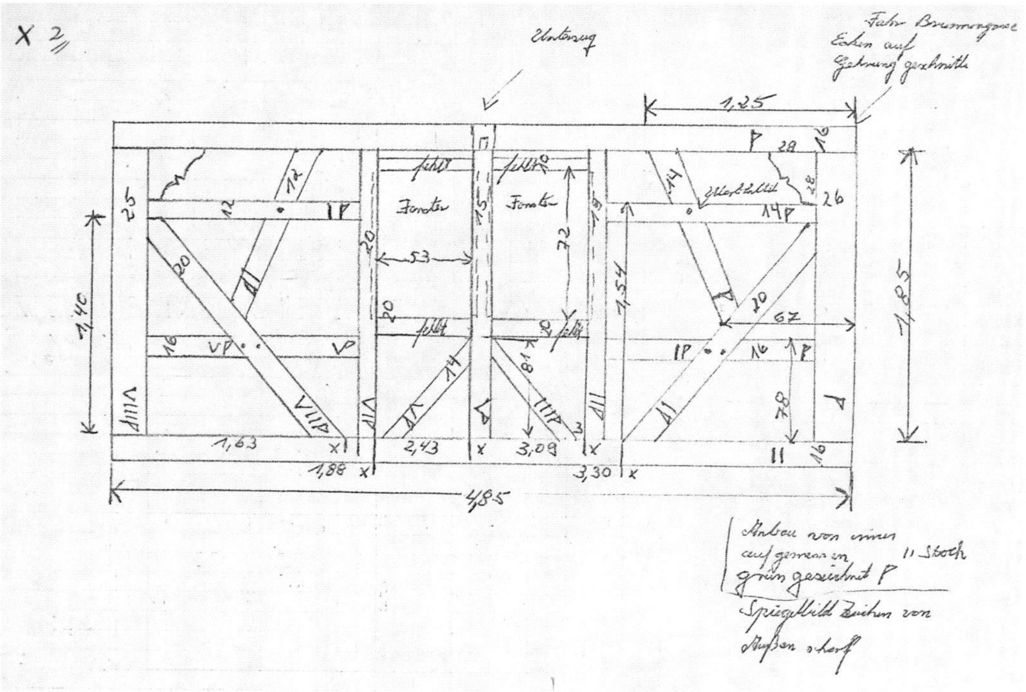

140 Giebelpartie des 1. Stockwerks, Aufmaßskizze, 1981.

141 Linzer Str. 32. Giebel im Hintergrund während des Abbaues, 1981.

142 Giebel während des Abbaues 1981 (Archiv Rheinland-Pfälzisches Freilichtmuseum Bad Sobernheim).

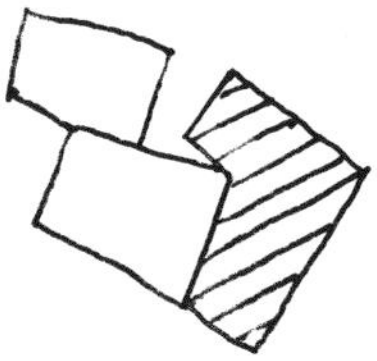

143 Neuwied-Fahr, Ecke Linzer Str. – Kleine Brunnengasse 1a. Lageplan. (Katasterkarte von 1972, Gemarkung Fahr Nr. 753, Flur 2, Parzelle 533/1).

zirka 7,00 m ausmachten. Der Giebel besaß in seinem Parterre einfache Streben und darüber die bekannten K-Streben; die Brüstung des Giebeldreiecks und die Gefache unter dem First waren mit Fußbändern ausgestattet. Schlichter gestaltet war das Fachwerk der Traufseiten; es bestand aus einem einfachen Rechteckraster, das sich aus der Überschneidung der von der Schwelle bis zum Rähm durchlaufenden Bundständer und Gefachstiele mit den manchmal einige Gefache überspannenden Riegelhölzern ergab. Die Bundständer waren in der Fußbödenhöhe des oberen Stocks durchgezapft und zeigten über die Außenwand hervorstehende Zapfenohren, welche die Dekkenhöhe markierten (Parterre 1,98 m Höhe, oberes Stockwerk 1,91 m Höhe und Giebeldreieck 3,31 m Höhe). Somit vereinigte das Haus, konstruktiv gesehen, sowohl Elemente der Ständer- als auch der Stockwerkszimmerung, was, wie schon an anderer Stelle dargelegt, für den unteren Mittelrhein auch für das 17./18. Jahrhundert keine Rarität darstellt.

Die innere Aufteilung war auch von außen aufgrund des durchgezapften mittleren Bundständers ersichtlich. Das Haus bestand im Parterre aus der Flurküche mit der gemauerten Feuerstelle an der straßenseitigen Traufseite und aus einer sich anschließenden Stube. Die obere Etage erschloß sich mit einer noch im Ansatz erhaltenen, später veränderten Wendeltreppe. Die Haustüre befand sich im vorderen Giebel, und zwar im linken Eckgefach. In dem benachbarten mittleren Feld der Traufseite war ein kielbogig verzierter Türsturz noch sichtbar, der eventuell zum ursprünglichen Eingang gehörte. Ein solcher Umbau mag sich aus der engen Straßensituation erklären.

Bei diesem kleinen Haus handelt es sich aus sozialhistorischer Sicht wieder um bescheidene wirtschaftliche Verhältnisse, die sich allerdings aufgrund der negativen Quellenlage nicht für die Erbauungszeit, leider auch nicht für die Ära ab dem Urkataster belegen lassen, das für Neuwied-Fahr nur lückenhaft vorhanden ist.[144]

Abgebrochen wurde in den achtziger Jahren auch eine **Wassermühle** in **Neuwied-Feldkirchen**, die am Kehlbach lag und die dem vorbei-

144 Neuwied-Feldkirchen, ehem. Wassermühle im Mühlenweg. Lageplan. (Katasterkarte von 1981, Nr. 65.0091D, Flur „Auf dem Acker", Parzellen 66/8; 66/9; 127/4; 127/5).

führenden Weg seinen Namen gegeben hatte, nämlich „Mühlenweg" (Abb. 144–148). Die Anlage, die unter dem Namen Ackermühle Mendel bekannt ist, stammte offensichtlich aus dem 18. Jahrhundert; sie bestand aus zwei nebeneinander angeordneten Gebäuden, der eigentlichen Mühle und einem einst als Kelterhaus und Scheune genutzten Bau. Die Wohnung des Müllers und die gewerblich-technische Einrichtung, das Mahlwerk mit Wasserrad, befanden sich unter einem Dach, allerdings war der handwerkliche Bereich nachträglich überbaut worden. Somit ließ sich das Wasserrad besser gegen Eis schützen. Das Mühlengebäude war ein kombinierter Massiv- und Fachwerkbau, der zwei Türen an der hofseitigen Längswand besaß. Die linke führte in den Flur des Wohnteils, die rechte in den Wirtschaftsteil, der zur Zeit des Abbruches indes schon nicht mehr das alte Mahlwerk beherbergte. Vom Flur aus gelangte man zu zwei Zimmern, nämlich zur Küche und zu einer Stube, deren Deckenhöhen 2,50 m betrugen. Die Feuerung befand sich an der gemeinsamen Mauer dieser beiden Räume und konnte auf diese Weise auch die Stube erwärmen. Der eigentliche Mühlenraum war nur von außen zugänglich, eine Verbindung vom Flur aus existierte nicht. Aufgrund der Mühlentechnik hatte man diese Hauszone um 45 cm vertieft und somit eine Raumhöhe von 2,95 m erreicht, was sich geschickterweise im Hausäußern nicht widerspiegelte.

Verglichen mit den Häusern in Neuwied-Fahr, dem „Fischerhaus" und dem Bau an der Ecke Linzer Straße – Kleine Brunnengasse, gehört das Mendelsche Mühlengebäude im Hinblick auf die Raumdisposition einer jüngeren, „modernen" Entwicklungsphase an. Man betritt von der Straße nicht mehr unmittelbar eine Flurküche und befindet sich damit bereits im Hauszentrum, vielmehr gelangt man zunächst in einen Flur, von dem sich die Räume erschließen. Bei vielen Häusern des 18. Jahrhunderts besitzt dieser Flur, von dessen Ende sich über

145 Wassermühle Neuwied-Feldkirchen am alten Standort, um 1980 (Foto: Ulrich Borkowsky).

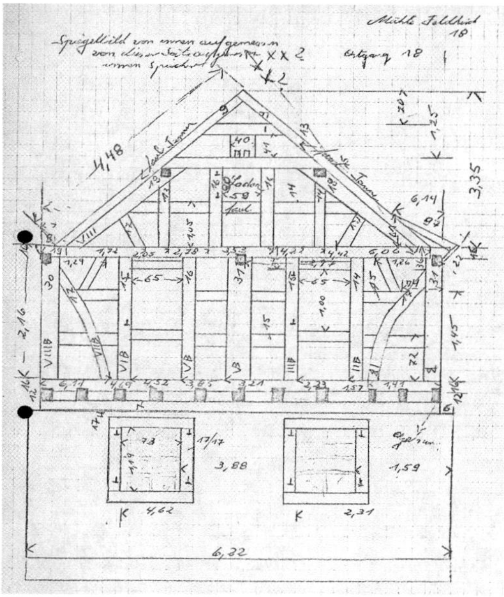

146 Aufmaßskizze des Giebels, 1981/82.

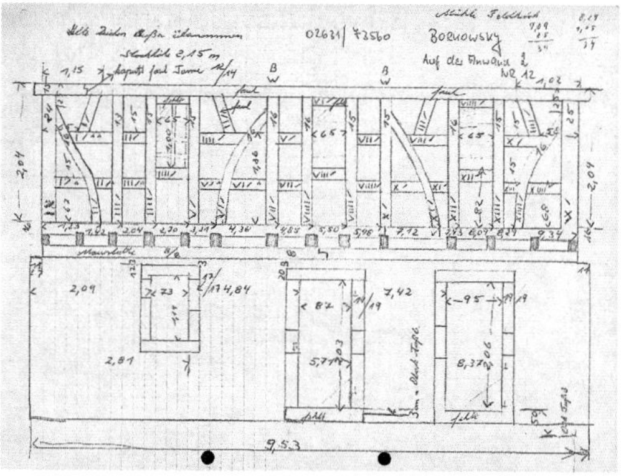

147 Aufmaßskizze der hofwärtigen Traufseite, 1981/82.

148 Foto der Rückseite des Erdgeschosses, Wassermühle, 1981/82 (Archiv Rheinland-Pfälzisches Freilichtmuseum Bad Sobernheim).

eine Podesttreppe auch die obere Etage mit den Schlafzimmermn erreichen läßt, eine hintere Tür, etwa zum Garten hin, was allerdings in Neuwied-Feldkirchen nicht der Fall war.

Das zur Mühle gehörende Nebengebäude – das Kelterhaus oder die Scheune – belegt sehr anschaulich die enge Verbindung von Handwerk, Landwirtschaft und Weinbau, wie sie bis über die Mitte des 20. Jahrhunderts für den ländlichen Mittelrhein charakteristisch war. Für diese ackerbürgerlichen Verhältnisse steht auch die ehemalige Ackermühle in Neuwied-Feldkirchen, deren wirtschaftshistorischer Hintergrund aus Mangel des Urkatasters auch für das 19. Jahrhundert im Dunkel bleibt.[145]

Als letztes Gebäude aus dem Umkreis von Neuwied sei an ein Haus im dortigen Stadtteil Rodenbach erinnert, dessen Adresse Auf dem Rast 9 war und das sich bis zu seinem Abbruch im Jahre 1982 im Eigentum der Familie Scholz befand (Abb. 149–151). Die Irlicher Straße wurde in diesem Bereich begradigt und verbreitert, und das Haus stand einer solchen Maßnahme im Wege. Das Fachwerk dieses Hauses setzte bereits im Erdgeschoß an, was man in den hochwassergefährdeten niederen Lagen am Mittelrhein nicht kennt. Wirtschaftlicher Notwendigkeit entsprach das Zwerchhaus an der straßenwärts gerichteten Traufseite, das fast die Höhe des Hauptdaches erreichte. Die Nutzung als Wohnspeicherhaus war damit offenkundig. Zugleich bekundete die besondere Position dieses Dachaufbaues ein nicht zu leugnendes Streben nach Symmetrie innerhalb der Fassade, wie es für viele Bauten des 18. Jahrhunderts kennzeichnend ist. Hiermit geht

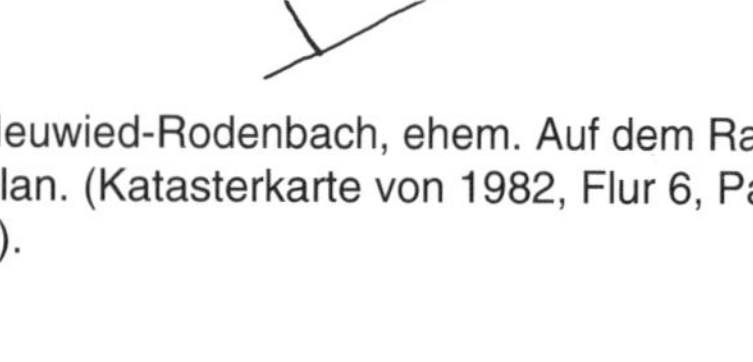

149 Neuwied-Rodenbach, ehem. Auf dem Rast 9. Lageplan. (Katasterkarte von 1982, Flur 6, Parzelle 972).

150 und 151 Neuwied-Rodenbach während des Abbaues 1982 (Archiv Rheinland-Pfälzisches Freilichtmuseum Bad Sobernheim).

auch das Raumkonzept Hand in Hand, das wie bei dem Beispiel der Ackermühle von Neuwied-Feldkirchen von einem Mittelflur bestimmt wird, der das Haus in Hälften gliedert. Somit war ein beidseitig zweiraumtiefer Grundriß die vorgegebene Lösung.[146]

Nachgetragen sei, daß der Name der früheren Müller, nämlich Mendel, auch auf das einstige Fährhaus in Neuwied-Fahr hinweist, das als Stammhaus dieser dort seit 1565 nachgewiesenen Familie gilt (Abb. 130).[147]

War die Grundstruktur des Hauses in Neuwied-Rodenbach auch noch erkennbar, so waren die Eingriffe in die bauliche Substanz vor allem im 19. und frühen 20. Jahrhundert doch derartig gravierend, daß nur noch die Straßenseite und der linke Giebel ihre ursprüngliche Gestalt bis zum Abbau erhalten hatten. Ähnlich verhielt es sich bei einem kleinen Fachwerkhaus in Ockenfels, bei Linz, Hauptstr. 1, das einst der Familie Stroh gehörte und das 1989 zusammen mit seinem Nachbarhaus zugunsten des neu angelegten St. Donatus-Platzes niedergelegt wurde. Auch dieser Bau hatte etliche Änderungen erfahren. Das Haus, das nur eine Grundfläche von etwas über 5 m zu 10 m hatte, war giebelseitig zur Straße ausgerichtet und erschloß sich von der rechten Traufseite. Bemerkenswert war seine Grundmauer, die aus zerschlagenen Basaltsäulen bestand. Ein derartiges Sockelfundament ist in der Gegend um Linz häufig anzutreffen. Dieses Baumaterial findet sich auch im aufgehenden Mauerwerk der benachbarten St. Donatus-Kirche. Bei der Zimmerung der Außenwände des Fachwerkhauses handelte es sich um die schon bekannte Kombination von Ständer- und Stockwerkskonstruktion, wie sie noch bis Ende des 17., Anfang des 18. Jahrhunderts in dieser Region üblich war. Die Eckständer reichten über zwei Etagen bis unter das Rähm, das am Giebel zugleich die Schwelle des Dachdreiecks war und auf dem an den Traufseiten die Sparrenfüße ruhten. Die Deckenbalken vom Parterre wie der oberen Etage waren durch die Wandständer durchgezapft und außen als Zapfohren sichtbar. Unterkellert mit einem Tonnengewölbe war nur die Küche, die eine Höhe von 2,30 m aufwies. Es fand sich wieder das altvertraute Grundrißschema mit der Küche als dem zentralen Raum, der zur Straße gewendeten Stube und einem Kämmerchen am hinteren Giebel. Die Feuerstelle war möglicherweise mit einer Takenheizung verbunden. Die halb ge-

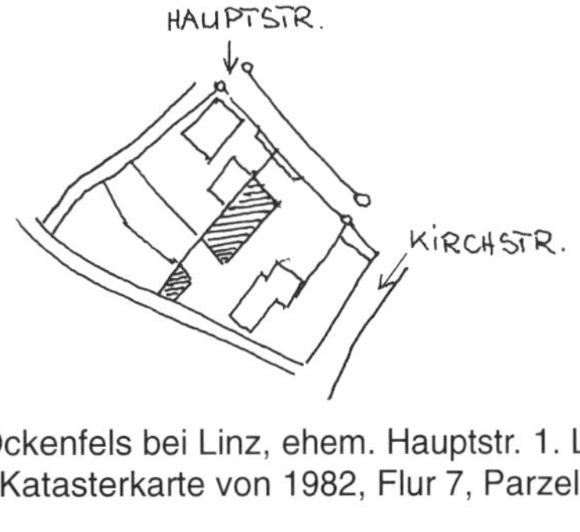

152 Ockenfels bei Linz, ehem. Hauptstr. 1. Lageplan. (Katasterkarte von 1982, Flur 7, Parzelle 90).

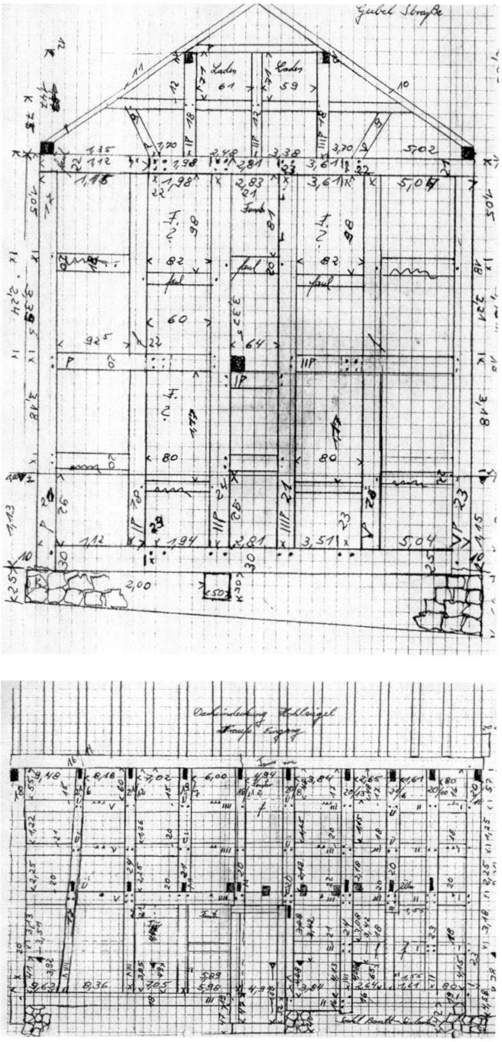

153 und 154 Ockenfels, Aufmaßskizzen des Giebels und der Eingangsseite während des Abbaues 1988/89 (Archiv Rheinland-Pfälzisches Freilichtmuseum Bad Sobernheim).

wendelte Treppe nach oben setzte ebenfalls in der Küche an (Abb. 152–155). Leider ist auch in diesem Fall das Urkataster von Linz-Ockenfels nicht ergiebig.[148]

Unklar ist auf den ersten Blick auch die bauhistorische Situation eines kleinen Hauses in Burgbrohl, das bis 1981 im dortigen Ortskern, in der Brohltalstr. 87, stand. So klein die Anlage war, so kann man doch von einem Bauensemble sprechen, das sich aus einem Kernbau

155 Ockenfels, um 1980 (Foto: Josef Stroh).

zur Straße hin mit 6,60 m Frontlänge, einem Fachwerkbau von 3,09 m und einem Annex zur Mühlengasse zusammensetzte („Alte Schmiede“, Abb. 156–159). Der Kernbau, der ursprünglich nur einen Zugang an seiner vorderen Längsseite besaß, später aber noch eine zweite Haustür erhielt, war, was eine Ausnahme darstellt, firstparallel geteilt. Im vorderen Bereich lag die Küche mit einer Deckenhöhe von etwa 2,35 m. Daran schloß sich die beinahe gleichgroße Stube an. Getrennt waren diese beiden Räume durch eine Längsmauer, an deren Mitte zur Küche hin sich die frühere offene Feuerstelle befand, die, wie so oft, mit einer Zweiraumheizung zur Stube hin, nämlich der bekannten Takenfeuerung, gekoppelt war. Die geradläufige Treppe zur oberen Etage mit ihren drei Zimmern setzte neben der Feuerstelle an,

156 Burgbrohl, Situation Brohltalstr. – Ecke Mühlengasse mit Fachwerkhaus, 1982 (Rheinland-Pfälzisches Landesamt für Denkmalpflege).

157 Burgbrohl, ehem. Brohltalstr. 87. Ansicht am alten Standort, 1980/81. (Rheinland-Pfälzisches Landesamt für Denkmalpflege).

etwa an der Stelle, an der nachträglich die zweite Haustüre in das Mauerwerk gebrochen wurde. Was den Dachstuhl anbelangt, so waren die Giebel des Hauptbaues mit doppelten stehenden Stühlen ausgestattet, während sich im Hausinneren zwei liegende befanden. Rückschlüsse auf die wirtschaftliche Lage des Bauherrn, der vermutlich um 1700 oder wenige Jahrzehnte zuvor das Haus errichten ließ, bieten als besonderes bauliches Indiz die beiden Balkenlagen des Parterres und der oberen Etage. Ihre Balken laufen bis auf denjenigen in der Mittelwand und den Giebelschwellen nicht von der einen Traufseite zur anderen durch, sondern sind oberhalb des Küchenbereiches zirka 2,75 bis 3,90 m lang, werden von einem

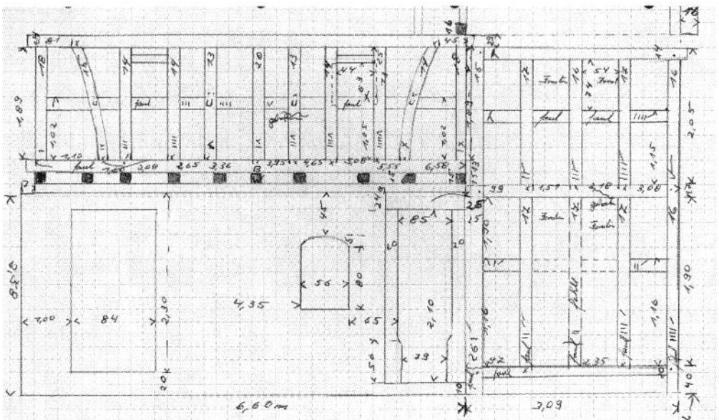

158 Aufmaßskizze der Front.

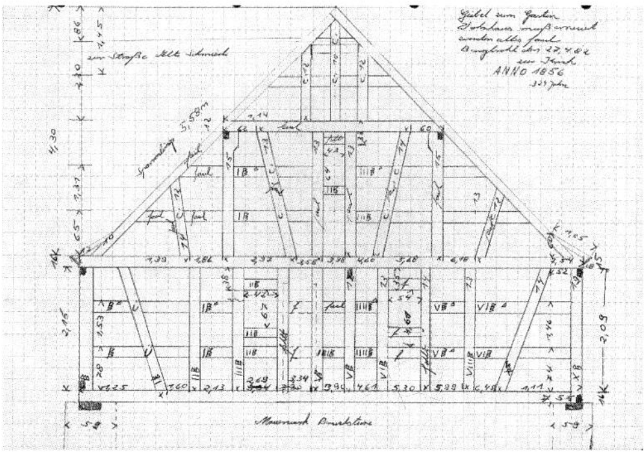

159 Aufmaßskizze eines Giebels (Archiv Rheinland-Pfälzisches Freilichtmuseum Bad Sobernheim).

160 Sinzig-Löhndorf, ehem. Vehner Straße 2 am alten Standort, 1979 (Dr. Hubert Braun, Löhndorf).

Längsunterzug unterfangen, um sich anschließend als parallel verlegte neue Balken bis auf die linke Traufseite fortzusetzen. Insgesamt beträgt die Haustiefe etwa 7,70 m. Offensichtlich stand dem Bauherrn kein Bauholz in der Länge dieser Haustiefe zur Verfügung; er mußte die Balken stückeln. Konstruktiv war der Kernbau in der Stockwerksbauweise ausgeführt. Der sich rechts neben der mittleren Haustüre anschließende Fachwerktrakt zeigte wieder die so häufige Kombination von Ständer- und Stockwerkbau. Dies legt die Vermutung eines älteren Bauteiles nahe, der mit dem mittleren verbunden wurde. Der linke Teil des gesamten Baukörpers war dagegen erheblich jünger. Als Baudatum war im dortigen Außengiebel die Jahreszahl „ANNO 1856“ eingeschnitzt.[149]

Einige Kilometer nordwestlich von Burgbrohl liegt zur Ahreifel hin das zur Stadt Sinzig gehörende Dorf Löhndorf, das von einer Landstraße, der Vehner Straße, durchquert wird. An ihrer Hauptkreuzung in der Ortsmitte wurde 1980/81 aus dem Grunde der üblichen Straßenverbreiterung ein Fachwerkgehöft (Vehner Straße 2) abgetragen, dessen Wiederaufbau auch heute noch im rheinland-pfälzischen Freilichtmuseum vorgesehen ist. Das Wohnhaus erstreckte sich längs zur Straße; die Wirtschaftsbauten gruppierten sich um den ummauerten Hofraum (Abb. 160). Damit haben wir eine Gehöftsituation, wie sie nicht für das enge Mittelrheintal, sondern eher für die Köln-Bonner Bucht und ihre Randregionen charakteristisch ist (vgl. das Beispiel Alfter-Gielsdorf, Abb. 112, 113). Das Wohnhaus, dessen Baugeschichte während des Abbaues dokumentiert werden konnte, wies zahlreiche nachträgliche Veränderungen auf. So hatte man einst die Fenster vergrößert oder sie umplaziert. Zur Straße hin und am Giebel befanden sich zusätzliche, später wieder verschlossene Öffnungen für Türen, während man in der ursprünglichen Situation nur einen Hauseingang vom Hof aus an der dortigen Hauslängsseite

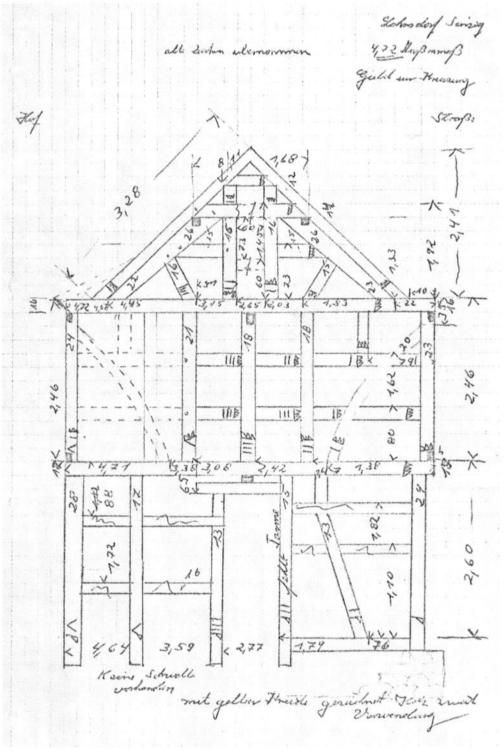

161 Aufmaßskizze des Giebels.

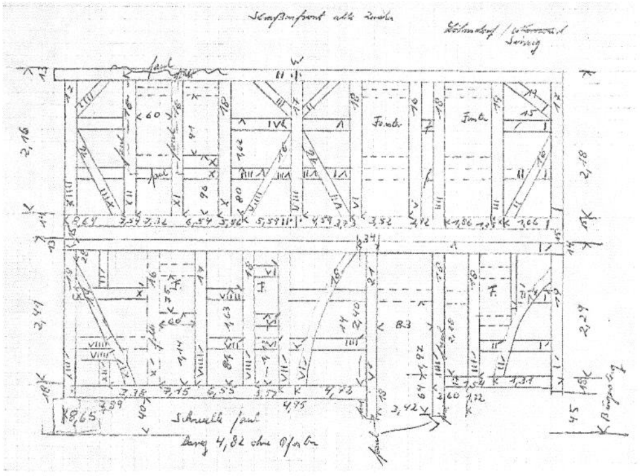

162 Aufmaßskizze der Straßenseite (Archiv Rheinland-Pfälzisches Freilichtmuseum Bad Sobernheim).

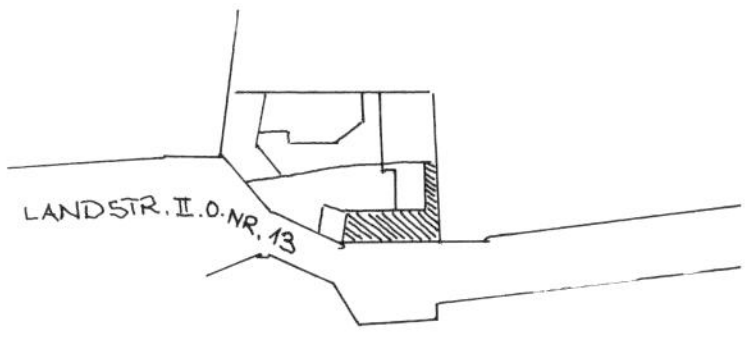

163 Lageplan. (Katasterkarte von 1981, Flur 2 IV, Parzellen 215/216, früher 2250).

kannte. Die Treppe, die einst neben diesem Eingang positioniert war, war irgendwann in die Ecke des Giebels mit der hofwärtigen Traufseite umgesetzt worden. Dennoch hatte das Haus sowohl im Äußeren als auch in seinem Grundriß seine überkommene Struktur bewahrt. Das Fachwerk, das nur an seiner Schauseite, nämlich zur Straße hin, mit einem Paar gegenläufig gestellter K-Streben im oberen Stockwerk unter der Traufe dekoriert war, läßt sich in das frühe 18. Jahrhundert datieren. Das Holzwerk des zum Hof ausgerichteten Giebels und der dortigen Längsseite erhob dagegen keinen Anspruch auf Besonderheit. Sieht man von den inneren Umbauten ab, schält sich das übliche Grundrißschema von Flurküche und vorderer Stube heraus – alles allerdings von bescheidenen Ausmaßen; denn das Haus besaß insgesamt nur eine Grundfläche von etwa 8,70 m zu 4,70 m. Die Deckenhöhe des Parterres betrug aufgrund der leicht abschüssigen Lage zwischen 2,10 m und 2,40 m. An den rückseitigen Giebel des Hauses war eine Fachwerkscheune mit später erhöhtem Dach ange-

164 Kamp-Bornhofen, Ortsteil Kamp, ehem. Erzbischof-Roos-Str. 2. Ansicht, 1983.

bracht, die nur vom Hof aus begehbar oder befahrbar war. Ihre Zimmerung deutet auf das späte 18. Jahrhundert hin. Die anderen Hofgebäude waren offensichtlich jünger. Über die einstige Bausituation läßt sich leider auch nicht das Urkataster heranziehen.[150]

Zurück an den Mittelrhein: Ein differenzierterer Grundriß als bei dem Haus in Sinzig-Löhndorf war in Kamp-Bornhofen, Ortsteil Kamp, Erzbischof-Roos-Str. 2, anzutreffen (Abb. 164, 165). Das Haus – ein vom Parterre bis zum First durchgängiges Fachwerk – stand jahrelang leer und befand sich schließlich 1983 in einem derartig desolaten Zustand, daß nur der Abbruch übrigblieb. Das an einer Straßengabelung stehende giebelständige Gebäude hatte seinen Zugang von der straßenwärts gelegenen Traufseite aus. Es öffnete sich gleich die ehemalige Küche mit einer Höhe von etwa 2,10 m. In ihr fanden sich – eingefügt in die Ekke der sich anschließenden Stube – die Reste einer offenen Feuerstelle. Ihre Lage ließ wieder an eine Verbindung mit einer Zweiraumheizung dieser Stube denken, welche die hintere Hausbreite beanspruchte. Von der Küche aus gelangte man außerdem in eine zweite Stube, die den Raum an der linken Giebelseite und der folgenden Traufseite einnahm. Dies war die jüngere Küche, von der aus eine Podesttreppe, früher eine Wendeltreppe, in den oberen Bereich führte. Unterkellert waren zumindest teilweise die ehemalige Küche, die auch noch eine nach unten führende Steintreppe aufwies, und die rückwärtige Stube, und zwar zur Gänze. Sicherlich stieß man zum Zeitpunkt des Hausabbaues auf einen differenzierteren, weil mehrräumigen Grundriß, als im Falle von Sinzig-Löhndorf. Analysiert man ihn, findet sich in ihm wieder als Grundstruktur das ursprüngliche Flurküchen-Stuben-Schema, das in diesem Falle weiter aufgeschlüsselt ist. Das Fachwerk – am Giebel als Schauseite- mit Eckstreben und Strebenpaaren in der Mitte rhythmisiert – weist auf das 18. Jahrhundert hin. Als sozialhistorische Notiz sei noch vermerkt, daß aus diesem Haus der 1828 geborene spätere Erzbischof von Freiburg, Dr. Johannes Christian Roos, stammt.

Der rhythmische Wechsel der Fachwerkfiguren war auch einem Haus in Koblenz-Rübenach, von-Eltz-Straße 13, zu eigen, das laut Baudatum von 1719 stammte und 1979 an seinem alten Standort aufgegeben und abgebaut

165 Kamp-Bornhofen, Ortsteil Kamp, Gedenktafel.

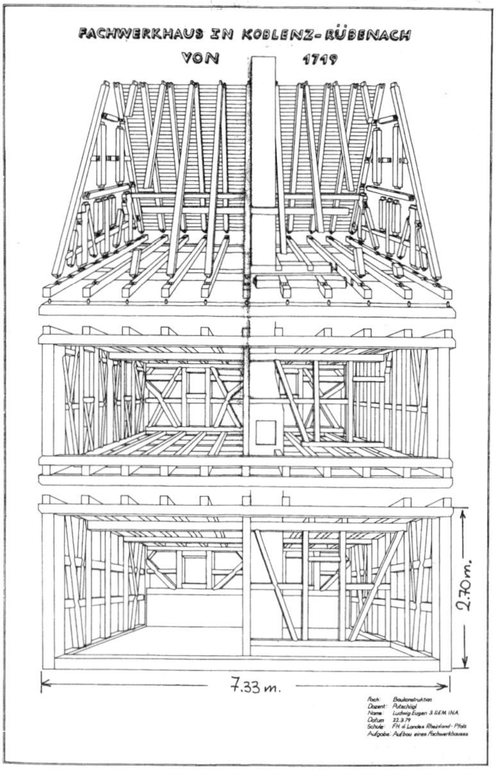

166 Koblenz-Rübenach, Von-Eltz-Str. 13, Baukonstruktion (Bauaufnahme FH d. Landes Rheinland-Pfalz/Mainz, Ludwig Eugen 1979).

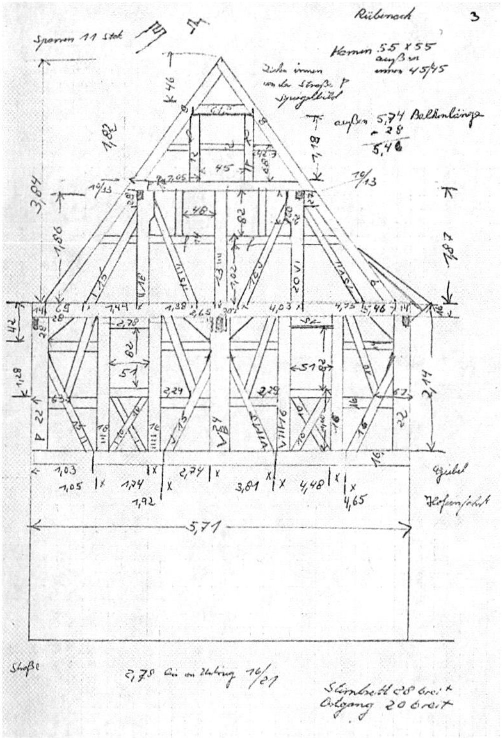

167 Koblenz-Rübenach, Aufmaßskizze des Giebels und ...

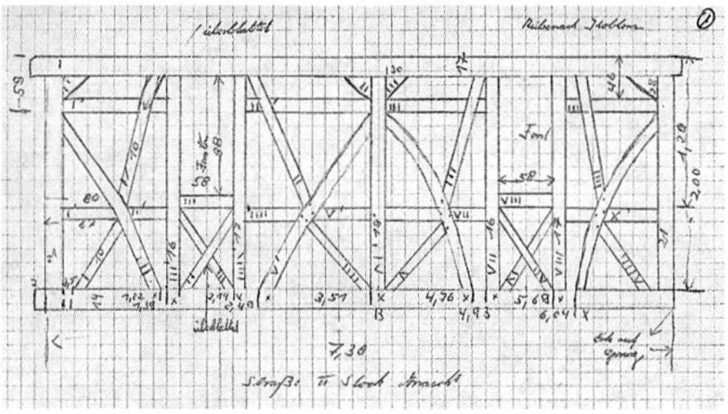

168 Aufmaßskizze einer Traufseite, oberes Stockwerk (Archiv Rheinland-Pfälzisches Freilichtmuseum Bad Sobernheim).

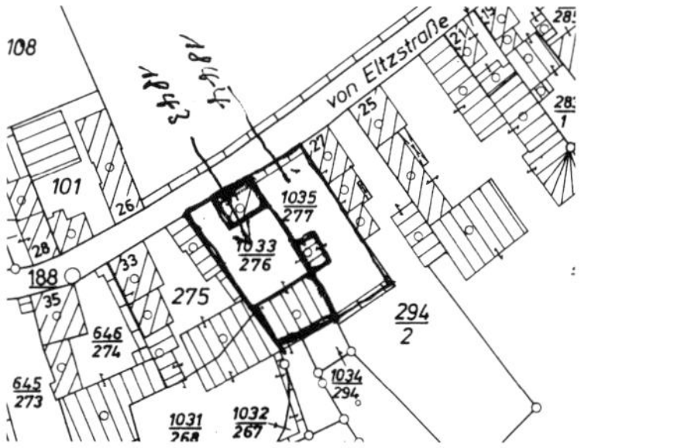

169 Koblenz-Rübenach, Lageplan. (Katasterkarte von 1981, Flur 2, Parzellen 1033/276 u. 1035/277).

wurde. Das Gebäude stand einst inmitten eines großen Hofgeländes unterhalb des Burghauses der Freiherren von Eltz-Rübenach (vgl. S. 68). Ob es mit ihm in einem Zusammenhang zu sehen ist, läßt sich nicht sagen. Ursprünglich war das Haus als reine Fachwerkanlage gebaut (Abb. 166–169). Irgendwann wurde das Holzwerk des giebelseitigen Erdgeschosses, und zwar in dem Bereich der Stube, vermutlich aufgrund von Bauschäden durch eine Mauer ersetzt. Erhalten war noch die Grundrißsituation in der hinteren Zone, in der sich die von der Seite aus zugängliche Flurküche befand. Ihre Feuerstelle lag mitten an der Küchen-Stuben-Mauer und war sicherlich auch als Takenheizung konzipiert. Möglicherweise gehörte dazu noch ein Backofen. Die Treppe nach oben stieg neben dieser Feuerstelle auf. Die Hausausmaße beliefen sich auf 7,33 x 5,72 m. Die Deckenhöhe im Küchenbereich betrug 2,70 m. Zu würdigen ist vor allem das Fachwerk des Schaugiebels, das noch in das 17. Jahrhundert zu datieren ist und das von einer bestechenden Symmetrie geprägt ist. Die Eigentümergeschichte des Hauses läßt sich anhand eines Katasters bis in die französisch-napoleonische Zeit des Rheinlandes (1809) verfolgen. Das Anwesen „Maison" und „Jardin" gehörte damals einem Friedrich Doetsch. Im fortgeschriebenen Kataster der frühen rheinpreußischen Zeit (1819) war Josef Rosenbach Eigentümer. Sein Erbe oder Nachfolger besaß 1838 insgesamt 31 Morgen, 65 Ruten und 10 Fuß an Ländereien (inklusive Haus). Von dieser Zeit läßt sich ein Bogen bis zu Willi Rosenbach spannen, der das Haus 1979 dem rheinland-pfälzischen Freilichtmuseum Sobernheim zur Verfügung stellte.[151]

Von Koblenz-Rübenach existiert übrigens ein Alignements-Plan der Landstraße Koblenz – Lüttich aus dem Jahre 1834, der sehr anschaulich die damalige Siedlungsstruktur wiedergibt.[152]

„Horchheim: Altes Haus wird ins neue Leben getragen". So lautet die Überschrift eines Beitrages im Lokalteil der in Koblenz erscheinenden Rhein-Zeitung vom 24. August 1982. Es ging um ein Gebäude im Koblenzer Stadtteil Horchheim, Emser Straße 341. Weiter heißt es im Text: „In Horchheim war dem Haus regelrecht der Boden unter den Füßen weggezogen worden. Es muß für den Parkplatz eines nebenan erbauten Supermarktes Platz machen". Die Abbruchgenehmigung – eine Fehlentscheidung, wie sich herausstellte – wurde dadurch erleichtert, weil das Haus verputzt war und sich deswegen die straßenseitige Fassade als ausgesprochen bieder darstellte. Dennoch war eine Fachwerkstruktur unschwer unter dem Putz zu erkennen. Die Denkmalpflege wurde im Nachhinein auf den Plan gerufen und das rheinland-pfälzische Freilichtmuseum informiert. Man einigte sich auf einen Abbau,

170 Koblenz-Horchheim, Emser Str. 341, Detail während des Abbaues, 1982 (Archiv Rheinland-Pfälzisches Freilichtmuseum Bad Sobernheim).

der dann auch durchgeführt wurde. Zu Tage trat ein reich verziertes, mit 1711 datiertes Fachwerk, das allerdings aufgrund der üblichen Fensterverbreiterungen des 19. Jahrhunderts überaus gestört war (Abb. 170, 171). Gleiches traf auf den Grundriß zu, der indes so stark verändert war, daß sich seine Grundgestalt nicht mehr rekonstruieren ließ. Diese schwierige Situation und der schlechte Zustand des Fachwerks machten letzten Endes die dem Zeitungsbericht zu entnehmende Hoffnung zunichte, das Horchheimer Haus im Freilichtmuseum wiederzuerrichten. Hinzu kamen, wie so häufig, die finanziellen Nöte.

Die in den siebziger und achtziger Jahren des 20. Jahrhunderts von den Mitarbeitern des Freilichtmuseums abgebauten Häuser wurden, wie dies damals üblich war, in ihre einzelnen Elemente zerlegt. Man schlug bei den Fachwerkbauten die Gefache heraus und nahm das Holzwerk des nun als Skelett stehenden Hausgerüstes auseinander. Dieses damals von allen Freilichtmuseen praktizierte Verfahren hatte allerdings den großen Nachteil, daß die meisten Lebensspuren vernichtet wurden, die sich manchmal über Jahrhunderte einem Haus mitgeteilt hatten. Das Haus als geschichtliche Quelle verlor damit einen großen Teil seiner Aussage. Dieser Mangel wurde auch erkannt und ihm wurde insofern entgegengearbeitet, als man sich zur Translozierung von Häusern in der Form ganzheitlicher Baueinheiten entschloß. Es ist seit Jahrzehnten anerkannte Museumsübung, beispielsweise komplette Mauer-

171 Koblenz-Horchheim, Emser Str. 341, Detail während des Abbaues, 1982 (Archiv Rheinland-Pfälzisches Freilichtmuseum Bad Sobernheim).

partien oder wandhohe Fachwerkgerüste eines Hauses vom alten Standort zu dem neuen im Freilichtmuseumsgelände zu transferieren und dort wieder zu einem authentischen Gebäude zusammenzusetzen. Damit wird man dem Haus als einer historischen Lebensstätte eher gerecht als bei dem früheren Abbauverfahren. Die Abnutzungen über Jahrhunderte hinweg bleiben erhalten, die Umbausituationen geben Auskunft über geänderte Lebensverhältnisse. Wie wichtig ein derartiger behutsamer Umgang mit der überkommenen Bausubstanz ist, verdeutlicht eine Farbuntersuchung, die das rheinland-pfälzische Landesamt für Denkmalpflege 1984 an dem Fachwerk des abgebauten Hauses in Kamp-Bornhofen, Erzbischof-Roos-Straße 2, durchgeführt hat (vgl. Abb. 164). Der Bericht führt folgende Farbvarianten des Holzwerkes auf: zunächst eine zweischichtig aufgetragene Weißkalkgrundierung und darauf ein helles Oxydgrün, dann eine intensive Ultramarinfarbigkeit, als drittes ein hellgrauer monochromer Kalkfarbanstrich und als vierter oder jüngster Anstrich ein intensiver blaustichiger Rotton. Als Farbigkeit der Ausfachungen stieß man auf einen gelblich-gräulich gebrochenen Kalkweißton. Diese Farbwerte einer Fachwerkfassade sind nicht nur ein Beleg für geänderte Geschmacksauffassungen, sondern zeigen auch die Individualität eines Hauses auf.

Abschließend ist zum Kapitel Freilichtmuseum und historische Bauten am Mittelrhein festzustellen, daß die individuellen Hausgeschichten hier nur bedingt vorgetragen werden können. Es geht vielmehr um Grundstrukturen des Bauens im späten Mittelalter und vor allem in der Neuzeit, um das sich wandelnde Gefüge eines Fachwerkhauses, um die sich ändernde Gestalt des Massivbaues und um den Grundriß, der neuen Lebensverhältnissen angepaßt wird. Es geht selbstverständlich auch um die verschiedenen Baugattungen, so wie sie sich

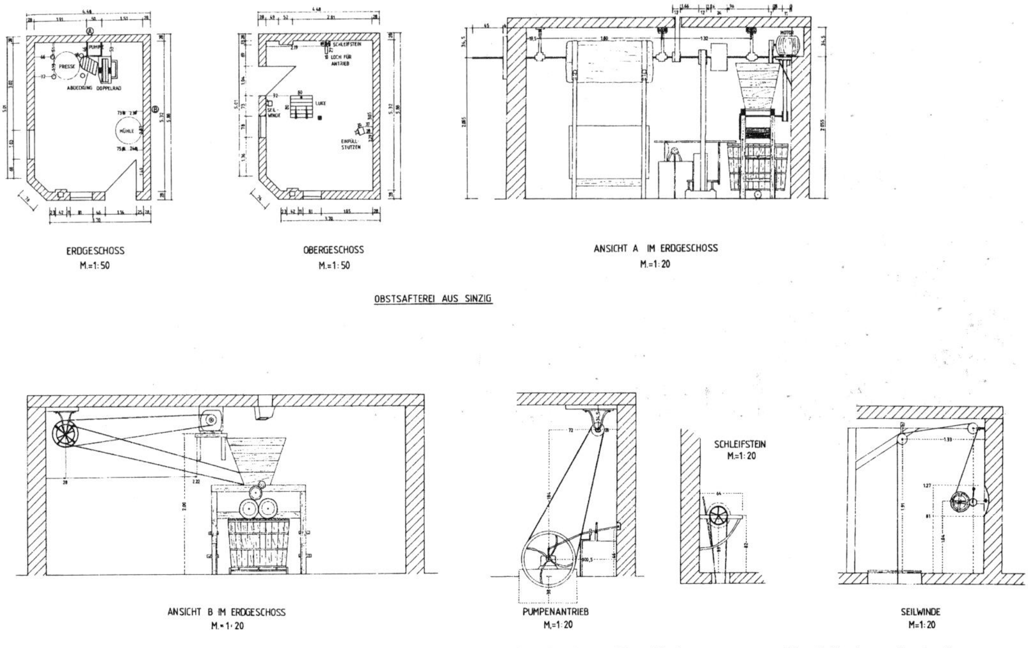

172 Sinzig, ehem. Obstsafterei (Archiv Rheinland-Pfälzisches Freilichtmuseum Bad Sobernheim).

aus ihren Aufgaben und aufgrund der sozialen Zugehörigkeit ergeben. Ein ureigenes Arbeitsgebiet eines Freilichtmuseums ist die Vermittlung historischer Handwerke. Insofern ist es folgerichtig, wenn alte Werkstätten dokumentiert werden, wie etwa eine Obstsafterei in Sinzig (ehem. Am Hellenberg, Gebrüder Hattingen), die in den achtziger Jahren des vergangenen Jahrhunderts aufgegeben wurde (Abb. 172). Sie zeigte den technischen Stand der fünfziger Jahre. In diesen Bereich gehören auch handwerkliche Techniken, wie, um eine herauszugreifen, die Arbeit der Backofenbauer, die im Rheinland, in Königswinter am Siebengebirge, in Bell bei Mayen oder in Garshasen bei Westerburg, einen herausragenden Stellenwert einnahm und zum Teil noch heute hat. Als Besonderheit ist der Backofen in der Burg Pfalzgrafenstein bei Kaub zu nennen, der wohl im 17. oder 18. Jahrhundert in deren Bergfried eingerichtet wurde. Die Ofenwölbung besteht aus dem bekannten Lavatuff; sie war ursprünglich verputzt (Abb. 173).[153]

Im Hinblick auf die sozialen Klassifikationen ist auf die sogenannten „Kleine-Leute-Häuser“ hinzuweisen. An dem Beispiel von Linz ist die Schwierigkeit und Problematik einer solchen Zuordnung dargelegt worden (vgl. Abb. 127).

173 Backofen im „Pfalzgrafenstein“, verputzter Bruchstein, Ofenmund ausgebessert. Aufnahme 2003.

174 Oberwesel, Liebfrauenkirche, Wandmalerei, um 1500. St. Martin mit der Oberweseler Kirche St. Martin.

175 Caspar Scheuren (1810–1887), Ansicht von Oberwesel mit St. Martin.

Bacharach

Bacharachs Stadtbild als Ausdruck rheinischer Architektur

Klaus Freckmann

Bacharach und das „Alte Haus"

Die Operette von Robert Stolz: „Wenn die kleinen Veilchen blühen", erzählt von dem historischen, vielbekannten „Alten Haus" in Bacharach.

In Bacharach, in Bacharach, in Bacharach am Rhein,
Da kehre ich im „Alten Haus" mit tausend Freuden ein!
Denn sitzt du unter'm Rebendach beim Wein ein Stündelein,
Dann siehst du doppelt Bacharach und doppelt auch den Rhein!

Der schönste Landstrich von Deutschland", so sagt der 23 jährige Heinrich von Kleist, „an welchem unser größter Gärtner sichtbar con amore gearbeitet hat, sind die Ufer des Rheins von Mainz bis Koblenz. Das ist eine Gegend wie ein Dichtertraum und die üppigste Phantasie kann nichts Schöneres erdenken als dieses Tal!" Von wem wurde dieser Eindruck je geleugnet? Nicht nur jeder Deutsche wird mit Stolz seine Bestätigung dazu geben, auch der Fremde, der nicht von deutscher schwärmerischer Mentalität belastet ist, kennt nur Lob für dieses Land. Für Viktor Hugo, den Franzosen, der 1838 den Rhein bereiste, ist er der schönste aller Ströme, der ihrer aller Schönheit vereint: „reißend wie die Rhône, breit wie die Loire, von Felsen umgeben wie die Maas, rauschend wie die Seine, grün und fruchtbar wie die Somme, von historischer Vergangenheit wie der Tiber, königlich wie die Donau, voller Mystik wie der Nil, goldglänzend wie ein Fluß Amerikas, voller Märchen und Sagen wie ein Fluß Asiens"; und für George Byron, den Engländer, ist das Bild des „königlichen Rheins ein Götterschauspiel". Das war der Rhein immer, er ist es nicht erst durch Reklamekünste geworden. Seit tausend Jahren klingen die Lieder von ihm und seiner Herrlichkeit. Wie schreibt schon Francesco Petrarca, der Dichter des „Canzoniere" und der unsterblichen Liebe in Begeisterung von diesem Land, als er es im 14. Jahrhundert bereiste: „Alles atmet Mut und Freude . . . . . . die herrliche Schar der Frauen und Mädchen, man hätte sich verlieben können, hätte man nicht ein schon eingenommenes Herz mit dahin gebracht. Wie beneide ich Euch, Ihr glücklichen Bewohner des Rheins."

176 Werbeprospekt des „Alten Hauses", um 1920/30 (Archiv „Altes Haus", Bacharach).

In Bacharach, in Bacharach, in Bacharach am Rhein,
Da kehre ich im „Alten Haus“ mit tausend Freuden ein!
Denn sitzt du unter'm Rebendach beim Wein ein Stündelein,
Dann siehst du doppelt Bacharach und doppelt auch den Rhein!

„Der schönste Landstrich von Deutschland“, so sagt der 23jährige Heinrich von Kleist, „an welchem unser größter Gärtner sichtbar con amore gearbeitet hat, sind die Ufer des Rheins von Mainz bis Koblenz. Das ist eine Gegend wie ein Dichtertraum und die üppigste Phantasie kann nichts Schöneres erdenken als dieses Tal!“. Von wem wurde dieser Eindruck je geleugnet? Nicht nur jeder Deutsche wird mit Stolz seine Bestätigung dazu geben, auch der Fremde, der nicht von deutscher schwärmerischer Mentalität belastet ist, kennt nur Lob für dieses Land. Für Viktor (sic!) Hugo, den Franzosen, der 1838 den Rhein bereiste, ist er der schönste aller Ströme, der ihrer aller Schönheit vereint: „reißend wie die Rhone, breit wie die Loire, von Felsen umgeben wie die Maas, rauschend wie die Seine, grün und fruchtbar wie die Somme, von historischer Vergangenheit wie der Tiber, königlich wie die Donau, voller Mystik wie der Nil, goldglänzend wie ein Fluß in Amerika, voller Märchen und Sagen wie ein Fluß Asiens“; und für George Byron, den Engländer, ist das Bild „des königlichen Rheins ein Götterschauspiel“. Das war der Rhein immer, er ist es nicht erst durch Reklamekünste geworden. Seit tausend Jahren klingen die Lieder von ihm und seiner Herrlichkeit. Wie schreibt schon Francesco Petrarca, der Dichter des „Canzoniere“ und der unsterblichen Liebe in Begeisterung von diesem Land, als er es im 14. Jahrhundert bereiste: „Alles atmet Mut und Freude... die herrliche Schar der Frauen und Mädchen, man hätte sich verlieben können, hätte man nicht ein schon eingenommenes Herz mit dahin gebracht. Wie beneide ich Euch, Ihr glücklichen Bewohner des Rheins...“

177

Text des Werbeprospektes auf S. 141

178 Bacharach, „Altes Haus". Aufnahme 2003.

179 Bacharach, „Altes Haus", Ansichtskarte nach H. Hoffmann, um 1900 (Dieter Goergen).

Kaum deutlicher, als es die hier zitierten Texte zeigen, läßt sich die besondere Stellung Bacharachs am Mittelrhein herausstellen. Allerdings verliefen die Entwicklungen im Mittelalter und in der Neuzeit sehr unterschiedlich. Für die frühe Zeit, das heißt im späten Mittelalter, war Bacharach eine der ansehnlichsten Kleinstädte im Hunsrück-Nahe-Mittelrhein-Raum. Mitverantwortlich hierfür war die bedeutende Position des Burggrafen auf der Stahleck, der sowohl vogteiliche als auch administrative Aufgaben wahrnahm und in seiner Amtsmann-Funktion Vertreter der kurpfälzischen Landesherren war, was für Bacharach ab 1386 den Rang einer Amts- und Zollstadt und die dominierende Rolle innerhalb des Viertälerbezirks bedeutete.[154] Der landesherrlichen Förderung bei der Stadtwerdung entsprach offensichtlich das ökonomische Engagement der Kaufmannschaft und des Patriziats. Man profitierte vom Weinstapel. Zu dem war Bacharach ein Weinumladeplatz; denn hier wurden die Weine südlicher Regionen wegen der Unpassierbarkeit des Binger Loches für größere Schiffe von kleineren auf geräumigere Kapazitäten umgeladen. Außerdem war Bacharach ein Umschlagplatz für Holz. Eine weitere wirtschaftliche Rolle spielte die Wollweberei, deren Zulieferer die Schafzucht auf dem Hunsrück war. Bacharach prosperierte bis in das frühe 17. Jahrhundert. Eine schmerzhafte Zäsur war der Dreißigjährige Krieg, von dem die Mittelrhein-Region ab 1620 in mehreren Wellen heimgesucht wurde. Die Folge waren nicht nur Plünderungen durch die sich wechselnden Truppen, sondern Krankheiten und Seuchen, welche die Bevölkerung dezimierten.[155] Hinzu kamen neue territoriale Zugehörigkeiten und ein öfterer Konfessionswechsel.

Im Jahre 1632 belagerten und eroberten schwedische Truppen Bacharach. Matthäus

180 Bacharach, Altes Haus und Kölnischer Saalhof, Lithographie von A. de la R./Paris, wohl 1. Hälfte 19. Jh. (Archiv „Altes Haus").

Merian hat diese Szene in einem berühmten Kupferstich festgehalten, der einen guten Überblick über die noch spätmittelalterlich geprägte bauliche Situation der Stadt gewährt. Sie erstreckt sich in enger Bebauung auf einer breiten Uferzone hinter der Stadtmauer. Die Pfarrkirche und St. Werner bilden in etwa den Mittelpunkt. Mit der baulichen Dichte der heutigen Ober- und Langstraße kontrastieren die als Weinberge genutzten Hangflächen unter der Burg Stahleck und unter dem Postenturm. Alles ist von der Stadtmauer eingefaßt. Die Legende des Kupferstiches gibt Auskunft über die topographischen Besonderheiten, zu denen nicht nur die Kirchen, die Stadttürme mit ihren Toren, sondern auch Bauten wie die Kellerei, die Kanzlei und die Münze gehören. Nicht aufgeführt sind andere Gebäulichkeiten, die heute zumindest noch als Baureste bekannt oder archivalisch überliefert sind, wie die diversen Schulen, das alte Rathaus, das Gewandhaus, das Spital, das Badhaus und das Gerichtshaus.[156] Aus dieser Fülle öffentlicher Einrichtungen läßt sich der hohe soziale Entwicklungsstand einer Urbanitas ablesen.

Der Dreißigjährige Krieg und die folgenden Kriege des 17./18. Jahrhunderts ließen kaum die Möglichkeit größerer finanzieller Ressourcen für Neubauten zu. Bacharachs Stadtbild wurde damals weitgehend konserviert und bewahrte, sieht man von manchem verheerenden Stadtbrand ab, seine spätmittelalterlich-frühneuzeitlichen Grundzüge. Dies bezeugen die im Zuge der Rheinromantik ab dem späten 17. Jahrhundert geschaffenen Aquarell-Zeichnungen und Lithographien, zu deren Lieblingsob-

181 Bacharach, Stahlstich aus: W. O. von Horn: Der Rhein, Wiesbaden 1881.

182 Bacharach und Burg Stahleck, Stahlstich aus: W. O. von Horn: Der Rhein, Wiesbaden 1881.

jekt die Pfarrkirche St. Peter mit den sie umgebenden Häusern und die Ruine von St. Werner gehören. Das Umfeld von St. Peter hat offensichtlich auch den englischen Künstler James Duffield Harding fasziniert, der 1834 in einer aquarellierten Lithographie einige spätmittelalterliche Fachwerkhäuser festgehalten hat; sie standen mit ihren Schwebegiebeln zur Oberstraße ausgerichtet, an der Stelle des heutigen „Altkölnischen Hofes".[157] Der begeisterte, romantische Blick, der viele damalige Künstler für die Rheinlandschaft einnahm, hatte hin und wieder auch melancholische Zwischen- oder Untertöne, wie wir sie aus Victor Hugos Reisedarstellungen über „Le Rhin" kennen. Das von ihm 1838 unter anderem besuchte Bacharach schildert er als „eine ernste Stadt..., die niemals modern werden will". Etwas später spricht er von einer „ville triste", die wegen der schlechten Anlegemöglichkeiten der neuzeitlichen Dampfschiffe kaum von Fremden besucht wird.[158] Ein viel düstereres Bild hat dagegen Heinrich Heine mit seinem literarischen Fragment „Der Rabbi von Bacharach" gezeichnet, das 1840 erschienen ist, in ein „finsteres Mittelalter" mit einem angeblichen Ritualmord an einem Christenjungen im Jahre 1287, dem späteren heiligen Werner, führt und den Leser durch die dadurch ausgelösten Pogrome erschaudern läßt. Heine stellt der maroden Stadt Bacharach seiner Zeit mit ihren morschen und verfallenen Mauern und den „zahnlosen Zinnen und blinden Warttürmchen, in deren Luken der Wind pfeift und die Spatzen nisten", also der Stadt mit „diesen armselig hässlichen Lehmgassen" ein mittelalterliches „Municipium" mit stolzen und starken Mauern gegenüber, in dessen Gassen sich einst „freies Leben, Macht und Pracht, Lust und Leid, viel Liebe und Haß" bewegten

183 Bacharach, Kranengasse und Kranentor, nach einer Zeichnung von A. v. Wille, 1879. Vgl. Abb. 231.

und herrschten. Unrecht in der Vergangenheit und die späteren Strafe eines Niederganges der Stadt, so könnte man Heines Fragment deuten.[159] Die historische Realität ist allerdings anders: St. Werner war bis zur Reformation eine blühende und sicherlich gewinnträchtige Wallfahrtskirche, und Bacharachs Abgleiten in eine relative wirtschaftliche Bedeutungslosigkeit hat andere Gründe, wie am Beispiel des Dreißigjährigen Krieges angedeutet worden ist.

Das „Alte Haus“ und „Wenn die kleinen Veilchen blühen“ von Robert Stolz

Heinrich Heine verknüpft in seiner Bacharach-Sicht das Mittelalter des 13. Jahrhunderts mit der Neuzeit des vierten Dezenniums im 19. Jahrhundert. Mittelalterlich-spätmittelalterliche Züge hat das Stadtbild bis heute bewahrt - seien es die sakralen Denkmäler, die städtisch-profanen und seien es schließlich die Wohnhäuser. Unter ihnen nimmt das sogenannte „Alte Haus“ (Oberstr. 61) aufgrund seiner exponierten Lage und seiner allgegenwärtigen Präsenz in der Mittelrhein-Literatur einen besonderen Stellenwert ein. An seinem südlichen Giebel findet sich – wohl als Baudatum gemeint – die Jahreszahl 1368. Allerdings ist heute nicht mehr schlüssig, wie sich die Altersangabe begründen läßt. Archivalische Hinweise sind jedenfalls unbekannt. Daß indes dieser Bau, der sich aus mehreren Abschnitten zusammensetzt, zumindest im Kern spätmittelalterlichen Ursprungs ist, beweisen das konstruktive Gefüge und eine dendrochronologische Untersuchung (vgl. den Beitrag von Burghart Schmidt).

Aber bemühen wir nun nicht mehr die für manchen allzu trockene Bauhistorie, sondern lassen den Charme, die nicht zu übersehende Altehrwürdigkeit und die sich darauf begründende Individualität eines Hauses sprechen, die vermutlich in ihrer Gesamtheit den einen oder anderen Betrachter im künstlerischen Sinne zu inspirieren vermochten. Im Falle des „Alten Hauses“ zu Bacharach ist es der Komponist Robert Stolz gewesen, der in dessen Einzigartigkeit das vermutlich ideale Bühnenbild für einen seiner musikalischen Bühnenhöhepunkte gesehen hat. Am 7.11.1932 schrieb Robert Stolz dem damaligen Wirt des Bacharacher Hotels „Zum Kranentor“ und des „Alten Hauses“, Wilhelm Weber, aus Berlin, folgenden Brief:

„Mein sehr verehrter Herr Wirt !
Bin soeben aus London zurückgekommen, wo meine Operette 'Wenn die kleinen Veilchen blühen‘ am ersten Londoner Theater, am Drury-Lane-Theatre, am 31. Okt. in englischer Sprache einen Sensationserfolg hatte ! Ich habe selbst dirigiert ! Anfang 1933 ist in New York Premiere und ebenso in Paris u. Australien. In Deutschland und Österreich alleine an 121 Bühnen !
Ihr 'altes Haus‘ wird also in der ganzen Welt besungen ! Ich bin vor Jahren oftmals bei Ihnen gewesen und gefiel mir Ihr Gasthaus so gut, dass ich deshalb diese Operette schrieb ! Ich freue mich also, dass sie überall einen solchen guten Erfolg hat. Wenn ich wieder einmal nach Bacharach kommen sollte – was leider nicht bald sein kann – suche ich Sie bestimmt auf – denn Ihr Wein war wunderbar !.
Alles herzlichst Gute
von Ihrem ergebenen
Robert Stolz“

Der Hotelier und Gastwirt Wilhelm Weber wußte, geschäftstüchtig wie er war, daß sich ein derartiger Bühnenerfolg auch gastronomisch und in der Sparte Weinverkauf vermarkten ließ. Nüchtern-hoffnungsvoll kalkulierend hatte er deswegen bereits im September 1932 – vielleicht auch schon früher – Theaterleitungen mit der Bitte angeschrieben, bei Aufführungen der Operette „Wenn die kleinen Veilchen blühen“ ein Bühnenbild mit dem Bacharacher „Alten Haus“ dem Publikum zu offerieren. Erhalten hat sich in dem Weberschen Archiv des „Alten Hauses“ unter anderem eine derartige Empfehlung vom 27.9.1932 an das Stadttheater Zwikkau, die hier wiedergegeben sei.[160]

„27. September 1932
An die
L e i t u n g des S t a d t t h e a t e r s
Z w i c k a u
- . - . - . - . - . -
Wie ich von dem Verlage „Drei Masken Musik“ in Berlin erfahre, wird der neue Operetten-Schlager von Rob. Stolz „Wenn die kleinen Veilchen blühen“ in nächster Zeit auch auf Ihrer Bühne zur Aufführung kommen.

184 „Weimar. Dem liebenswürdigen Spender des edlen 'Bacharacher Weines', Herrn Wilhelm Weber, dankt im Namen sämtlicher Mitarbeiter des Singspieles 'Wenn die Kleinmen Veilchen blühen' Fritz Stauffert, Spielleiter und Darsteller des Paul Gutbier, Deutsches Nationaltheater Weimar." (Undatiert, wohl um 1932; Archiv „Altes Haus").

Da diese Operette bekanntlich von „Bacharach" und in vielen Teilen von meinem Gasthofe „Altes Haus" handelt, würde ich gern für die Dauer der Aufführung in Ihrem Programm ein Bild des „Alten Hauses" mit einigen werbenden Worten bringen. Ich beabsichtige Ihnen zu diesem Zweck ein Klischee, wie auf beiliegender Festweinkarte, nebst entsprechendem Texte zur Verfügung zu stellen. Das Düsseldorfer Stadttheater hatte gelegentlich seiner einmaligen Freilichtaufführung am Orte der Handlung „Bacharach" ebenfalls ein Inserat, wie aus der Einlage ersichtlich, aufgenommen.
Mein Gasthof „Altes Haus" ist in aller Welt bekannt und vielleicht auch Ihnen nicht fremd. M.E. wäre es daher sicher nicht verfehlt, wenn Sie bei der Bühnendekoration ein Bild des „Alten Hauses", vielleicht auch noch sonstiger Ansichten von Bacharach berücksichtigen würden, umsomehr, daß dies, wie ich mich selbst überzeugen konnte, auf der Bühne sehr gut wirkt. Einige Ansichten meines „Alten Hauses", wie auch von Bacharach, finden Sie bei den Einlagen zur Auswahl, wenn Sie meinem Vorschlage nähertreten wollen.
Sollten Sie mir vor der ersten Vorstellung rechtzeitig vorher Kenntnis geben, so wäre ich auch bereit, den Künstlern zur Erhöhung der Spielfreudigkeit einige Flaschen Bacharacher Wein zur Verfügung zu stellen.
Einer gefälligen Rückäusserung über meine Vorschläge sehe ich gerne und mit Interesse entgegen. Inzwischen zeichne ich
hochachtungsvoll (Unterschrift)"

Wilhelm Weber köderte auch andere seiner Partner in den Theaterleitungen mit Bacharacher Wein, an die er Proben expedierte oder expedieren ließ. Von der „Generalintendanz des Deutschen Nationaltheaters und der Weimarischen Stadtkapelle“ ist eine Antwort mit dem Datum 1.12.1932 folgenden Wortlauts überliefert:

„Sehr geehrter Herr Weber !
Für die uns gütigst überwiesenen 12 Flaschen Riesling danken wir im Namen der in der Vorstellung beschäftigten Mitglieder verbindlichst.
Wir kommen gleichzeitig auf Ihre Anfrage wegen der Reklame für Ihre Firma zurück.
Programmhefte, in denen ein Inserat aufgegeben werden könnte, führen wir zwar nicht, wir könnten aber auf sämtliche Theaterzettel eine Abbildung des alten Hauses mit der Angabe Ihrer Firma bringen, in der Art wird die Anlage zeigt.
Wir würden, wenn Sie den betreffenden Bildstock liefern, eine Gebühr von 200 RM für alle Vorstellungen berechnen. Die Zettel erscheinen in einer Auflage von 1160 Stück pro Vorstellung.
Ihrer gefälligen Rückäusserung sehen wir entgegen.
Mit vorzüglicher Hochachtung (Unterschrift)“

Mit Bacharachs Popularität in den dreißiger Jahren des 20. Jahrhunderts, die noch durch die Tatsache erhöht wurde, daß die Stadt Drehort einiger Spielfilme wurde, konnte man am weiteren Mittelrhein kaum mithalten, auch wenn es anderenorts ähnliche Bemühungen gab, den Tourismus zu steigern, beispielsweise in Rhens, das mit seinem malerischen Ambiente von „Deutschem Haus“, der „Wackelburg“ und dem Hotel Königsstuhl auch den Hintergrund für einige Spielfilme abgab. In den fünfziger Jahren erlebte der Mittelrhein einen neuen Tourismusboom, der in den Massenansturm der sechziger und siebziger Jahre überging.[161] Mit ihm haben allerdings das „Alte Haus“ in Bacharach und das Hotel Königsstuhl in Rhens als Oasen der Rheinromantik nichts gemeinsam. Es bleibt zu hoffen, daß sich daran auch nichts ändert.

Bacharach, Eigentümer ausgewählter historischer Bauten auf der Grundlage des Urkatasters von 1813 (Karte) und ab 1837 (Katastral-Mutterrolle)

Koblenz Landeshauptarchiv 730/463, Blatt 11 und 32, Sektion C, Flur XI (In der Stadt) 733/463, Bd. 6-8

Laut Urkataster zählte 1837 die Gesamtgemarkung Bacharachs mit den zugehörigen Dörfern wie Medenscheid, Neurath oder Henschhausen 535 Grundeigentümer. Die Besitzverhältnisse in der Stadt und auf dem Lande waren sehr unterschiedlich. Fanden sich in Bacharach nur wenige Familien, die über mehr als zehn Morgen an Grund und Boden verfügten, so hatten manche Bauern der in Richtung Hunsrück gelegenen Dörfer über vierzig Morgen an Land zu eigen. Hier zeichnet sich der Unterschied der Tallandschaft mit ihren klein parzellierten Weinbergsflächen und der Höhenlagen mit ihren Bauernhöfen ab.

In der nachstehenden Aufstellung sind alle diejenigen Bacharacher Wohnhäuser und einige wirtschaftlich genutzte Bauten aufgenommen, die zur Zeit der Anlage des Urkatasters bereits bestanden. Der damalige Baubestand und dieses Kataster korrespondieren miteinander. Jüngere Bauten aus der Fortschreibung des Urkatasters sind nicht berücksichtigt worden. Dies hätte weitere Stadtgrundrisse erfordert und vermutlich eher das bauliche Bild verunklart. Die Eigentumsverhältnisse sind auf der Grundlage der Katasterkarte (1813) und der Katastral-Mutterrolle (1837) aufgeführt, und zwar diejenigen an Haus und Hof sowie an anderen Grundstücken. Die Fortschreibung, nach 1867, ermöglicht vor allem die Studie von Karl-Ernst Linz aus dem Jahre 1990 (Bacharacher Haus- und Grundbesitz. Teil I – Verzeichnis der Be-

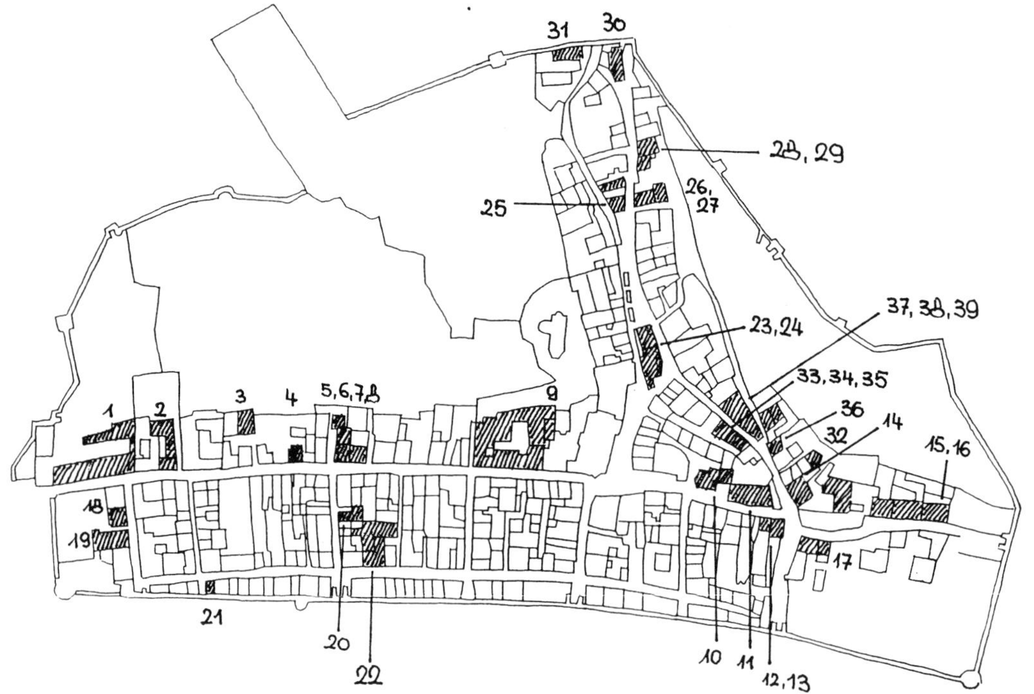

185 Lageplan Bacharach mit den durchnummerierten historischen Häusern.

186 Oberstr. 28. Aufnahme 2003.

sitzer ab 1867...). Die nachfolgenden Eigentumsverhältnisse ergeben sich aus dem heutigen Kataster.

Schwierigkeiten bereiteten einige Bauten in ihrer hisotrischen Beurteilung, so beispielsweise das Haus Oberstraße 28 (Burg-Café), dessen Parterre und erster Stock vermutlich im 19. oder frühen 20. Jahrhundert so sehr verändert wurden, daß die ursprüngliche bauliche Situation nicht mehr ersichtlich ist. Der vorkragende Fachwerkbereich könnte noch dem 17. Jahrhundert angehören (vgl. Abb. 186). Laut Urkataster gehörte das Haus, das unter der Parzellen-Nr. 176/138 aufgenommen ist, in der ersten Hälfte des 19. Jahrhunderts Carl Krämer, der unter der Artikel-Nr. (= Eigentümer) 256 in der Katastral-Mutterrolle geführt wird. Er besaß 1837 20 Morgen und 44 Ruten an Land. Die Verhältnisse nach 1867 ergeben sich aus dem genannten Band von Karl-Ernst Linz 1990, S. 147, Nr. 267/268. Es folgt bei einigen ausgesuchten Fällen eine kurze, möglichst von einer Abbildung unterstützte bauhistorische Stellungnahme zu dem jeweiligen Haus. Dies ist selbstverständlich nur dann möglich, wenn man auch die innere Struktur eines Hauses kennt. An diesem hier vorgestellten Darstellungsschema orientiert sich die topographische Eigentümerliste, die nach Straßen geordnet ist. Häuser mit einem so starken Umbauungsgrad wie Oberstr. 28 wurden in ihr allerdings nicht berücksichtigt. Gleiches trifft auf das Haus Oberstraße 7 zu, dessen seitlicher Eingang mit 1570 datiert ist. Das Türgewände ist mit einem Dreieckgiebel bekrönt; die Seiten zeigen, ganz im Sinne der Renaissance, Medaillons mit klassischen Portraits. Es ist unklar, ob es sich bei dem Portal um eine Spolie eines anderen Baues handelt oder ob das Haus zur Gänze umgewandelt worden ist.

186a Urkataster Bacharach, Die Stadt und ihr Umland, 1813 (Landeshauptarchiv Koblenz).

187 Caspar Scheuren (1812–1887), Bacharach

1. **Oberstr. 1**
ehem. Kurpfälzische Amtskellerei, Rathaus seit 1940, Eigentümer lt. Urkataster: Johann Lang sen. und Franz Wasum (Parz.-Nr. 230/212-215); J. Lang sen. (Art. 266) war 1837 Eigentümer von 13 Morgen, 82 Ruten und 30 Fuß an Ländereien. J. Lang (1786-1867) war mit Christine Fischel (geb. 1807) verheiratet; vgl. die Familiengeschichte der Lang bei Linz 1991, S. 61-66 und diejenige der Fischel S. 67-72. Die Fischel waren vorwiegend Rheinschiffer und Spezereiwarenhändler. Eigentümer nach 1867: J. Lang sen., vgl. Linz 1990, S. 184, Nr. 284.

Die lange Straßenfront zeigt ein Schmuckfachwerk, das in seinem rechten straßenseitigen Bereich aufwendiger dekoriert ist als in seinem linken. Dies könnte zu dem Schluß führen, daß der Bau zumindest in zwei Abschnitten errich-

188 Oberstr. 1. Aufnahme 2003.

tet worden ist, was aber durch das einheitlich gezimmerte Dachwerk mit durchnumerierten Abbundzeichen nicht bestätigt wird. Zum Hof hin öffnet sich dieser Trakt in Arkaden, über denen sich ein nachträglich geschlossener Laubengang befindet. Der Hof wird von einem unterkellerten, massiv ausgeführten Wirtschaftsbau begrenzt, der parallel zum straßenseitigen Hauptbau liegt. Beide Häuser sind durch einen Querriegel am Nordende des Grundstücks miteinander verbunden, dessen hofseitiges Erdgeschoß offen ist und dessen Obergeschoß von einer Säule mit Kopfbändern unterfangen wird. Das Dachwerk das Haupthauses besteht aus vierzehn Bindern (die Giebel nicht mitgezählt); es ist als liegender Stuhl mit Kehlbalken und Spannriegeln ausgeführt! Zwischen den Bindern befinden sich unmittelbar unter der Dachhaut sich überkreuzende, miteinander verblattete Windrispen, die als Längsverbund jeweils ein Riegelpaar aufweisen. In der langen Hausfront zeichnet sich ein Knick ab, über dem das Dach gebrochen ist. Das gesamte im Dachwerk verarbeitete Holz besteht aus Fichte oder Tanne, während dasjenige des Fachwerks aus Eiche gefertigt ist. Die dendrochronologische Datierung ergab 1557 als Baujahr (vgl. Beitrag B. Schmidt). Der Bau selber ist mit 1558 bezeichnet.

Abgebildet bei H. Nebel 1976, Tafel 11.

2. **Oberstr. 5**

sogenanntes Haus Sickingen, Eigentümer lt. Urkataster: Conrad Kirch (Parz.-Nr. 232/221); C. Kirch (Art. 246) war 1837 Eigentümer von 7 Morgen, 129 Ruten und 40 Fuß an Ländereien. Eigentümer nach 1867: C. Kirch, vgl. Linz 1990, S. 184, Nr. 386.

Am teils restaurierten Fachwerk der Straßenfront ist noch die spätmittelalterliche Ständerbauweise mit den von Schwelle bis unter das Dach durchlaufenden Hölzern erkennbar. Ob mit ihm das Rähm unter dem Giebeldreieck und die bandartig von Eckständer zu Eckständer gespannten Brüstungsriegel verblattet sind, ist nicht deutlich, aber anzunehmen. Ein Schwebegiebel ist noch ansatzweise erhalten. Die Fenster im Parterre und die mittleren im Giebel sind nachträglich vergrößert worden. Das spitzbogig angelegte Portal mit Inschrift und der Jahreszahl 1450 gehört dagegen zum Ursprungsbau. Die dendrochronologische Datierung hat übrigens 1437/38 ergeben (vgl. B. Schmidt). Da sich der Schriftzug auf dem Portal nicht ohne weiteres erschließt, wurde die Inschriften-Kommission der Mainzer Akademie der Wissenschaften um Unterstützung gebeten. Ihr Mitarbeiter Dr. Rüdiger Fuchs, der die Amtshilfe dankenswerterweise gewährte, kam nach Überprüfung vor Ort am 30.1.2003 zu nachstehendem Resultat:

„Tor mit Name als Bauinschrift. Scheitel-

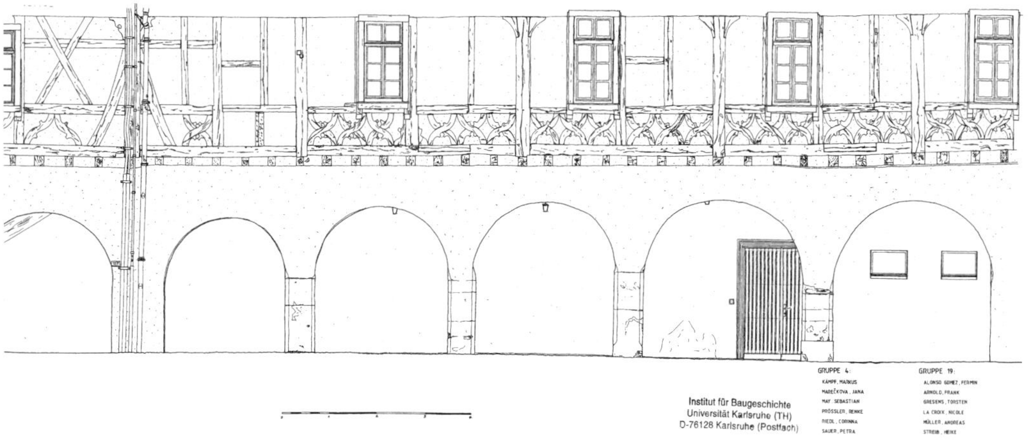

189 Oberstr. 1, Hofseite (Institut für Baugeschichte, Universität Karlsruhe, TH).

190 Oberstr. 5. Aufnahme 2003.

191 Oberstr. 5. Aufnahme 2003 (Peter Rudl).

stein des Spitzbogens im zentralen Eingang des heute „Haus Sickingen" genannten Hauses; roter Sandstein mit zweizeiliger Inschrift, die größtenteils zwischen Linien verläuft. Die Buchstaben sind mit dunkler Farbe ausgezogen, freilich nicht immer genau der Kerbe folgend. Am Ende ein liegender Anker, von einem gedrungenen Pfeil in trogartiger Kerbe senkrecht durchschnitten. Als Worttrenner einmal Quadrangel mit links noch erkennbarem Zierstrich.

Gotische Minuskel, arabische Ziffern.

peter - 1450 corp(or)is ch(rist)i[a] / acker man[b] n(auta)

1450, an Fronleichnam (4. Juni 1450) Peter Akkermann, Schiffer (?).

Die Zehnerziffer ist als linksgewendete 5 mit langem, geradem Schaft gebildet; es handelt sich nicht um ein 1 oder 9. Der letzte Buchstabe, insgesamt etwas kleiner als die übrigen, ist vom letzten Buchstaben des Namens etwas abgesetzt und rechts oben mit einer Kürzung versehen, also wohl nicht mit den vorangehenden zusammen als ackermann zu lesen. Wie bei n von man ist der linke Schaft leicht schräg nach links oben verlängert, die beiden Brechungen unten sind verbunden - beides kann auch Beschädigung oder Resultat einer unsachgemäßen Restaurierung sein. Die Lesung zu n (nauta) bietet sich durch das nachfolgende Schifferzeichen an, kann jedoch noch nicht als gesichert gelten.

a) Buchstabenbestand nur xi

b) Etwas abgesetzt, der linke Schaft in der oberen Brechung nicht ausgemalt, links davon unten eine kleine Beschädigung, aber gewiß kein a."

Die rechte zu einer Gasse gelegene Traufseite des „Hauses Sickingen", dessen Name noch der genauen historischen Deutung harrt, zeigt am Ende ihres ersten Drittels in etwas mehr als Kopfhöhe einen kleinen Bogenfries, der einen vortretenden Mauerstreifen unterfängt. Es handelt sich um den Rest des Kamins, der später in Traufenhöhe abgebrochen worden ist. Hinter dieser noch erhaltenen Mauerpartie mit ihren

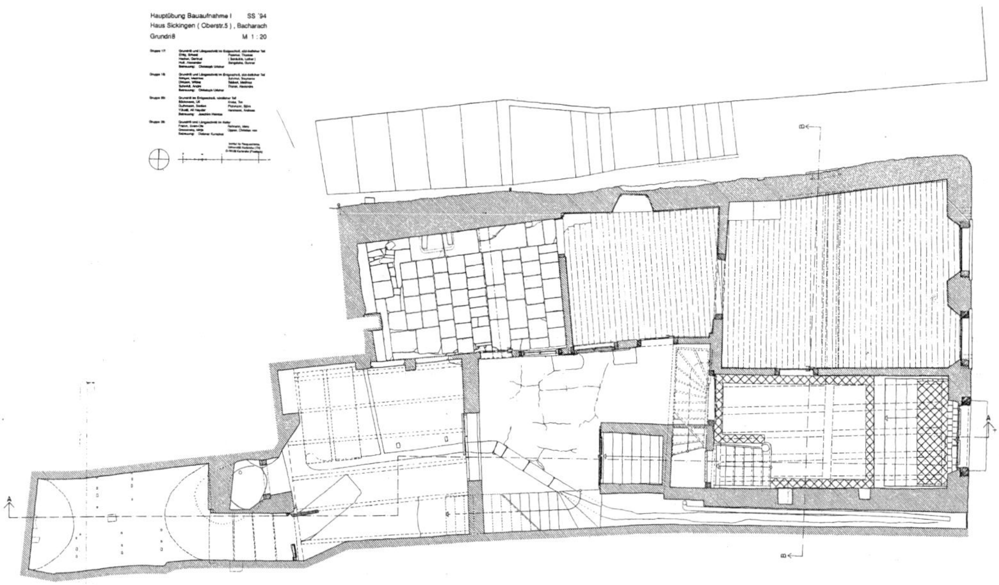

192 Oberstr. 5

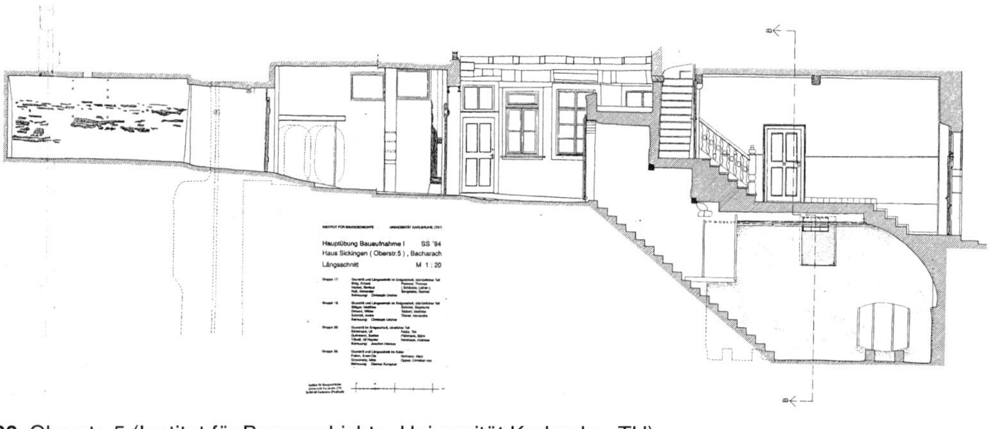

193 Oberstr. 5 (Institut für Baugeschichte, Universität Karlsruhe, TH).

beiden nachträglich eingesetzten Fenstern zeichnet sich eine Mauerfuge ab, welche die ursprüngliche Haustiefe anzeigt. Die Lage der alten Feuerstelle befand sich laut Kaminrest offensichtlich an dieser Hausecke.

An der nur teilweise unverbauten Rückseite des Hauses ist noch das ursprüngliche Fachwerk sichtbar, das Zapfenschlösser aufweist.

Die innere Gliederung stellt sich aufgrund der Anbauten, die sich tief in den Hang erstrecken, recht kompliziert dar. Als spätmittelalterlicher Kern schält sich ein Haus mit einem Gewölbekeller heraus, dessen Grundriß aus zwei Räumen bestand, dem gut 2,50 m breiten flurartigen Eingangsbereich und der Küche mit ihrer Feuerstelle an der rechten hinteren Hausecke. Die Raumhöhen von etwa 4,00 m unmittelbar hinter der Haustüre und von 3,20 m der alten Küche stellen für mittelalterliche Verhältnisse nichts Außergewöhnliches dar. Das heuti-

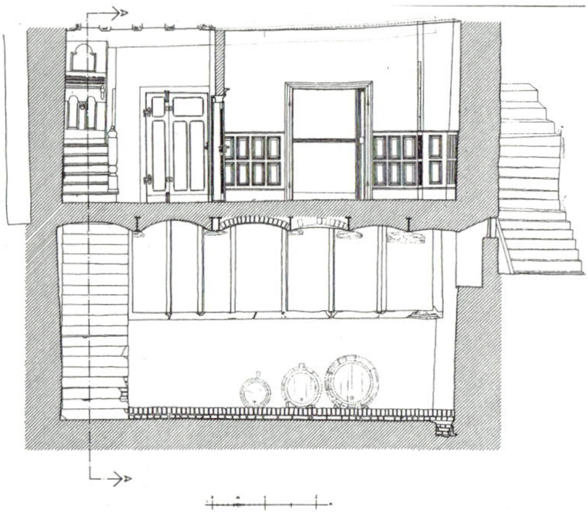

194 Oberstr. 5

ge Treppenhaus setzt hinter einem Podest von vier Stufen, die durch den Gewölbekeller bedingt sind, im hinteren Drittel des alten Flures an; von dort wird die Treppe hinter dem ehemaligen rückwärtigen Giebel zur oberen Etage geführt. Da das Haus bis in den Speicher bewohnt wird, ist das ursprüngliche Dachwerk nur teilweise sichtbar. Erwähnenswert ist auf der ersten Speicherebene ein Mittelständer mit vier Kopfbändern. Die Dachsparren sind miteinander verzapft und genagelt.

Abgebildet bei H. Nebel 1976, Tafel 12.

3. **Oberstr. 13**
Eigentümer lt. Urkataster: Joseph Amann (Parz.-Nr. 236/230), J. Amann (Art. 2) besaß 1837 nur das Haus und sonst keine Ländereien. Eigentümer nach 1867: Adam Heep, vgl. Linz 1990, S. 169, Nr. 394.

Fachwerk im Giebeldreieck, vermutlich frühes 18. Jahrhundert.

Abgebildet bei H. Nebel 1976, Tafel 11.

4. **Oberstr. 19**
Eigentümer lt. Urkataster: Philipp Braun (Parz.-Nr. 2438/233-234); Ph. Braun (Art. 40) besaß 1837 außerdem 2 Morgen, 95 Ruten und 20 Fuß an Ländereien. Eigentümer nach 1867: Philipp Braun jr., vgl. Linz 1990, S. 168, Nr. 400/402.

Fachwerkhaus mit nachträglich verändertem Dach (Mansard-Dach). Am rechten Eckständer bezeichnet mit 1683 HR B. Abgebildet bei H. Nebel 1976, Tafel 11.

5. **Oberstr. 29**
Eigentümer lt. Urkataster: Franz Metzenroth (Parz.-Nr. 2402/240). F. Metzenroth (Art. 304) besaß 1837 außerdem 81 Ruten und 80 Fuß an Ländereien. Eigentümer nach 1867: Joseph Amann jr., vgl. Linz 1990, S. 143, Nr. 408.

Letztes Haus in der zur Oberstr. gehörenden Gasse unter dem Burgberg. Im Giebeldreieck die Jahreszahl 1644 aufgemalt, die möglicherweise als Baudatum zutrifft. Abgebildet bei H. Nebel 1976, Tafel 12.

6. **Oberstr. 31**
Eigentümer lt. Urkataster: Witwe Anton Dorr (Parz.-Nr. 243/241). Die Witwe D. (Dorr), (Art. 57) besaß 1837 außerdem 12 Ruten und 40 Fuß an Ländereien. Eigentümer nach 1867:

195 Oberstr. 29–33. Aufnahme 2003.

Friedrich Wilhelm Sprengnether, vgl. Linz 1990, S. 142, Nr. 409-412.

Mittleres Haus in der zur Oberstr. gehörenden Gasse unter dem Burgberg. Abgebildet bei H. Nebel 1976, Tafel 12.

7. **Oberstr. 33**

Eigentümer lt. Urkataster: Jakob Staad (Parz.-Nr. 244/242). J. Staaden (Staad), (Art. 455) besaß 1837 außer dem Haus keine Ländereien. Eigentümer nach 1867: Bernhard Sommer, vgl. Linz 1990, S. 142, Nr. 410.

Eckhaus, Fachwerk vermutlich 17. Jahrhundert. Abgebildet bei H. Nebel 1976, Tafel 12.

8. **Oberstr. 35**

Eigentümer lt. Urkataster: Johann Stoll (Parz.-Nr. 245/243). J. Stoll (Art. 470) besaß 1837 außerdem 22 Ruten und 90 Fuß an Ländereien. Eigentümer nach 1867: David Eichel, vgl. Linz 1990, S. 142, Nr. 411.

196 Oberstr. 33–35. Aufnahme 2003.

Fachwerk vermutlich 17. Jahrhundert. Dies ist aber nur der erste Eindruck. Offensichtlich hat sich im Giebeldreieck noch eine spätmittelalterliche Konstruktion erhalten, nämlich eine waagerechte Schwertung, die sich über dessen gesamte Breite von der einen bis zur anderen liegenden Stuhlsäule spannt und mit den senkrechten Hölzern verblattet ist.

Abgebildet bei H. Nebel 1976, Tafel 12.

9. **Oberstr. 45-49**

Alter Posthof, Eigentümer lt. Urkataster: Franz Wasum (Parz.-Nr. 252/252-256). F. Wasum (Art. 510) besaß 1837 drei Häuser und 18 Morgen, 89 Ruten und 50 Fuß an Ländereien. Franz Christian Wasum (1758-1832), verheiratet mit A. Elisabeth Jaith aus Windesheim (geb. 1771), war seit 1784 Postmeister. Dieses Amt übernahm 1832 der Sohn Heinrich Wilhelm Franz Wasum; vgl. Linz 1991, S. 75-77. Eigentümer nach 1867: Wilhelm Wasum, vgl,. Linz 1990, S. 141, Nr. 419 und Linz 2000.

Der Posthof setzt sich aus mehreren Gebäuden zusammen, und zwar dem Torhaus an der Oberstraße, einem rechts in Richtung Kirche St. Peter angrenzenden Haus – es erschließt sich über eine vom Hof zu betretende Wendeltreppe –, einem in den Hof vorspringenden, mit 1593 bezeichneten Eckhaus – im Lageplan als „Weinstube, Remise“ benannt –, dem mit ihm verbundenen Winandturm und dem über den Winandhof zu erreichenden Gewölbekeller des ehemaligen Apostelhofes. In der Nordwestecke des Posthofes lag früher die St. Michael-Kapelle, die 1872 bei einem Innenstadtbrand zerstört wurde (vgl. auf dem Lageplan „Terrasse“).

Ältester Kern des Posthofes ist der Winandturm, der seinen Namen Winand von Steeg (1371-1453) verdankt. Er war „doctor decretorum“, ein bekannter Kanzelredner, zeitweise Pfarrer in Steeg, errichtete 1433 den Turm im späteren Posthof und war zum Schluß Dechant von St. Kastor in Koblenz. Winand hatte sich auch als theologischer Schriftsteller einen Namen gemacht. Vgl. G. Schulz 1976, S. 53 u. 116.

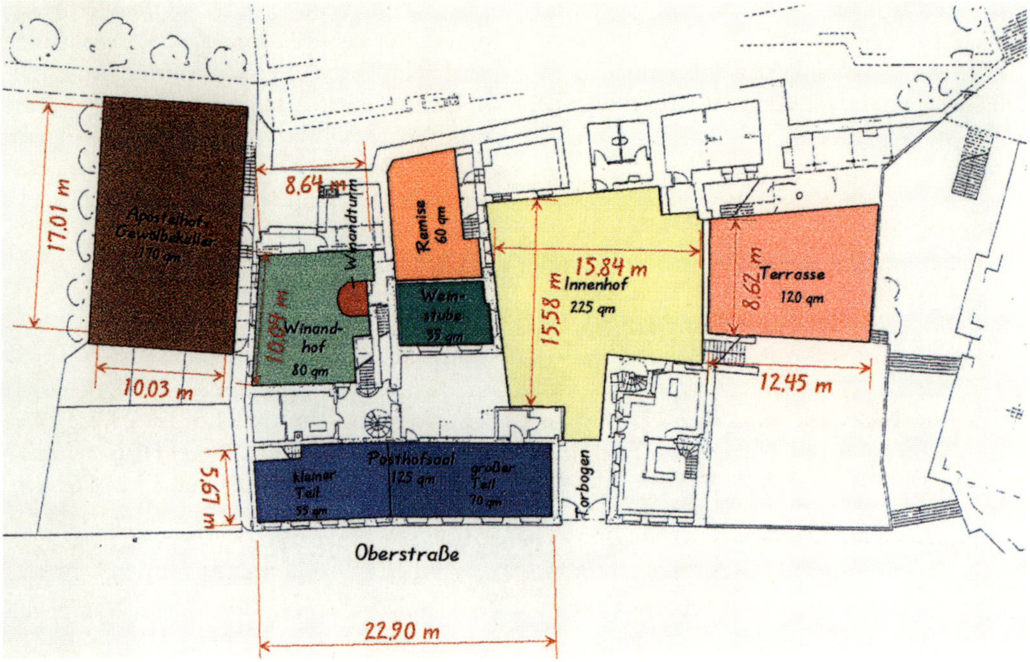

197 Oberstr. 45–49 (Archiv Posthof).

Das Torhaus in der Oberstraße, das aus dem späten 16. Jahrhundert stammt, war ursprünglich ein symmetrisch ausgerichteter Bau, der von den beiden hohen Zwerchhäusern begrenzt wurde und dessen Mittelachse in der Aufzugsgaube endet. Die ehemaligen Giebel sind im Erweiterungsbau als Zierfachwerk mit Andreaskreuzen und geschnitzten Giebeldreiecken erhalten. Das prächtige Portal besitzt ein Hoftor mit Fußgängerpforte, die sicherlich noch der Erbauungszeit angehören und für die Mittelrhein-Region einzigartig sind (vgl. Titelbild). Auf der Rückseite des Tores ist die Jahreszahl 1724 zu lesen, die möglicherweise auf eine Restaurierung hindeutet. In der oberen Etage des Hauses haben sich Farbfassungen des Fachwerks erhalten, dessen Ständer und Streben von dunklen Begleitstreifen gesäumt werden. Das Dachwerk des Kernbaues ist als doppelter stehender Stuhl mit Kehlbalkenlage und mit parallel zu den Traufseiten verlaufenden Stuhlrähmen gezimmert. Die Speicher der beiden Anbauten bestehen aus liegenden Stühlen.

198 Oberstr. 45–49, Innenhof, Gebäude mit Wendeltreppe. Aufnahme 2003.

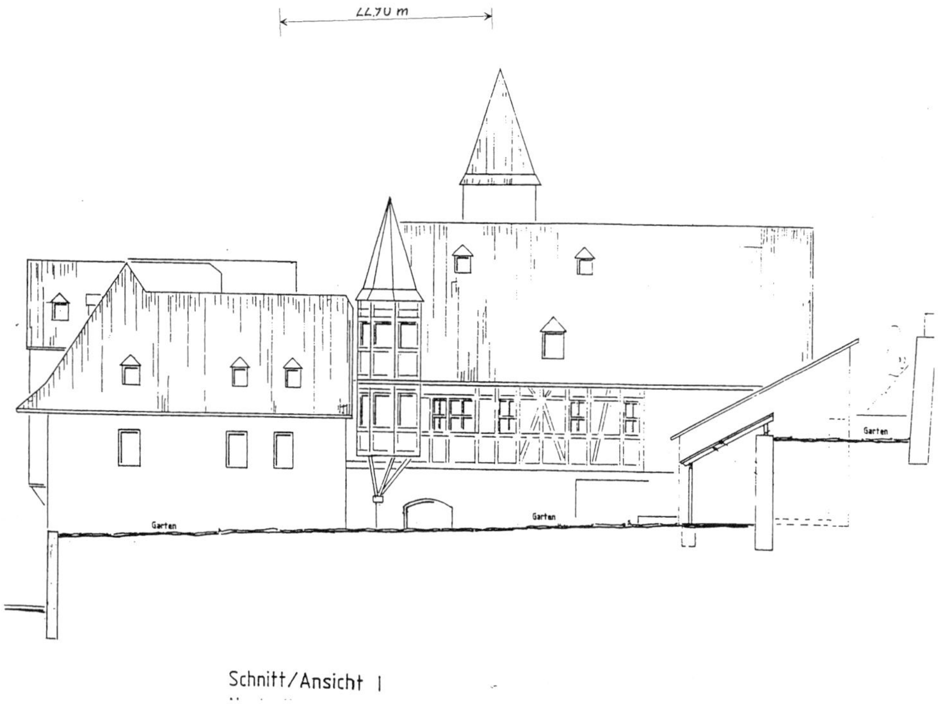

199 Oberstr. 45–49 (Archiv Posthof).

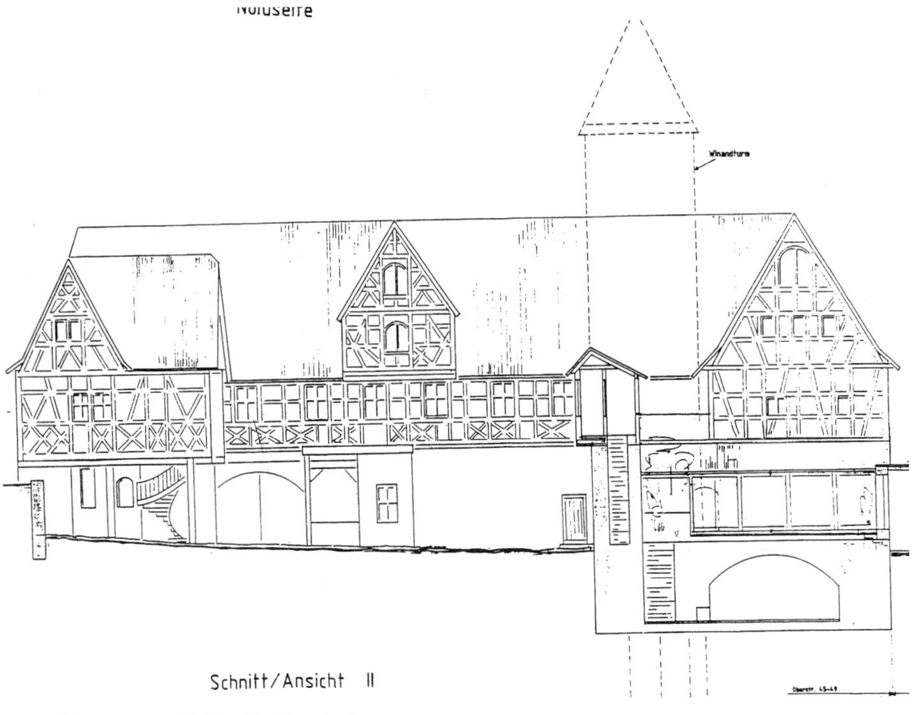

200 Oberstr. 45–49 (Archiv Posthof).

201 Oberstr. 45–49, hofseitiges Zwerchhaus des Torhauses. Aufnahme 2003.

202 Oberstr. 45–49, Wendeltreppe. Aufnahme 2003 (Peter Rudl).

Die obere Etage des Torhauses ist von dem ihm angrenzenden Nachbarhaus zugänglich, das an seiner Hofecke die erwähnte großartige Wendeltreppe aufweist; ihre Spindel ist aus einem Stamm mit eingestellten kleinen Säulen im Treppenauge gearbeitet; das oberste Säulchen schmückt ein ionisches Kapitell. Diese Treppe gestattet den Zugang zum rückwärtigen Bereich des Torhauses, der sich in dieser oberen Zone einst als Laubengang zum Hof hin öffnete, heute allerdings – ebenso wie am ehemaligen Amtshaus, Oberstr. 1 – geschlossen und nur mehr befenstert ist. In diesem Gang, der wie ein Korridor angelegt ist und von dem aus sich die straßenseits orientierten Zimmer betreten lassen, sind einige bereits erwähnte Fachwerkfarbfassungen freigelegt worden.

Das Torhaus ist an seinem Südwestende mit dem Eckhaus („Weinstube, Remise“ auf dem

203 Oberstr. 45–49, Wendeltreppe (Peter Rudl).

204 Oberstr. 45–49, Wendeltreppe. Aufnahme 2003 (Peter Rudl).

205 Oberstr. 45–49, Innenhof, Eckerker der „Weinstube, Remise“. Aufnahme 2003.

206 Oberstr. 45–49, Konsolstein unter dem Eckerker der „Weinstube, Remise“. Aufnahme 2003.

207 Oberstr. 45–49, Innenhof, Giebel der „Weinstube, Remise“ mit Resten einer älteren Farbfassung. Aufnahme 2003 (Peter Rudl).

208 Oberstr. 45–49, Innenhof, Mittelständer der „Weinstube, Remise". Aufnahme 2003 (Peter Rudl).

209 Oberstr. 45–49, Innenhof, ehem. Tür mit Eselsrücken und nach Befund rekonstruierter Farbfassung im 1. Stock der „Weinstube, Remise". Aufnahme 2003 (Peter Rudl).

Lageplan) über einen Gang in der ersten Etage verbunden, der die Fortsetzung des Laubenganges bildet. Dieses Gebäude besticht aufgrund seines Fachwerkgiebels, der, wie bereits erwähnt, mit 1593 gekennzeichnet ist und bei dessen letzter Restaurierung einige Fachwerkfelder mit älterem Befund der Farbfassungen freigelegt wurden. Möglicherweise datieren sie noch in die Bauzeit. Die pfostengeteilten Fenstergewände an dieser Parterreseite sind gefast und zeigen Ablaufvoluten, die in ihrer Form die Datierung des späten 16. Jahrhunderts unterstützen. Ein polygonaler Eckerker wird von drei Streben unterfangen, die ihrerseits auf einem aus der Mauer vortretenden Konsolstein ruhen; er ist als bärtiger Männerkopf gearbeitet.

Im Eckzimmer des ersten Obergeschosses sowie im Nachbarraum wurden ebenfalls einige frühe Farbfassungen entdeckt und nach dem Befund ergänzt. Sie belegen – wie bereits im Torhaus – daß das Fachwerk auch in Innenräu-

210 Oberstr. 45–49, Innenhof mit Winandturm. Aufnahme 2003 (Peter Rudl).

211 Oberstr. 45–49, Winandturm, Kamin in der oberen Stube. Aufnahme 2003 (Peter Rudl).

212 Oberstr. 45–49, Durchgang des Hofhauses „Weinstube, Remise" zum Winandturm, datiert 1604, mit Resten einer Farbfassung. Aufnahme 2003 (Peter Rudl).

men sichtbar war. Zu Tage trat auch eine Zimmertür mit einem geschnitzten Kielbogen am Fachwerksturz.

Dieses Haus ist mit dem Winandturm verbunden. Von der oberen Etage gelangt man durch eine schmale, mit Eisenblech beschlagene Tür in dessen Treppenhaus mit Spindeltreppe. Das Schlüsselloch dieser Tür ist von einer aus dem Metall getriebenen Kartusche umgeben und mit 1604 datiert. Zeitgleich dürfte ein gemalter Architekturrahmen um die Tür sein, der allerdings nur mehr teilweise erhalten ist. Dieses Freskofragment korrespondiert mit einem zweiten an der Außentür des Turmes. Ein drittes, und zwar das bekanntere, befindet sich am oberen Ende des Treppenturmes unmittelbar vor dem Eingang in die Turmstube. Es stellt einen Mann und eine Frau im Gespräch dar und wird als eine Pilgerszene gedeutet. Die Stube war übrigens mit Hilfe eines Kamins beheizbar.

Den Abschluß des Innenhofes der Alten Post bildet ein Fachwerkhaus, dessen Gestaltung in das frühe 20. Jahrhundert weist.

Lit.: H. Nebel 1976, Tafel 12.K.E. Linz 2000.

10. **Oberstr. 61**

Altes Haus, Eigentümer lt. Urkataster: Heinrich Hoffmann (Parz.-Nr. 356-357/402-401). H. Hoffmann (Art. 205) besaß 1837 2 Häuser und 11 Morgen, 79 Ruten und 10 Fuß an Ländereien. Eigentümer nach 1867: Friedrich Hoffmann, vgl. Linz 1990, S. 12, Nr. 565.

Der populärste Profanbau Bacharachs ist sicherlich das „Alte Haus", das aufgrund seiner verschachtelten, mehrgiebligen Bauweise mit polygonalem Eckerker zur Oberstraße hin besonders besticht. Es ist um einen spätmittelalterlichen, dreigiebligen Kern gewachsen, dessen Firstlinien die Spitze eines Kreuzes bilden. Deutlich erkennbar ist an der Schauseite des Hauses, dem Hauptgiebel, die Ständerbauweise, die auch das „Haus Sickingen" (Nr. 2 in der Liste) kennzeichnet. Zimmerungstechnisch kann man von einer Mischbauweise sprechen; denn die Hölzer sind teilweise miteinander verblattet und ineinander gezapft. Im Hinblick auf die Überschneidung der Firstlinien sind ähnli-

213 Oberstr. 45–49, Eingang des Winandturms. Aufnahme 2003.

che Architekturlösungen von Bauten etwa in Monreal/Eifel und dem benachbarten Mayen bekannt. Bei dem ersten Beispiel handelt es sich um das oft als ein ehemaliges Rathaus angesehene Haus Ecke Markt 1/Obertorstr. 3, das dendrochronologisch mit 1452/53 datiert ist. Als zweiter hier zitierter Beleg ist die ehemalige „Arche"/Mayen zu nennen, die sicherlich nachträglich die Bauinschrift 1592 erhalten hatte, die aber, wie von der früheren Denkmalpflege schon vermutet, noch dem späten Mittelalter angehört. Eine Datierungshilfe bietet das „Alte Haus" in Bacharach, dessen Mittelbau dendrochronologisch mit 1389/90 bestimmt werden konnte (vgl. Beitrag B. Schmidt).

Das pittoreske Bild des „Alten Hauses" rührt allerdings nicht nur von seinem spätmittelalterlichen Kernbau her. Es sind vielmehr die später angefügten architektonischen Bereicherungen des seitlichen Traktes mit seinen Eckstreben im unteren Stockwerk und dem harmonisch-symmetrisch vielgliedrigen Giebel sowie – und dies vielleicht an erster Stelle – dem

214 Oberstr. 61. Aufnahme 2003.

215 Oberstr. 61, Haustüre mit Kellereingang. Aufnahme 2003.

zweistöckigen Eckerker mit Helm- oder Pyramidendach. Es sind Anbauten des 16. Jahrhunderts, die entscheidend die Silhouette des „Alten Hauses“ prägen. Sie begeisterte schon die Romantiker des 18./19. Jahrhunderts und stellt heute immer noch einen Höhepunkt des touristischen Bacharach-Entzückens dar.

Abgebildet u. a. bei H. Cuno 1881, vgl. Anhang. H. Nebel 1976, Tafel 12. U. G. Großmann 1986, S. 108, Abb. 104. Vgl. zu Monreal: U. G. Großmann; D. de Vries; K. Freckmann (Hrsg.) 2001, S. 90-107. Siehe zu Mayen: Kunstdenkmäler der Rheinprovinz, Kreis Mayen 1943, S. 213-215.

11. **Oberstr. 63**

Weingut Bastian, Eigentümer lt. Urkataster: Friedrich Bastian (Parz.-Nr. 358/403). Der erste nachgewiesene Eigentümer, F. Bastian (Art. 10), besaß 1837 außerdem 16 Morgen, 163 Ruten und 30 Fuß an Ländereien. Die Bastians stammen aus Stromberg und sind im späten 17. Jh. an den Mittelrhein gezogen. Bei ihrer komplizierten Familiengeschichte und der häufigen Gleichheit der männlichen Vornamen ist es schwierig, das Haus in der Oberstraße bestimmten Familienmitgliedern zuzuordnen; vgl. Linz 1991, S. 37-59. Eigentümer nach 1867: Friedrich Bastian, vgl. Linz 1990, S. 12, Nr. 562-551. Siehe zur Familie Bastian generell: Linz 1987, S. 8 f.

Der „Grüne Baum“ oder das Anwesen Bastian ist ein Ensemble mehrerer Häuser, die zu einer Einheit zusammengewachsen sind. Der rückwärtige, an das „Alte Haus“ grenzende Bau erweist sich aufgrund der Ständerbauweise mit Verblattungen und Zapfenschlössern, zum Beispiel am Firstständer, schon von außen als spätmittelalterlichen Ursprungs. Das unmittelbar an die Oberstraße anstoßende Eckhaus ist an seinem rechten Eckständer mit 1579 bezeichnet. Dieses vermutlich nachträglich aufgetragene Datum, das sich auch auf dem Sturz des Kellereinganges findet, mag sich wohl auf die Stockwerkbauweise beziehen, wird aber

216 Oberstr. 63, Eckhaus. Aufnahme 2003.

217 Oberstr. 63, rückwärtiger Bau. Aufnahme 2003.

nicht von dem erheblich älteren Dachwerk unterstützt und ist infolgedessen als eine Umbausituation zu begreifen. Die Dachkonstruktion besteht wie diejenige des rückwärttigen Baues aus zwei Ständerreihen, das heißt aus einem doppelten stehenden Stuhl mit Kehlbalken und Kopfbändern, und entspricht somit anderen vom Mittelrhein her bekannten Beispielen, wie beispielsweise in Oberwesel, Chablisstraße 4, die in das 15. Jahrhundert einzuordnen sind. Für die Speicher ist vorwiegend oder ausschließlich Fichte oder Tanne verwendet worden, während das Holz des äußeren Fachwerks Eiche ist, eine Kombination, die in der Regel auf die ältere Architektur nicht nur Bacharachs, sondern der Mittelrhein-Region überhaupt zutrifft. (Vgl. zur Dendrochronologie den Beitrag von B. Schmidt). Der zum Anwesen Bastian gehörende dritte Bau, der mit seiner Traufseite zur Oberstraße und mit seinem Giebel zum Münzberg steht, war früher ein Gerbereigebäude, wie die Lukenreihen an beiden Speicherseiten zeigen.

218 Oberstr. 63, ein Eckständer des doppelten stehenden Stuhles. Aufnahme 2003 (Peter Rudl).

Vgl. zu Gerberhäusern als Literatur Johannes Cramer 1981.

Abgebildet bei H. Nebel 1976, Tafel 12. Siehe zu Oberwesel: Kunstdenkmäler Rheinland-Pfalz, Stadt Boppard; Bd. 8,1) 1988, S. 88-91.

12. **Oberstr. 72**

Eigentümer lt. Urkataster: Thomas Carl (Parz.-Nr. 121/44). Th. Carl (Karl), (Art. 483) besaß 1837 außer dem Haus keine Ländereien. Eigentümer nach 1867: Jakob Eichel, vgl. Linz 1990, S. 106, Nr. 171/172.

13. **Oberstr. 74**

sogenannte Münze, Eigentümer lt. Urkataster: Carl Eichel der 3te (Parz.-Nr. 120/43). C. Eichel (Art. 70) besaß 1837 außerdem 8 Morgen und 63 Ruten an Ländereien. Eigentümer nach 1867: Jakob Eichel, vgl. Linz 1990, S. 106, Nr. 171/172.

Die sogenannte „Kurpfälzische Münze" besteht aus zwei Bauten, deren linker zur Straße „Auf der Münze" aufgrund seiner Fachwerkkonstruktion sowie des Dekors als ein Bau des späten 16. Jahrhunderts anzusehen ist. Das verformungsgetreue Aufmaß zeigt treffend die statischen Folgen, die etliche Eingriffe in die alte Substanz verursacht haben und die einerseits zu statischen Problemen führen können, andererseits dem aufgrund seiner Windschiefheit verzogenen Fachwerk einen als malerisch empfundenen Zug verleihen. Als Besonderheit ist

219 Oberstr. 74 (Institut für Baugeschichte, Universität Karlsruhe, TH).

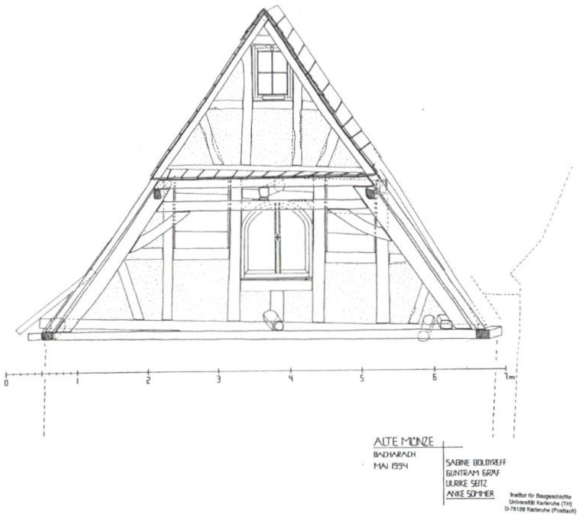

220 Oberstr. 74

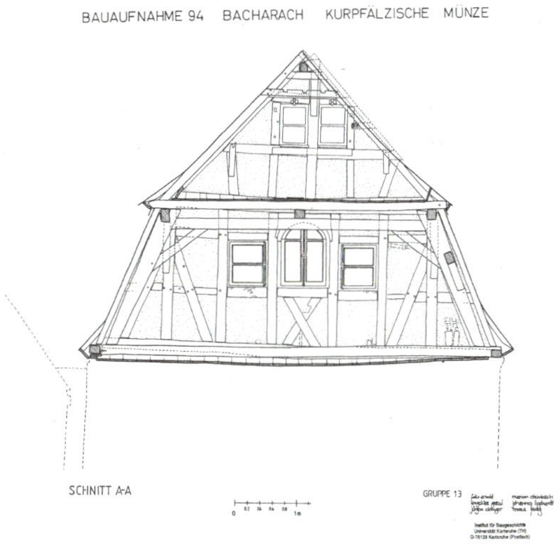

221 Oberstr. 74

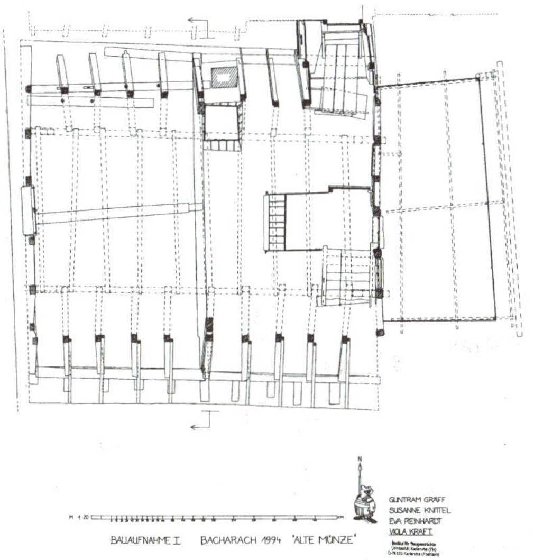

223 Oberstr. 74

224 Oberstr. 74, Fenster im Speicher. Aufnahme 2002 (Doris Schmidt-Haag)

225 Koblenzer Str. 3. Aufnahme Frühjahr 2003.

noch ein altes bleiverglastes Fenster zu erwähnen, das am rückwärtigen Speichergiebel der „Münze“ die Zeiten überdauert hat. (Vgl. zur Dendrochronologie den Beitrag von B. Schmidt).

Abgebildet bei H. Nebel 1976, Tafel 11. Vgl. zum Fenster: B. Schmidt, H. Köhren-Jansen. K. Freckmann 2000, S. 303.

14. Koblenzer Str. 1-3

Eigentümer lt. Urkataster: Friedrich Wilhelm Schulzen (Parz.-Nr. 371/423-424). Das Haus auf der Parz.-Nr. 372/422 (Eigentümer: Balthasar Diel) ist bei der Straßenbegradigung in der frühen rheinpreußischen Zeit abgerissen worden. Friedrich Wilhelm Schulzen (Art. 411) besaß 1837 1 Morgen, 106 Ruten und 30 Fuß an Ländereien. Eigentümer nach 1867: Ulrich Christian Kornelius, vgl. Linz 1990, S. 83 f., Nr. 589-594. Vgl. zur Straßenverbreiterung R. Maus 1999, Abb. S. 29.

226 Koblenzer Str. 3. Aufnahme Sommer 2003.

Bei dem Haus Koblenzer Straße 1 handelt es sich um den Massivbau in der Ecke Rosenstraße. Er datiert, wie die Fenstergewände mit ihren Ohrenerweiterungen nahelegen, in das 18. Jahrhundert. Die Reihe der Speicherluken weist auf ein Gerberhaus hin, was auch auf den traufständigen Bau Koblenzer Straße 3 zutrifft. Die Fachwerkanlage ist mit 1596 bezeichnet.

Abgebildet bei H. Nebel 1976, Tafel 13.

15. **Koblenzer Str. 7-9**
Eigentümer lt. Urkataster: Familie Utsch (Parz.-Nr. 373-377/462a). Karl Franz Utsch (Art. 485) besaß 1837 außerdem 3 Morgen, 66 Ruten und 20 Fuß an Ländereien. Friedrich Wilhelm Utsch (1732-1795) war Kurpfälzischer Erbförster und Erbbeständer der „Utschenhütte“ bei Stromberg (= Rheinböller Hütte). Seit 1796 ist die Familie Utsch in Bacharach nachweisbar, und zwar zur Zeit von Friedrich Wilhelms Sohn Gerhard (1768-1832) und dem Enkel Karl Franz (1794-1861); vgl. Linz 1993, S. 62-87. Siehe zur Familie Utsch und ihrer Beziehung zu Bacharach auch Gerhard Hanke, Die Waldgeschichte der „Viertäler“, in: Friedrich-Ludwig Wagner 1996, S. 509. Eigentümer nach 1867: Gerhard Utsch Erben, vgl. Linz 1990, S. 85 f., Nr. 598 u. S. 86, Nr. 601.

Das Haus Utsch ist mit 1595 bezeichnet. Koblenzer Straße 9 ist ein ehemaliges Gerberhaus, dessen Fassade modernisiert worden ist.

16. **Koblenzer Str. 11**
Eigentümer lt. Urkataster: Leopold Diel (Parz.-Nr. 378/429-431). Der Notar Leopold Diel (Art. 55) besaß 1837 außerdem 4 Morgen, 9 Ruten und 30 Fuß an Ländereien. Eigentümer nach 1867: Dr. Franz Volkomen, vgl. Linz 1990, S. 86, Nr. 606.

Wiederum handelt es sich um ein früheres Gerberhaus aus dem 18. Jahrhundert.

17. **Auf der Münze 1**
Eigentümer laut Urkataster: Balthasar Diel (Parz.-Nr. 388/40-42). B. Diel (Art. 53) besaß 1837 außerdem 1 Morgen, 20 Ruten und 30 Fuß an Ländereien. Die Hausecke an der Koblenzer Straße wurde bei der Straßenbegradigung in der frühen rheinpreußischen Zeit abgebrochen. Auf dem Türsturz des Nachfolgebaues finden sich die beiden Jahreszahlen 1768 und 1847. Das letzte Datum könnte dessen Erbauungszeit sein.

18. **Zollstr. 2**
Eigentümer lt. Urkataster: Joseph Herrmann u. Kallenbach Erben (Parz.-Nr. 224/201). Die Partner Herrmann und Kallenbach (Art. 186) besaßen 1837 außerdem 24 Ruten und 10 Fuß an Ländereien. Eigentümer nach 1867: Adam Braun, vgl. Linz 1990, S. 185, Nr. 368.

Das Fachwerk ist mit 1533 datiert. Diese Jahresangabe wird von den Erdgeschoßfenstern mit ihren hohlkehligen Gewänden unterstützt.

227 Zollstr. 2. Aufnahme 2003

19. **Zollstr. 4**
Eigentümer lt. Urkataster Wilhelm Schies (Parz.-Nr. 225/202). W. Schies (Art 386) besaß 1837 außerdem 113 Ruten und 60 Fuß an Ländereien. Eigentümer nach 1867: Witwe Eduard Scheib, vgl. Linz 1990, S. 186, Nr. 370.

Ein Bau des 18. Jahrhunderts mit einem Schrotmaul, das den Weinküfern oder Schrötern früher als Stütze für den Schrotbaum diente. Mit

228 Zollstr. 2. Aufnahme 2003.

seiner Hilfe und mit Ketten wurden die Fässer über eine Schrotleiter aus dem und in den Keller befördert. Bekannt sind zum Teil groteske Schrotfratzen oder Grinköpfe aus dem alten Köln, das einst ein Hauptumschlagplatz für Wein war. Vgl. H. Vogts 1914/1966, 1. Bd., S. 149-152.

229 Zollstr. 4. Aufnahme 2003.

20. **Kranenstr. 5**

Das Grundstück mit den Parzellen 183 oder 184 ist im Urkataster schwierig zu lokalisieren. Entweder war Johann Philipp Scherer Eigentümer (Art. 385), und zwar der Parzelle 184/141, oder es waren Bernhard Greifenstein Erben (Parz.-Nr. 183/142). Die Erben Greifenstein (Art 138) besaßen 1837 außerdem 6 Morgen, 32 Ruten und 30 Fuß an Ländereien. Eigentümer nach 1867: Johann Heinrich Steigerwald jr., vgl. Linz 1990, S. 149, Nr. 278.

Der Stufengiebel, der einst mit Fialen bekrönt war, ist mittelalterlich (vgl. Abb. 183). Das Fachwerk ist neuzeitlich.

230 Zollstr. 4. Aufnahme 2003.

231 Kranenstr. 5, vgl. Abb. 183. Aufnahme 2003.

21. **Langstr. 12**

Eigentümer lt. Urkataster: Philipp Herter (Parz.-Nr. 74/188). Ph. Herter (Art. 188) besaß 1837 außerdem 4 Morgen, 55 Ruten und 10 Fuß an Ländereien. Ph. Herter (1827-1888), verheiratet mit Maria Elisabeth Mittwich (1831-1904), war Gastwirt; vgl. Linz 1991, S. 32. Eigentümer nach 1867: Ph. Herter, vgl. Linz 1990, S. 174, Nr. 106/107.

Im massiven Parterre befinden sich Fenster, deren hohlkehlige Gewände auf das 16. Jahrhundert hinweisen, was auch auf das Fachwerk zutrifft.

232 Langestr. 12. Aufnahme 2003.

22. **Langstr. 25**

Eigentümer lt. Urkataster: Witwe Mathias Lang (Parz.-Nr. 178/121). M. Lang (Art. 267) besaß 1837 außerdem 45 Morgen, 65 Ruten und 70 Fuß an Ländereien. Johann Matthias Lang (1754-1816), verheiratet mit Anna Sophie Heidrich (1755-1846), war der Sohn des Gelderhebers Heinrich Josua Lang. J. M. Langs Sohn Johannes (1786-1867) war der Eigentümer der ehemaligen kurpfälzischen Amtskellerei; siehe unter Nr. 1 und vgl. Linz 1991, S. 61. Eigentümer nach 1867: Mathias Corell, vgl. Linz 1990, S. 151, Nr. 273.

Ein scheinbarer Massivbau, hinter dessen Putz sich eine Fachwerkkonstruktion befindet. Auf das „Empire-Haus" mag die am Portal angegebene Jahreszahl 1803 (?) als Erbauungszeit zutreffen, während das Hinterhaus mit 1726 bezeichnet ist.

23. **Blücherstr. 14**

Eigentümer lt. Urkataster: Martin Fischel jr. (Parz.-Nr. 300/384). M. Fischel (Art. 95) besaß 1837 außerdem 78 Ruten und 70 Fuß an Ländereien. M. Fischel jr. (geb. 1788), verheiratet mit Marianne Caroline Korb, war Kauf- und Handelsmann; vgl. Linz 1991, S. 68. Eigentümer nach 1867: Martin Fischel jr., vgl. Linz 1990, S. 17, Nr. 541.

Ein sich aus zwei Bauten zusammensetzendes Eckhaus mit konstruktiv gesetztem Mansarddach des 18. Jahrhunderts. Auf der Rückseite ein sich in der Hausmauer befindlicher öffentlicher Brunnen. Im alten Bacharach gab es etliche solcher Wasserstellen; sie wurden von Nachbarschaften gepflegt, so wie in diesem Fall von der „Nachbarschaft Holzmarkt".

Abgebildet bei H. Nebel 1976, Tafel 14.

24. **Blücherstr. 16**

Eigentümer lt. Urkataster: Mathias Roth (Parz.-Nr. 301/385). M. Roth (Art. 351) besaß 1837 außerdem 3 Morgen, 115 Ruten und 30 Fuß an Ländereien. Eigentümer nach 1867: Gottfried Müller, vgl. Linz 1990, S. 17, Nr. 540.

233 Blücherstr. 16. Aufnahme 2003.

234 Blücherstr. 16. Aufnahme 2003.

Das Fachwerk des Giebels mit seinen gekreuzten Streben gehört dem 16. Jahrhundert an. Als Jahreszahl ist 1593 angegeben. Die Haustür – eines der vielen gut gearbeiteten Bacharacher Beispiele des 18. Jahrhunderts – weist mit dem geschnitzten Brot und Weck auf einen Bäcker als zeitweiligen Hauseigentümer hin.

Abgebildet bei H. Nebel 1976, Tafel 14.

25. Blücherstr. 23 (?), ehemaliger Schuppen Bastian

Eigentümer lt. Urkataster: Michel u. Denninger (Parz.-Nr. 302/330; Art 305). Eigentümer nach 1867: Karl Mades, vgl. Linz 1990, S. 32, Nr. 488.

Der Bau diente ursprünglich, wie die Lukenreihen im Dach nahelegen, als Gerberei. Dem äußeren Schein nach könnte man das Haus in das 18. Jahrhundert datieren. Im Inneren ist zum Teil zweitverwendetes Holz verbaut worden. (Vgl. zur Dendrochronologie den Beitrag von B. Schmidt).

236 Blücherstr. 23 (Institut für Baugeschichte der Universität Karlsruhe, TH).

235 Blücherstr. 23

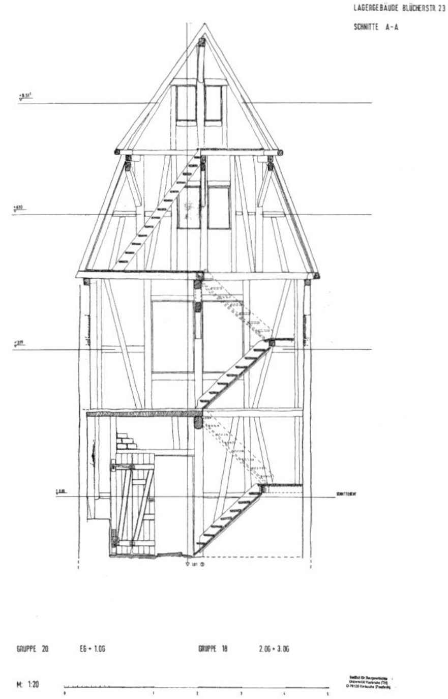

237 Blücherstr. 23

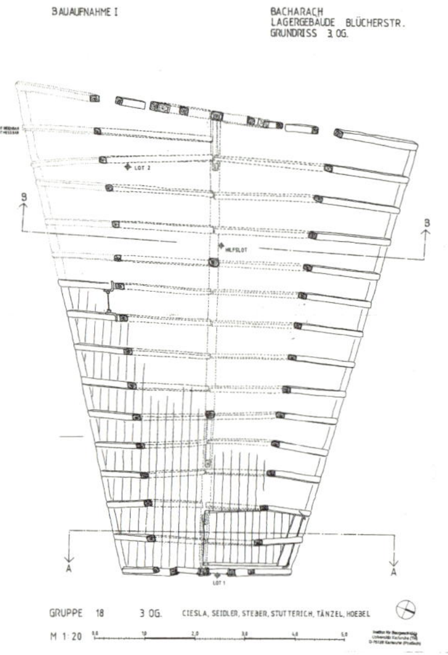

238 Blücherstr. 23

239 Blücherstr. 23

26. **Blücherstr. 28**

Eigentümer lt. Urkataster: „Sinagoge“, Jüdische Gemeinde (Parz.-Nr. 317/332-333; Art. 115).
Eigentümer nach 1867: Gemeinde der Israeliten, vgl. Linz 1990, S. 23, Nr. 513.

27. **Blücherstr. 30**

Eigentümer lt. Urkataster: Georg Zinngraef alt (Parz.-Nr. 316/331). G. Zinngraef (Art. 534) besaß 1837 außerdem 13 Morgen, 178 Ruten und 80 Fuß an Ländereien. Eigentümer nach 1867: G. Zinngraef , vgl. Linz 1990, S. 23, Nr. 512.

28. **Blücherstr. 34**

Eigentümer lt. Urkataster: Martin Schröder (Parz.-Nr. 312/336-337). M. Schröder (Art. 409) besaß 1837 außer dem Haus keine Ländereien. Eigentümer nach 1867: Christina Schröder, vgl. Linz 1990, S. 27, Nr. 510.

Im Oberlicht der Haustüre, die aus dem 18. Jahrhundert stammt, befindet sich als Jahreszahl 1673. Dennoch könnte das Fachwerk, das nicht dendrochronologisch untersucht wurde, um einiges älter sein.

Abgebildet bei H. Nebel 1976, Tafel 14.

29. **Blücherstr. 36**

Eigentümer lt. Urkataster: Carl Liebmann (Parz.-Nr. 311/340 u. 344). C. Liebmann (Art.

240 Blücherstr. 34–42. Aufnahme 2003.

241 Blücherstr. 34. Aufnahme 2003.

277) besaß 1837 außerdem 2 Morgen, 71 Ruten und 50 Fuß an Ländereien. Eigentümer nach 1867: Wilhelm Liebmann, vgl. Linz 1990, S. 27, Nr. 509.

Überputzes Fachwerk mit einer Haustüre des 18. Jahrhunderts.

30. **Blücherstr. 39**
Eigentümer lt. Urkataster: Philipp Joseph Bastian (Parz.-Nr. 309/321). Vgl. Blücherstr. 37. Eigentümer nach 1867: Ph. J. Bastian, vgl. Linz 1990, S. 28, Nr. 504. Siehe zur Familie Bastian Nr. 11 und vgl. Linz 1993, S. 35 f.

Das Fachwerk ist am rechten Eckständer mit 1677 datiert.

Abgebildet bei H. Nebel 1976, Tafel 13.

242 Blücherstr. 38. Aufnahme 2003.

31. **Im Malerwinkel 1**
Eigentümer lt. Urkataster: Philipp Joseph Bastian (Parz.-Nr. 284/320). Vgl. Blücherstr. 37. Eigentümer nach 1867: Ph. J. Bastian, vgl. Linz 1990, S. 32, Nr. 461. Siehe zur Familie Bastian Nr. 11 und vgl. Linz 1993, S. 35 f.

Das Haus ist mit 1696 bezeichnet.

Abgebildet bei H. Nebel 1976, Tafel 14.

32. **Rosenstr. 2a**
Eigentümer lt. Urkataster: Samuel Knauf (Parz.-Nr. 369/419-420), später Parz.-Nr. 586-

243 Blücherstr. 39. Aufnahme 2003.

587. S. Knauf (Art. 252) besaß 1837 außerdem 4 Morgen, 53 Ruten und 40 Fuß an Ländereien. Eigentümer von Nr. 2a waren nach 1867 Karl Friedrich Neumann und Philipp Peter Zimmer, dem auch Nr. 2 (an der Straße gelegen) gehörte; vgl. Linz 1990, S. 82, dort die Nr. 586 (für Haus Nr. 2) und Nr. 587 (für Haus Nr. 2a).

244 Im Malerwinkel 1. Aufnahme 2003.

Bei dem Haus Rosenstraße 2 handelt es sich um einen kleinen Massivbau mit gebrochenem Dach (18. Jh.). Nr. 2a ist modernisiert.

33. **Rosenstr. 3**
Eigentümer lt. Urkataster: Ernst Hitzemann (Parz.-Nr. 335/378). E. Hitzemann (Art. 199) besaß 1837 außerdem 1 Morgen, 23 Ruten und 20 Fuß an Ländereien. Eigentümer nach 1867: Johann Jacob Fischer, vgl. Linz 1990, S. 13, Nr. 550.

Kleiner traufständiger Fachwerkbau mit Aufzugsluke (18. Jh.).

34. **Rosenstr. 5**
Eigentümer lt. Urkataster: Mathias Müller u. Jacob Roemer (Parz.-Nr. 336/379). Müller und Roemer (Art. 308) besaßen 1837 nur das Haus. Eigentümer nach 1867: Franz Müller u. Jacob Roemer, vgl. Linz 1990, S. 13, Nr. 549.

Kleiner giebelständiger Fachwerkbau des 18. Jahrhunderts.

35. **Rosenstr. 7**
Eigentümer lt. Urkataster: Philipp Rheinard (Parz.-Nr. 337/380). Ph. Rheinard (Art. 347) besaß 1837 außerdem 1 Morgen, 133 Ruten und 40 Fuß an Ländereien. Eigentümer nach 1867: Witwe Karl Braun, vgl. Linz 1990, S. 10, Nr. 548.

Geteiltes Fachwerkhaus vermutlich des 18. Jahrhunderts.

Abgebildet bei H. Nebel 1976, Tafel 14.

36. **Rosenstr. 6** (abgebrochen, hier nur ausnahmsweise wegen der Eigentumsverhältnisse von Martin Fischel aufgenommen),
Eigentümer lt. Urkataster: Martin Fischel, Christophs Sohn (Parz.-Nr. 366/404-416-417). M. Fischel (Art. 96) besaß 1837 9 Häuser oder sonstige Gebäude (unter anderem auch den 1872 abgebrannten Altkölnischen Hof), 22 Morgen und 90 Fuß an Ländereien. Johann Martin Fischel, genannt Christophs Sohn

(1781-1873), verheiratet mit A. Sophie Lang (1784-1831), entstammte einer Schifferfamilie und war Particulier. Unter diesem Begriff verstand man entweder einen Privatier, der von seinem Vermögen lebte, oder einen selbständigen Schiffer, der keiner Reederei angehörte; vgl. Linz 1991, S. 69. Eigentümer nach 1867: Martin Fischel u. Sohn, vgl. Linz 1990, S. 81, Nr. 581 (dort Rosenstraße 8).

37. **Rosenstr. 8 (Fachwerkhaus am Hang rechts)**

Eigentümer lt. Urkataster Carl Götting (Parz.-Nr. 365/405-407). C. Götting (Art. 133) besaß 1837 2 Morgen, 45 Ruten und 30 Fuß an Ländereien. Eigentümer nach 1867: Ewald Hartel, vgl. Linz 1990, S. 81, Nr. 579-580.

Fachwerkbau von 1588 mit zeitgleichem Nebengebäude, das vermutlich früher wirtschaftlich genutzt wurde (Kelterhaus?).

Abgebildet bei H. Nebel 1976, Tafel 14.

38. **Rosenstr. 12 (Eckhaus)**

Eigentümer lt. Urkataster: Konrad Otto (Parz.-Nr. 334/377). K. Otto (Art. 313) besaß 1837 außerdem 2 Morgen, 138 Ruten und 50 Fuß an Ländereien. Eigentümer nach 1867: Anna Elisabeth Schmelzeisen, vgl. Linz 1990, S. 13, Nr. 537.

Konstruktiv gesetzes Fachwerk mit gebrochenem Dach des 18. Jahrhunderts.

Abgebildet bei H. Nebel 1976, Tafel 14.

39. **Rosenstr. 14**

Eigentümer lt. Urkataster: Johann Peter Lauer (Parz.-Nr. 333/374-376). J. P. Lauer (Art. 268) besaß 1837 nur dieses Haus. Nach 1867: Heinrich Fark, später Winzergenossenschaft, vgl. Linz 1990, S: 14, Nr. 536.

Ebenfalls ein rein konstruktiv zu verstehendes Fachwerk mit der Inschrift am linken Eckständer „PEP SP 1751".

Abgebildet bei H. Nebel 1976, Tafel 14.

245 Rosenstr. 8 (rechts) und 12 (links). Aufnahme 2003.

1 Vgl. Schüler-Beigang 2001.
2 Siehe dazu die Karte „Natürliche Gliederung" von G. Löffler und G. Richter 1981.
3 H. Fischer 1989, S. 105.
4 H. Fischer 2000, S. 84.
5 F. Irsigler 1993, insbesondere S. 57 f.
6 Vgl. hier den Beitrag von Burghart Schmidt über die dendrochronologischen Untersuchungen von Bacharach. – O. Volk 1998, S. 731-734.
7 Vgl. zu den Gründen dieser unterschiedlichen baulichen Präsenz und Dichte K. Freckmann 2002, S. 10-12 u. 27.
8 Wie Anm. 1, vgl. den Aufsatz von Sandra Kern: Die klimatischen Verhältnisse und ihre Besonderheiten am Mittelrhein, 1. Bd., S. 49-55.
9 Wie Anm. 1, vgl. die Aufsätze von Andreas Bitz und Thomas Merz im 2. Bd.
10 F. Irsigler 1981.
11 D. Kerber 1995.
12 K. Freckmann 1989 – I. Bátori, D. Kerber u. H. J. Schmidt 1992, 1. Bd., vgl. darin Liessem, Udo: Zur Architektur der mittelalterlichen Bauwerke, S. 383-408, insbesondere S. 397.
13 Vgl. die Kunstdenkmäler des Kreises Kreuznach, Düsseldorf 1935, S. 422-424.
14 Die Kunstdenkmäler des Rhein-Hunsrück-Kreises Teil 2.1: Ehemaliger Kreis St. Goar, Stadt Boppard, Bd. 2, München/Berlin 1988, S. 864-869.
15 Nebel 1976, Tafel 87 f. – A. Ritter 2002, S. 64. – G. Dehio 1972, S. 628, H. Burghard u. C. Kapser 2002, S. 55 f. Die Kunstdenkmäler des Kreises Neuwied, Düsseldorf 1940, S. 139 f. und 256.
16 Die Kunstdenkmäler des Rhein-Hunsrück-Kreises, Teil 2.1: Ehemaliger Kreis St. Goar, Stadt Boppard, Bd. 1, München/Berlin 1988, S. 32.
17 I. Bátori, D. Kerber u. H. J. Schmidt 1992, 1. Bd., vgl. darin Eiler, Klaus: Die kurtrierische Landstadt, S. 137-161, insbesondere S. 158-161.
18 B. von der Dollen 1979.
19 K. Eiler 1980, S. 97 u. 333.
20 Die Kunstdenkmäler der Stadt Koblenz, München 1954, S. 217-220.
21 J. Marx 1858, A. Abt-, 1. Bd., S. 485 f.
22 H. Vogts 1914/1966, 1. Bd., S. 323 f.
23 Die Kunstdenkmäler des Kreises Neuwied, Düsseldorf 1940, S. 258. – H. Burghard u. C. Kapser 2002, S. 90 f.
24 R. Feld 1972, S. 249-251.
25 Ders., S. 165.
26 W. Schieder 1991, Teil II, 2, S. 492, Nr. 4186, 4191 f.
27 Wie Anm 7, vgl. S. 33 f.
28 K. Freckmann 1993.
29 K. Freckmann 1996.
30 O. Volk 1998, S. 237.
31 A. Gerlich 1993. Vgl. darin den Beitrag von Volk, Otto: Weinbau und Weinabsatz im späten Mittelalter. Forschungsstand und Forschungsprobleme, S. 49-163, insbesondere S. 93-97.
32 O. Volk 1998, S. 243.
33 A. Gerlich 1993. Vgl. darin den Beitrag von Militzer, Klaus: Handel und Vertrieb rheinischer und elsässischer Weine über Köln im Spätmittelalter, S. 165-185, insbesondere S. 171-185.
34 A. Gerlich 1993. Vgl. darin den Beitrag von Mathy, Helmut: Kurmainzer Weinbau und Weinhandelspolitik vom 17. bis 19. Jahrhundert. S. 187-222, insbesondere 197 f.
35 K. Christoffel 1929. – H. Prößler 1979, insbesondere S. 34-42.
36 M. Matheus 1985.
37 A. Gerlich 1993. Vgl. darin den Beitrag von Volk, Otto; Weinbau und Weinabsatz im späten Mittelalter. Forschungsstand und Forschungsprobleme, S. 49-163, insbesondere S. 156-159.
38 Vgl. als jüngste Ausstellung zum Thema Rheinromantik: Der Geist der Romantik in der Architektur. Gebaute Träume am Mittelrhein, Landesmuseum Koblenz, Festung Ehrenbreitstein 3. Juli bis 17. November 2002.
39 N. Beck 2002, vgl. darin Wegner, Hans-Helmut: Der Rhein in der Antike: Lebensader – Verkehrsweg – Grenzfluß, S. 1-22.
40 G. U. Großmann; D. de Vries, K. Freckmann, U. Klein 1998, vgl. darin Schütte, Sven; Gechter, Marianne; Zedelius, Volker; Giesler, Jochen: Beiträge zur mittelalterlichen Baugeschichte des Kölner Albanviertels, S. 29-59; siehe vor allem Schütte, S.: Das Haus „Zur Lerche" und die karolingische Bebauung der Straße „In der Höhle" in Köln, S. 40-52.
41 A. Wiedenau 1983, S. 95-104. – I. Bátori, D. Kerber u. H.J. Schmidt 1992 1. Bd., vgl. darin den Beitrag von Liessem, Udo: Zur Architektur der mittelalterlichen Bauwerke, S. 389-394.
42 B. Schmidt, H. Köhren-Jansen, K. Freckmann 2000, S. 338.
43 K. Bedal, S. Fechter, H. Heidrich 1988, vgl. darin Freckmann, Klaus: Die spätmittelalterliche ländliche Profanarchitektur im Rheinland – eine Übersicht, S. 129-138, insbesondere S. 131 f.
44 B. Schmidt, H. Köhren-Jansen, K. Freckmann 2000, S. 338. H. Nebel 1976, Tafel 90-92.
45 Limburg a. d. Lahn, Forschungen zur Altstadt 1997.
46 H. Nebel 1976, Tafeln 89, 93 f. u. 96. – K. Freckmann 2002, S. 45, Raster G-4, Nr. 4 (Bad Hönningen).
47 H. Nebel 1976, Tafeln 87 f.
48 H. Nebel 1976, Tafel 96.
49 G. Eitzen 1969, Abb. 5. – K. Freckmann 1983, S. 64. Vgl. zur Auseinandersetzung über Entwicklung" und „Wandel" im Hausbau F. Kaspar 2002, S. 92 f. Dies ändert aber nichts daran, daß die

Stockwerkbauweise funktional als die fortschrittlichere zu bewerten ist, gesehen im Vergleich mit dem Geschoßbau.

50 K. Freckmann 1983, S. 152-156. – G. Binding; U. Mainzer; A. Wiedenau 1989, S. 27. – K. Bedal 1990, S. 18 f. – K. Bedal 1993, S. 47. – Limburg a. d. Lahn 2002, vgl. darin den Beitrag von Ulrich Klein, Die Entwicklung des Limburger Fachwerkhauses im 14. und 15. Jahrhundert, S. 246-257, insbes. S. 252-257.

51 H. Nebel, 1976, Tafel 85.

52 K. Freckmann 2002, vgl. das Kapitel über den Schwebegiebel.

53 Vgl. zur Terminologie G. U. Großmann 1986, S. 46 f.

54 Die Bau- und Kunstdenkmäler des Regierungsbezirks Wiesbaden, 5. Bd., Die Kreise Unter-Westerwald, St. Goarshausen, Untertaunus und Wiesbaden Stadt und Land, S. 100 f.

55 Die Kunstdenkmäler den Rheinprovinz, Landkreis Koblenz, Düsseldorf 1944, S. 297 f.

56 Die Kunstdenkmäler der Rheinprovinz, Kreis Mayen, Düsseldorf 1941, S. 183 f.

57 Die Bau- und Kunstdenkmäler des Regierungsbezirks Wiesbaden, 5. Bd., Die Kreise Unter-Westerwald, St. Goarshausen, Untertaunus und Wiesbaden Stadt und Land, S. 100 f.

58 Die Kunstdenkmäler der Rheinprovinz, Kreis Neuwied, Düsseldorf 1940, S. 164 f. – B. Schmidt, H. Köhren-Jansen, K. Freckmann 2000, S. 338 f.

59 Die Kunstdenkmäler des Landes Hessen, Der Rheingaukreis, München 1965, S. 242 f.

60 Die Kunstdenkmäler der Rheinprovinz, Kreis Mayen, Düsseldorf 1941, S. 184-186.

61 Wie Anm. 60, S. 192.

62 Die Kunstdenkmäler der Rheinprovinz, Kreis Neuwied, Düsseldorf 1940, S. 212 f., 260 f.

63 C. Euskirchen 1997, S. 233-296.

64 K. Lohmeyer 1914, S. 18 f. – C. Euskirchen 1997, S. 14.

65 Abgebildet bei H. Vogts/K. Freckmann 1986, S. 389, Abb. 408. – Die Kunstdenkmäler der Rheinprovinz, Kreis Neuwied, Düsseldorf 1940, S. 259 f., Abb. 234. – H. Burghard/C. Kapser 2002, S. 251. Abb. 90.

66 K. Bedal, S. Fechter, H. Heidrich 1998, S. 132.

67 Die Kunstdenkmäler der Rheinprovinz, Kreis Neuwied, Düsseldorf 1940, S. 197 f. – G. Dehio, Rheinland-Pfalz 1972, S. 464.

68 G. U. Großmann, D. de Vries, K. Freckmann, U. Klein 1991, vgl. darin Freckmann, Klaus: Häuser mit Schneckenstiegen in der Nahe-Region, S. 215-234.

69 Einige Hinweise auf Rolshausen finden sich bei C. Euskirchen 1997, S. 72, 222 u. 367. – Das Pfarrhaus ist noch erhalten; vgl. Kunstdenkmäler der Rheinprovinz, Kreis Neuwied, Düsseldorf 1940, S. 172.

70 K. Freckmann 1976.

71 B. Schmidt, H. Köhren-Jansen, K. Freckmann 2000, S. 52-54. – H. G. Lippert 1992, S. 149-156.

72 H. Nebel 1976 hat das Haus als Traufenansicht dargestellt, vgl. Tafel 62, dort lokalisiert in der Enggasse.

73 Landeshauptarchiv Koblenz, für Oberwinter – Sign.: 702/2403 und für St. Goar: 702/2414 T 2a.

74 Schwind 1984, S: 89 f. – F. Hachenberg 1992, S. 55-72. – R. Hocker u. W. Wessel 1999, S. 210.

75 B. Schmidt, H. Köhren-Jansen, K. Freckmann 2001, S. 352 f.

76 Chr. Bauer 1991, S. 76-85. – Vgl. zu dem Komplex Bauregulierungen generell Th. Spohn 2002. Zwar werden in diesem Sammelband nordwestdeutsche Beispiele angeführt; die Verhältnisse in Westdeutschland dürften kaum anders gewesen sein.

77 K. Freckmann 1983, S. 192-194.

78 F.H. Kemp, J. Schäfer, H. Vogts 1966, S. 71-94. – Anton Rings/Anita Linz 2002.

79 H. Burghard, C. Kapser 2002, S. 48, Abb. 21; 60 f. Vgl. zum „Deutschen Haus" in Koblenz: G. Schulz 1976, S. 61. – D. Kerber, U. Liessem 1990.

80 Vgl. das Urkataster von Linz im Landeshauptarchiv Koblenz, Sign.: 733/769, Bd. 11 (Mutterrolle) und 733/769, Bd. 1 (Flurbuch) - Mühlengasse 11 – Friedrich Gereke (Parz.-Nr. 1094/1095); Mühlengasse 13-15 — Johann Keller (Parz.-Nr. 1096). Literatur zu Linz: Hans Peter Petri 1974, S. 182-184 (Deutsches Haus). Anton u. Anita Rings 2002, S. 178-180. Bei der Grundstückszuordnung finden sich in der Literatur zum Teil abweichende Angaben. Vgl. etwa F. H. Kemp, J. Schäfer, H. Vogts 1966, S. 94, Nr. 2.

81 Vgl. zur Familie von Kügelgen: E. Lind 1974. – D. v. Hellermann 2001, S. 15-28.

82 G. U. Großmann, K. Freckmann, U. Klein 1993, vgl. den Umschlag mit der Ansicht von Oberwesel und Umgebung. Vgl. zum Siebengebirge: B. Schmidt, H. Köhren-Jansen, K. Freckmann 2001, S. 303 f.

83 H. Burghard, C. Kapser 2003, S. 51. – F. H. Kemp, J. Schäfer, H. Vogts 1966, S. 78, Nr. 29. – K. Freckmann 2002, vgl. die Karte über die Verbreitung der Spielhäuser im Rheinland; der Beleg von Linz ist als Nachtrag zu verstehen.

84 W. Schieder 1991, Bd. 5, S. 413-417.

85 Landeshauptarchiv Koblenz, Sign.: 702/11871. – J. J. Wagner o. J. – H. Reber 1960, S. 68 f. An dieser Stelle sei Herrn Pohren herzlich für seine Informationen und die Leihgabe historischer Fotos gedankt.

86 F. H. Kemp, J. Schäfer, H. Vogts 1966, S. 83, Nr. 61 – H. Burghard, C. Kapser 2002, S. 61.

87 K. Flink 1985, vgl. darin Janssen, Wilhelm: Die Landwirtschaft in Kurköln im Spätmittelalter, S. 105-112, insbesondere S. 110 f.
88 S. Vöing, B. Busch-Schirm 2000, 1. Bd., S. VII f.
89 S. Vöing, B. Busch-Schirm 2000, 1. Bd., vgl. die Personennummern 2731, 2735, 2737 u. 2738, S. 724-728, 2. Bd. Personennummern 1856, S. 567 und Nr. 1866, 18678. S. 569 f.
90 S. Vöing, B. Busch-Schirm 2000, 1. Bd., Personennummer 2796, S. 745. – Schönhofen 1983, S. 9.
91 S. Vöing, B. Busch-Schirm 2000, 1. Bd., Personennummer 2796, S. 745. – Schönhofen 1983, S. 12.
92 Anfragen an die Westdeutsche Gesellschaft für Familienkunde, Köln. In diesem Zusammenhang sei auch auf das Testament als wichtige Geschichtsquelle hingewiesen, vgl. G. Schulz 1976.
93 M. Weidenbach 2002.
94 B. Schmidt, H. Köhren-Jansen, K. Freckmann 2001, S. 292-294.
95 G. U. Großmann, K. Freckmann, U. Klein 1993; vgl. darin Freckmann, Klaus: Der Stadtgrundriß von Oberwesel, dargestellt anhand von Berufsstatistiken des 19./20. Jahrhunderts, S. 151-162.
96 Wie Anm. 95, S. 155.
97 Wie Anm. 95, S. 152. – H. J. Heyen 1966. vgl. darin Prößler, Helmut: Geschichte der Stadt St. Goar, S. 441-450, insbesondere S. 448.
98 W. Bracht 1968.
99 G. U. Großmann, K. Freckmann, U. Klein 1993, vgl. Freckmann, Klaus: Der Stadtgrundriß von Oberwesel, dargestellt anhand von Berufsstatistiken des 19./20. Jahrhunderts, S. 151-162, insbesondere S. 152. – F. L. Wagner 1996, vgl. Schellack,. Fritz: Die Geschichte Bacharachs in preußischer Zeit, S. 173-185, insbesondere S. 176 f.
100 H. Winkel 1983. – C. G. Custodis 1991. – Chr. Schüler-Beigang 2001; vgl. darin Custodis, Paul-Georg: Gewerbe, Industrie und Bergbau, 1. Bd., S. 338-349.
101 W. Kimpel o. J., S. 50 f. Vgl. für Neuwied Anm. 142.
102 K. Freckmann 1997.
103 P. G. Custodis 1993.
104 W. Weyres, A. Mann 1968, S. 93 f., Artikel 644. – F. Schwieger 1968.
105 Dauber 1975.
106 Die Kunstdenkmäler von Rheinland-Pfalz, 8. Bd., Teil 2.1.: Ehemaliger Kreis St. Goar. Stadt Boppard, München/Berlin 1988, S. 549-553.
107 W. Brönner 1994, S. 165 f. – H. Vogts 1960.
108 Mitteilung der Unteren Denkmalbehörde bei der Kreisverwaltung Ahrweiler-Bad Neuenahr vom 13.2.2003. Vgl. zu Brantzky – K. Menne-Thomé 1980. – W. Hagspiel, 1996, 2. Bd., S. 806-808.
109 G. U. Großmann, D. de Vries, K.Freckmann, U. Klein 1999. Vgl. darin Freckmann, Klaus: Architektur im Rheinland in der ersten Hälfte des 20. Jahrhunderts – elitärer Anspruch und ländliche Realität, S. 173-194.
110 G. U. Großmann, D. de Vries, K. Freckmann, U. Klein 1998.
111 G. U. Großmann, K. Freckmann, U. Klein 1993.
112 Für die Mittelrhein-Region stehen folgende Kunstdenkmälertopographien zur Verfügung: Die Bau- und Kunstdenkmäler des Regierungsberzirks Wiesbaden, 5 Bände, (darunter der Kreis St. Goarshausen), o.O., 2. Aufl., 1907-1914, Nachdruck: Wiesbaden 1973; 6. Band als Ergänzung, Frankfurt 1921; die Kunstdenkmäler im Volksstaat Hessen, Kreis Bingen, Darmstadt 1934; Die Kunstdenkmäler des Landes Hessen, Rheingaukreis, München 1965; Die Kunstdenkmäler der Rheinprovinz, Kreis Ahrweiler, Düsseldorf 1938; Kreis Neuwied, 1940; Landkreis Koblenz, 1944; Kreis Mayen, 1. Halbband, 1941; 2. Teil 1943; Die Kunstdenkmäler von Rheinland-Pfalz: Die Kunstdenkmäler des Rhein-Hunsrück-Kreises, Stadt Boppard, 2 Bände, München 1988; Stadt Oberwesel, 2 Bände, München/Berlin 1997.
113 H.-H. Reck 2002.
114 Vgl. als Literatur: Limburg a.d. Lahn 1997 u. 2002.
115 H.-H. Reck 2002.
116 Die Kunstdenkmäler des Landes Hessen, Rheingaukreis 1965, Abb. 239. – K. Bedal, S. Fechter, H. Heidrich 1998, S. 137, Abb. 13.
117 P.-G. Custodis 1986.
118 Wie hier Anm. 56. – G. Dehio 1972, S. 342.
119 C. Euskirchen 1997, vgl. z.B. die Farbtafel II. Reihenhäuser in der Kastorpfaffengasse zu Koblenz (1769) oder den Probsteineubau der Abtei Brauweiler in Klotten an der Mosel (1770)
120 W. Schönhofen 1983, S. 9.
121 K. Freckmann 1997. Leider sind in dem Beitrag die Abbildungen vetauscht worden, was zu Irritationen führt.
122 B. Schmidt, H. Köhren-Jansen, K. Freckmann 2001, S,. 352-354.
123 Rheinisches Bauernhaus und –gehöft 1935. Vgl. darin den Beitrag von Wildeman, Theodor: Gehöft- und Bauernhausformen in der Eifel, S. 202-223, insbesondere S. 212.
124 U. Haas 1988; vgl. darin Freckmann, Klaus: Adelige Hofgüter in Bassenheim bei Koblenz um 1833, S. 55-72.
125 Wie Anm. 123, vgl. Abb. S. 204.
126 J. Cuisenier 1998, S. 394, Abb. 11.
127 B. Schmidt, H. Köhren-Janssen, K. Freckmann 2000, S. 265-267.
128 K. Freckmann 1984, S. 164, Tafel 118.
129 C. Euskirchen 1997, S. 94-97 u. Farbtafel X.

130 B. Schmidt, H. Köhren-Jansen, K. Freckmann 2001, S. 342-346.
131 H. J. Häbel 1980, S. 155-160.
132 K. Freckmann 1990, S. 4.
133 H. J. Häbel 1980, S. 308-319.
134 J. G. Fuchs 2001, S. 178, Abb. 1.
135 H. J. Häbel 1984. – W. Fritzsche 1996, S. 197-206.
136 K. Freckmann 1990.
137 K. Freckmann 2002, S. 51-58.
138 „Backen und Lernen in einem Haus", Bericht in der Allgemeinen Zeitung, Ausgabe Sobernheim, vom 21.9.1985.
139 K. Freckmann 2002, S. 54-57. – „Speis und Trank aus altem Gemäuer", Bericht in der Allgemeinen Zeitung, Ausgabe Sobernheim, vom 26.9.1985. – Jochen Tarrach: Ein altes Haus kommt ins Seniorenheim, Rhein Zeitung, Ausgabe Mittelrhein, vom 8.8.2003, S. 16
140 H. Nebel 1976, Tafel 62, dort wiedergegeben mit der Adresse Enggasse 1.
141 Landeshauptarchiv Koblenz, Sign.: 733/769, Bd. 12, Parz.-Nr. des Grundstücks 1268, Art.-Nr. von Andreas Wester – 726, Art.-Nr. von Egidius Wester – 1055
142 Die Kunstdenkmäler des Kreises Neuwied, Düsseldorf 1940, S. 142.
143 Freundliche Mitteilung von Herrn Ulrich Borkowsky/Neuwied-Feldkirchen (Mai 2003).
144 Landeshauptarchiv Koblenz, Sign.: 730/753. Es ist lediglich eine Übersichtskarte von Fahr aus dem Jahre 1832 vorhanden.
145 Wie Anm. 144.
146 Im Landeshauptarchiv Koblenz existiert kein Urkataster von Neuwied-Rodenbach; ebenfalls nicht für Neuwied-Feldkirchen.
147 Vgl. Anm. 142.
148 Im Landeshauptarchiv Koblenz befinden sich ein Grenzhandriß und Vorrisse des Urkatasters von 1828; die Mutterrolle datiert von 1829, und die Flurkarten von 1870. Wegen der fehlenden Konkordanz ist eine Zuordnung der Parzellen und Eigentümer schwierig – Sign.: 730/776.
149 Vgl. Denkmalpflege in Rheinland-Pfalz 1982-83, Worms 1984, S. 226.
150 Landeshauptarchiv Koblenz, Sign.: 733/160; Karten existieren nicht, für die Mutterrolle gilt der Vermerk: „wegen Schimmelbefall ausgesondert."
151 Landeshauptarchiv Koblenz, Sign. des Urkatasters: 730/357. Flur „Im Dorf", Parzellennummern 1843 u. 1844, Artikel-Nr. von Josef Rosenbach = 139 und von Johann Rosenbach = 268.
152 Landeshauptarchiv Koblenz, Sign.: 702/2520.
153 Vgl. zum Backofenbau G. U. Großmann, K. Freckmann, U. Klein 1993. Darin die Aufsätze von Helmu Schossau: Zur Geschichte der Backofenbauer von Garshasen/Westerburg, S. 299-330, und von Klaus Freckmann: Das Handwerk der Backofenbauer in Bell in der Obereifel, S. 331-351.
154 Feld 1972, S. 249-253. – Wagner, Friedrich Ludwig 1956, S. 19 f.
155 Wagner, Friedich Ludwig 1996; vgl. Bacharach im 17. und 18. Jahrhundert, S. 91-97. – Feld 1972, S. 162-165.
156 Feld 1972, S. 249-253.
157 Honnef, K; Weschenfelder, K; Haberland, J. 1992, S. 140 u. 348.
158 Hugo, V., 1980, S. 173.
159 E. Schrijver/F. Wiesemann 1997, vgl. darin Heinrich Heine, Der Rabbi von Bacharach, S. 49-64.
160 Die Korrespondenz hat freundlicherweise Frau Reni Weber, „Altes Haus", Bacharach zur Verfügung gestellt. Herzlichen Dank.
161 Tümmers 1968, S. 111-115.

Literaturverzeichnis

Die Bau- und Kunstdenkmäler des Regierungsbezirks Wiesbaden:
Die Bau- und Kunstdenkmäler des Regierungsbezirks Wiesbaden, hg. vom Bezirksverband des Regierungsbezirks Wiesbaden, bearb. v. Ferdinand Luthmer, 6 Bde., Frankfurt a.M. 1902–1921 (Nachdruck Wiesbaden 1973).

Bátori, Ingrid; Kerber, Dieter u. Schmidt, Hans Josef (Redaktion):
Geschichte der Stadt Koblenz, 2 Bände, Stuttgart 1992/93.

Bauer, Christine H.:
Anspruch und Wirklichkeit landesherrlicher Baugesetzgebung. Analyse der Wechselwirkungen zwischen Verordnungen und Hausbau in Hessen-Kassel bzw. Kurhessen von 1532 bis 1866, Marburg 1981.

Beck, Nordwin (Hrsg.):
Mittelrheinische Natur- und Kulturlandschaft. Weltkulturerbe der UNESCO. Die Entwicklung der Umwelt und die Gestaltung des Tourismus (Schriften des Arbeitskreises Landes- und Volkskunde 1), Koblenz 2002.

Bedal, Konrad:
Der vollendete Anfang im Mittelalter – Unzeitgemäßer Versuch einer Generalisierung, In: Hausbau im Mittelalter III, Jahrbuch für Hausforschung. Sonderband, Sobernheim/Bad Windsheim 1988, S. 9-29.

Bedal, Konrad:
Historische Bauforschung. Eine Einführung in Arbeitsweise, Begriffe und Literatur (Quellen und Materialien zur Hausforschung in Bayern 6), Bad Windsheim 1993.

Bedal, Konrad; Fechter, Sabine; Heidrich Hermann (Hrsg.):
Haus und Kultur im Spätmittelalter. Bericht der Tagung „Ländliche Volkskultur im Spätmittelalter in neuer Sicht" des Fränkischen Freilandmuseums vom 24. bis 26. April 1996 (Quellen und Materialien zur Hausforschung in Bayern 10), Bad Windsheim 1998.

Bendermacher, Justinus
Dorfformen im Rheinland. Auszüge aus den Kurzinventaren rheinischer Dörfer, 1948-1969, Köln 1971.

Bendermacher, Justinus
Dorfformen in Rheinland-Pfalz. Auszüge aus den Kurzinventaren rheinland-pfälzischer Dörfer 1949-1979, Köln 1981.

Bierau, Ernst Eduard:
Das Bauernhaus des Hunsrücks und Hochwaldes. Bauernhausformen zwischen Mosel, Nahe und Rhein, Berncastel-Cues 1933.

Binding, Günther; Mainzer Udo; Wiedenau, Anita:
Kleine Kunstgeschichte des deutschen Fachwerkbaus, 4. Aufl., Darmstadt 1989.

Bracht, Wilhelm (Hrsg.):
Karl Marx. Notstand, Staat und Presse. Eine Polemik über die Zustände der Moselbauern, Trier 1968.

Brönner, Wolfgang:
Die bürgerliche Villa in Deutschland 1830-1890, 2. Aufl., Worms 1994.

Burghard, Hermann u. Kapser Cordula:
Linz am Rhein. Die Geschichte der Stadt von der Frühzeit bis zu Gegenwart (Stadt und Gesellschaft, Studien zum Rheinischen Städteatlas 2), Köln/Weimar/Wien 2002.

Christoffel, Karl:
Die kurtrierische Weinbau- und Weinhandelspolitik seit dem 16. Jahrhundert. In: Trierer Zeitschrift 1929/4, S. 109-144.

Cramer, Johannes:
Gerberhaus und Gerberviertel in der mittelalterlichen Stadt (Studien zur Bauforschung der Koldewey-Gesellschaft 12), Bonn 1981.

Cuisenier, Jean:
La maison rustique – Das Haus auf dem Lande, Lebenswelten und Baustrukturen. Übersetzung von Thorsten Gebhard †. Mit einem Nachtrag von Klaus Freckmann. (Quellen und Forschungen zur Europäischen Ethnologie 19). Dettelbach 1989.

Cuno, Heinrich:
Die Gefährdung der Denkmäler der Holzarchitektur des Mittelalters und der Renaissance-Periode. In: Zeitschrift für Baukunde 4/1981, S. 4-8 (bezieht sich u. a. auf Bacharach.

Custodis, Paul-Georg:
Das Gasthaus „Zur Traube" in Vallendar am Rhein. In: Denkmalpflege in Rheinland-Pfalz, Jg. 39/1984, Fachwerk, Worms 1986, S. 143-148.

Custodis, Paul-Georg:
Technische Denkmäler in Rheinland-Pfalz, Koblenz 1991.

Custodis, Paul-Georg:
Schloß Marienfels in Remagen (Rheinische Kunststätten 382), Köln 1993.

Dauber, Reinhard:
Ferdinand Jakob Nebel (1782-1860). Kgl. Preußischer Landbauinspektor in Koblenz. Diss. – Aachen 1975.

Dehio, Georg:
Handbuch der Deutschen Kunstdenkmäler. Rheinland-Pfalz, Saarland, München/Berlin 1972.

Dollen, Busso von der:
Die Koblenzer Neustadt. Planung und Ausführung einer Stadterweiterung des 18. Jahrhunderts (Städteforschung. Veröffentlichungen des Instituts für vergleichende Städtegeschichte in Münster, Reihe A, Bd. 6), Köln/Wien 1979.

Eiler, Klaus:
Stadtfreiheit und Landesherrschaft in Koblenz. Untersuchungen zur Verfassungsgeschichte im 15. und 16. Jahrhundert (Veröffentlichungen des Institutes für Geschichtliche Landeskunde an der Universität Mainz 20), Wiesbaden 1980.

Eitzen, Gerhard:
Rheinisches Fachwerk im 15. und 16. Jahrhundert. In: Rheinische Heimatpflege N.F. 1969, S. 2-11.

Euskirchen, Claudia:
Nikolaus Lauxen (1722-1791). Ein Baumeister des rheinisch-moselländischen Barock (Pulheimer Beiträge zur Geschichte und Heimatkunde, 16. Sonderveröffentlichung), Pulheim 1997.

Feld, Rudolf:
Das Städtewesen des Hunsrück-Nahe-Raumes im Spätmittelalter und in der Frühneuzeit. Untersu-

chungen zu einer Städtelandschaft, Trier 1972.

Fischer, Heinz:
Rheinland-Pfalz und Saarland. Eine geographische Landeskunde (Wissenschaftliche Länderkunden 8 Bundesrepublik Deutschland und Berlin (West), IV Rheinland-Pfalz und Saarland), Darmstadt 1989.

Fischer Heinz:
„Volkstümliche" Landschaftsbezeichnungen und „Geographisch-landeskundliche Nomenklatur" – Widerspruch ohne Logik? In: Sobernheimer Gespräche IV/V. Das Land an der Mosel und die Eifel – Kultur und Struktur, Köln 2000, S. 79-87.

Flink, Klaus (Redaktion):
Kurköln-Land unter dem Krummstab. Essays und Dokumente. Katalog zur Ausstellung im Städtischen Kramer-Museum Kempen, 22.11.1985-12.1.1986 (Veröffentlichungen der staatlichen Archive des Landes Nordrhein-Westfalen, Reihe C: Quellen und Forschungen 22), Kevelaer 1985.

Freckmann, Klaus:
Das erste Gebäude des Freilichtmuseums Sobernheim. In: Landeskundliche Vierteljahresblätter, Jg. 22/1976, Heft 3, S. 127-137

Freckmann, Klaus:
Das Bürgerhaus in Trier und an der Mosel (Das deutsche Bürgerhaus 32), Tübingen 1983.

Freckmann, Klaus:
Der ehemalige gräflich von der Leyensche Hof in Koblenz. In: Jahrbuch für westdeutsche Landesgeschichte 15/1989, S. 173-187.

Freckmann, Klaus:
Haus und Hof auf dem Hunsrück. Sonderdruck aus: Der Hunsrück, Festschrift zum 100-jährigen Jubiläum des Hunsrückvereins 1890-1990. Birkenfeld 1990.

Freckmann, Klaus:
Kelterhäuser am Rhein und an der Mosel bis 1800. In: Hausforschung und Wirtschaftsgeschichte in Rheinland-Pfalz, Jahrbuch für Hausforschung 41, Marburg 1993, S. 131-146.

Freckmann, Klaus:
Grundherrliche und bürgerliche Kelterhäuser an der Mosel im 17. und 18. Jahrhundert. In: Jahrbuch für westdeutsche Landesgeschichte, 22. Jg./1996, S. 195-211.

Freckmann, Klaus
Die Sinnbildmanie der dreißiger Jahre und ihr Fortleben in der volkstümlichen Deutung historischer Bauweisen, In: Rolf Brednich/Heinz Schmitt: Symbole. Zur Bedeutung der Zeichen in der Kultur. 30. Deutscher Volkskundekongreß in Karlsruhe vom 25. bis 29. September 1995, Münster/New-York/München/Berlin 1997, S. 94-112.

Freckmann, Klaus:
Die Unternehmerfamilie Puricelli. Wirtschafts-, sozialhistorische und kulturelle Aspekte (Schriftenreihe des Freilichtmuseums Bad Sobernheim 16), Köln 1997.

Freckmann, Klaus:
Hausformen, Bauweisen und Nutzungsarten vom Mittelalter bis in die Neuzeit (Publikationen der Gesellschaft für Rheinische Geschichtskunde, XII. Abt. 1b NF) [Geschichtl. Atlas der Rheinlande, Karte und Beiheft XI/6 bis XI/7], Köln 2002.

Freckmann, Klaus:
Das Rheinland-Pfälzische Freilichtmuseum Bad Sobernheim, Regensburg 2002.

Fritzsche, Wolfgang:
Hausbau und obrigkeitliches Handeln in den nassauischen Landesteilen von 1465 bis 1866, Weimar 1997.

Fuchs, Johann Georg
Johann Martin Ulrich (1697-1768). Ein Limburger Baumeister des 18. Jahrhunderts. In: Nassauische Annalen, Bd. 112, 2001, S. 177-192.

Gerlich, Alois (Hrsg.):
Weinbau, Weinhandel und Weinkultur, Sechstes Alzeyer Kolloquium (Veröffentlichungen des Institutes für Geschichtliche Landeskunde an der Universität Mainz 40), Stuttgart 1993.

Großmann, G. Ulrich:
Der Fachwerkbau. Das historische Fachwerkhaus, seine Entstehung, Farbgebung, Nutzung und Restaurierung, Köln 1986.

Großmann, G. Ulrich; Vries, Dirk de; Freckmann, Klaus; Klein, Ulrich (Hrsg.):
Zur Bauforschung über Spätmittelalter und frühe Neuzeit (Berichte zur Haus- und Bauforschung 1), Marburg 1991.

Großmann, G. Ulrich; Freckmann, Klaus; Klein, Ulrich (Hrsg.):
Hausforschung und Wirtschaftsgeschichte in Rheinland-Pfalz, Jahrbuch für Hausforschung 41, Marburg 1993.

Großmann, G. Ulrich; Vries, Dirk de; Freckmann, Klaus; Klein Ulrich (Hrsg.):
Zur Bauforschung im Rheinland (Berichte zur Haus- und Bauforschung 5), Marburg 1998.

Großmann, G. Ulrich; Vries, Dirk de; Freckmann, Klaus; Klein, Ulrich (Hrsg.):
Ländliches und kleinstädtisches Bauen und Wohnen im 20. Jahrhundert (Jahrbuch für Hausforschung 46), Marburg 1999.

Großmann, G. Ulrich; Vries, Dirk de; Freckmann, Klaus; Klein, Ulrich (Hrsg.):
Monreal in der Eifel. Historische Quellen, Baugeschichte und Denkmalpflege (Berichte zur Haus- und Bauforschung 7), Marburg 2001.

Haas, Ulrich (Schriftleitung):
Hauskundliche Beiträge für Rolf Robischon. Eine Freundesgabe der Hausforschung für Rolf Robischon. Architekt – Lehrer – Hausforscher – Museumsgründer zum 80. Geburtstag. Konz 1988.

Hachenberg, Friedrich:
2000 Jahre Waldwirtschaft am Mittelrhein. Begleitpublikation zur gleichnamigen Ausstellung des Landesmuseums Koblenz und der Bezirksregierung Koblenz – Forstdirektion (Veröffentlichung des Landesmuseums Koblenz 41), Koblenz 1992.

Häbel, Hans-Joachim
Die Kulturlandschaft auf der Basalthochfläche des Westerwaldes vom 16. bis 19. Jahrhundert (Veröffentlichungen der Historischen Kommission für Nassau 27), Wiesbaden 1980.

Häbel, Hans-Joachim:
Staatliche Hausbaupolitik in Nassau-Oranien und Sayn-Hachenburg. In: Nassauische Annalen, 95/ 1984, S. 135-153.

Hagspiel, Wolfram:
Köln: Marienburg, Bauten und Architekten eines Villenvorortes – einschließlich der Villengebiete von Bayenthal (Stadtspuren – Denkmäler in Köln 8), 2 Bände, Köln 1996.

Hellermann, Dorothee von:
Gerhard von Kügelgen (1772–1820). Das zeichnerische und malerische Werk. Berlin 2001.

Heyen, Franz-Josef (Hrsg.):
Zwischen Rhein und Mosel. Der Kreis St. Goar, Boppard 1966.

Hocker, Rolf u. Wessel, Wolfgang:
Die Waldwirtschaft in Kurköln zur Zeit des Kurfürsten Clemens August. In: Der Riss im Himmel. Bd. 3: Eine Gesellschaft zwischen Tradition und Wandel. Alltag und Umwelt im Rheinland des 18. Jahrhunderts. Ausstellung: Clemens August und seine Epoche in Schloß Augustusburg in Brühl 13.5.-1.10.2000, Köln 1999, S. 209-225.

Honnef, Klaus; Weschenfelder, Klaus; Haberland, Irene (Hrsg.):
Vom Zauber des Rheins ergriffen ... Zur Entdeckung der Rheinlandschaft vom 17. bis 19. Jahrhundert. Ausstellungskatalog Rheinisches Landesmuseum Bonn und Mittelrhein-Museum Koblenz 1992. München 1992.

Horn, Wilhelm von:
Der Rhein. Geschichte und Sagen seiner Burgen, Abteien, Klöster und Städte, 3. Aufl., Wiesbaden 1881

Hugo, Victor:
Le Rhin. Préface de Michel Le Bris. Strasbourg 1980.

Irsigler, Franz:
Herrschaftsgebiete im Jahre 1789 (Publikationen der Gesellschaft für Rheinische Geschichtskunde, XII. Abt. 1b NF) [Geschichtlicher Atlas der Rheinlande, Karte und Beiheft V.1], Köln 1981.

Irsigler, Franz:
Kooperation und Konkurrenz in den Wirtschaftsbeziehungen zwischen Tal- und Bergsiedlungen, am Beispiel des Eifel-Mosel-Hunsrückraumes. In: Sobernheimer Gespräche I, Prozesse im Raum. Zur Beziehung zwischen Tal- und Berglandschaft, Köln 1993, S. 49-61.

Kaspar, Fred:
Ländliches Bauwesen im Spätmittelalter. Fragen der Forschung. In: Rheinisch-westfälische Zeitschrift für Volkskunde, 47. Jg./2002, S. 85-99.

Kemp, Franz Hermann; Schäfer, Josef; Vogts, Hans:
Die Inschriften der alten Grabdenkmäler und Wegekreuze der ehemaligen kurkölnischen Ämter Linz/ Altenwied (Rheinische Friedhöfe 3), Köln 1966.

Kerber, Dieter:
Der Residenzraum Koblenz-Ehrenbreitstein. In: Sobernheimer Gespräche III, Das Land an der Mosel – Kultur und Struktur, Köln 1995, S. 73-79.

Kerber, Dieter; Liessem, Udo:
Der Deutsche Orden in Koblenz. Studien zur Geschichte und Bauentwicklung im Mittelalter, Koblenz 1990.

Kimpel, Will:
1000 Jahre Kaub am Rhein – die kleine Stadt mit großer Geschichte, St. Goarshausen o. J.

Klapheck, Richard:
Eine Kunstreise bis zur holländischen Grenze (Zeitschrift des Rheinischen Vereins für Denkmalpflege und Heimatschutz, Sonderausgabe), Düsseldorf 1925.

Die Kunstdenkmäler der Rheinprovinz, hg. v. Paul Clemen, Düsseldorf:
Bd. 16.2: Die Kunstdenkmäler des Kreises Neuwied, bearb. v. Heinrich Neu u. Hans Weigert, 1940; Bd. 16.3: Die Kunstdenkmäler des Landkreises Koblenz, bearb. v. Hans Erich Kubach, Fritz Michel u. Hermann Schnitzler, 1944; Bd. 17.1: Die Kunstdenkmäler des Kreises Ahrweiler, bearb. v. Joachim Gerhardt u.a., 1938; Bd. 17.2.1: Die Kunstdenkmäler des Kreises Mayen. Die Kunstdenkmäler der Ämter Andernach Stadt und –Land, Burgbrohl, Kelberg, Kempe-

nich und Virneburg, bearb. v. Josef Busley u. Heinrich Neu, 1941; Bd. 17.2.2: Die Kunstdenkmäler des Kreises Mayen. Die Kunstdenkmäler der Ämter Mayen-Stadt und Mayen-Land, Münstermaifeld, Niedermendig und Polch, bearb. v. Hanna Adenauer, Josef Busley u. Heinrich Neu, Rekonstruktion nach dem Stand von 1943, 1985; Bd. 18.1: Die Kunstdenkmäler des Kreises Kreuznach, bearb. v. Walther Zimmermann, 1935.

Die Kunstdenkmäler des Landes Hessen, hg. v. Landeskonservator v. Hessen, München u.a.:
Bd. 2: Der Rheingaukreis, bearb. v. Max Herchenröder, 1965.

Die Kunstdenkmäler im Volksstaat Hessen.
Inventarisierung und beschreibende Darstellung der Werke der Architektur, Plastik, Malerei und des Kunstgewerbes bis zum Schluß des XVIII. Jahrhunderts, Darmstadt: Bd. 1.2: Provinz Rheinhessen. Die Kunstdenkmäler des Kreises Bingen, bearb. v. Christian Rauch, geschichtl. Beiträge von Fritz Herrmann, Zeichnungen v. Ludwig Greb und Carl Bronner, 1934.

Die Kunstdenkmäler von Rheinland-Pfalz, im Auftr. des Kultusministeriums hg. v. Landesamt für Denkmalpflege Rheinland-Pfalz, München u.a.:
Bd. 1: Die Kunstdenkmäler der Stadt Koblenz. Die profanen Denkmäler und die Vororte, bearb. v. Fritz Michel 1954; Bd. 6.1: Die Kunstdenkmäler des Rhein-Hunsrück-Kreises; Teil 1: Ehemaliger Kreis Simmern, 1, bearb. v. Magnus Backes, Hans Caspary, Norbert Müller-Dietrich 1977; Bd. 6.2: Die Kunstdenkmäler des Rhein-Hunsrück-Kreises, Teil 1: Ehemaliger Kreis Simmern, 2, 1977; Bd. 8.1: Die Kunstdenkmäler des Rhein-Hunsrück-Kreises, Teil 2: Ehemaliger Kreis St. Goar, 1. Stadt Boppard, 1, bearb. v. Alkmar von Ledebur u.a. 1988; Bd. 8.2: Die Kunstdenkmäler des Rhein-Hunsrück-Kreises, Teil 2: Ehemaliger Kreis St. Goar, 1: Stadt Boppard, 2, 1988; Bd. 9.2: Die Kunstdenkmäler des Rhein-Hunsrück-Kreises, Teil 2: Ehemaliger Kreis St. Goar, 2, Stadt Oberwesel, 2, bearb. v. Eduard Sebald 1997.

Liessem, Udo:
Zur Topographie des mittelalterlichen Koblenz. In: Landeskundliche Vierteljahrsblätter 1974/1, S. 6-10.

Limburg a.d. Lahn:
Forschungen zur Altstadt, Hrsg.: Magistrat der Stadt Limburg an der Lahn, Sanierungsstelle, Heft 2. Die Limburger Fachwerkbauten des 13. Jahrhunderts, Limburg 1997. Heft 3, Die Limburger Fachwerkbauten des 14. u. 15. Jahrhunderts, Limburg 2002.

Lind, Elli:
Einiges über die Kügelgen in Linz und Bacharach, in: Mitteilungen der Westdeutschen Gesellschaft für Familienkunde, Jg. 62, Bd. 26, Heft 7, Juli-September 1974, S. 178-182.

Linz, Karl-Ernst:
Karl-Ernst Linz, Der Bau des Bacharacher Rathauses von 1736 bis 1754. Die Schwierigkeiten beim Rathausbau im Spiegel der Kurpfälzischen Geschichte (Verein für die Geschichte der Stadt Bacharach und der Viertäler e.V., Kleine Schriftenreihe Nr. 2), Bacharach 1987.

Linz, Karl-Ernst:
Karl-Ernst Linz, Bacharacher Haus- und Grundbesitzer. Teil I – Verzeichnis der Besitzer ab 1867 und die Beschreibung der größeren Brände, (Hrsg.: Verein für die Geschichte der Stadt Bacharach und der Viertäler e.V.), Argenthal 1990.

Linz, Karl-Ernst:
Karl-Ernst Linz, Bacharacher Haus- und Grundbesitzer, Teil II – Verwandtschaftskarte und Verwandtschaftslisten, (Hrsg.: Verein für die Geschichte der Stadt Bacharach und der Viertäler e.V.), Argenthal 1991.

Linz, Karl-Ernst:
Karl-Ernst Linz, Bacharacher Haus- und Grundbesitzer, Teil III – Beiträge zur Bacharacher Stadtgeschichte und Änderungen und Ergänzungen zu Teil I u. II, (Hrsg.: Verein für die Geschichte der Stadt Bacharach und der Viertäler e.V.), Argenthal 1993.

Linz, Karl-Ernst:
Karl-Ernst Linz, Der Posthof zu Bacharach. Bacharacher Post- und Posthofgeschichte von den Anfängen bis zur Gegenwart, (Hrsg.: Verein für die Geschichte der Stadt Bacharach und der Viertäler e.V.), o.J. (2000).

Lippert, Hans-Georg:
Das Haus in der Stadt und das Haus im Hause, Bau- und Wohnformen des 13. bis 16. Jahrhundert gezeigt an Beispielen aus Limburg an der Lahn und anderen Städten in Hessen, München 1992.

Löffler, Günter und Richter, Gerold:
Naturräumliche Gliederung (Publikationen der Gesellschaft für Rheinische Geschichtskunde, XII. Abt. 1b NF) [Geschichtl. Atlas der Rheinlande, Karte und Beiheft I. 5], Köln 1981

Lohmeyer, Karl:
Johannes Seiz. Kurtrierischer Hofarchitekt, Ingenieur sowie Obristwachtmeister und Kommandeur der Artillerie 1717-1779. Die Bautätigkeit eines rheinischen Kurstaates in der Barockzeit (Heidelberger Kunstgeschichtliche Abhandlungen 1), Heidelberg 1914.

Marx, J.:
Geschichte des Erzstifts Trier und des Trier. Landes

als Churfürstenthum und als Erzdiöcese von den ältesten Zeiten bis zum Jahre 1816, 5 Bände, Trier 1858-1864.

Matheus, Michael:
Hafenkrane. Zur Geschichte einer mittelalterlichen Maschine am Rhein und seinen Nebenflüssen von Straßburg bis Düsseldorf (Trierer Historische Forschungen 9), Trier 1985.

Maus, Reinhold:
Bacharach's Strassen im Wandel der Zeiten (Verein für die Geschichte der Stadt Bacharach und der Viertäler e.V.), Bacharach 1999.

Menne-Thomé, Käthe:
Franz Brantzky 1871-1945 (17. Veröffentlichung der Abteilung Architekturgeschichte des Kunsthistorischen Instituts der Universität zu Köln), Köln 1980.

Nebel, Herbert:
Fachwerkbauten im Ortsbild am Mittelrhein. Ein Beitrag zur Erhaltung und Erneuerung der Ortskerne im Regionalraum Mittelrhein, o.O. 1976.

Pauly, Ferdinand:
Beiträge zur Geschichte der Stadt Boppard, 1. Bd., Boppard 1989.

Petri, Hans Peter:
1000 Jahre Linz am Rhein 874-1974, Linz 1974.

Prößler, Helmut:
Das Weinbaugebiet Mittelrhein in Geschichte und Gegenwart, Koblenz 1979.

Reber, Horst:
Die Baukunst im Kurfürstentum Trier unter dem Kurfürsten Johann Hugo von Orsbeck, Karl von Lothringen und Franz Ludwig von Pfalz-Neuburg 1676-1729 (Veröffentlichungen des Bistumsarchivs Trier 5), Trier 1960.

Reck, Hans-Hermann:
Hausforschung im südlichen Hessen. Anmerkungen zum hauskundlichen Ertrag bauhistorischer Gutachten. In: Denkmalpflege und Kulturgeschichte 1/2002, S. 26-33.

Rheinisches Bauernhaus und -gehöft
In: Rheinische Heimatpflege. Zeitschrift für Museumswesen, Denkmalpflege, Archivberatung, Volkstum, Natur und Landschaftsschutz, 7. Jg/1935, Heft 2.

Rings, Anton; Rings, Anita:
Häuser und Menschen in Linz. Ein Beitrag zur Sozialtopographie der Linzer Altstadt, Linz a. Rhein 2002.

Ritter, Alexander:
Zur Topographie der Stadt Rhens in der Frühen Neuzeit. In: Jahrbuch für westdeutsche Landesgeschichte 28/2002, S. 47-75.

Schieder, Wolfgang (Hrsg.):
Säkularisation und Mediatisierung in den vier rheinischen Departements 1803-1813. Edition des Datenmaterials der zu veräußernden Nationalgüter (Forschungen zu deutschen Sozialgeschichte 5), 5 Bände, Boppard 1991.

Schmidt, Burghart; Köhren-Jansen, Helmtrud; Freckmann, Klaus:
Kleine Hausgeschichte der Mosellandschaft (Schriftenreihe zur Dendrochronologie und Bauforschung1), 2. Aufl., Köln 2000.

Schmidt, Burghart, Köhren-Jansen, Helmtrud; Freckmann, Klaus:
Auf den Spuren alter Häuser – Jahrringdatierung und Bauweise – Lohmar im Bergischen Land; Siebengebirge (Schriftenreihe zur Dendrochronologie und Bauforschung 2), Marburg 2001.

Schönhofen, Werner:
Leutesdorf am Rhein (Rheinische Kunststätten 272), Köln 1983.

Schrammel-Schäl, Notrud; Kessler, Karl (Bearbeiter):
Fachwerk im Westerwald. Ausstellung 11.9.1987 – 30.4.1988, Landschaftsverband Hachenburg, Hachenburg 1987.

Schrijver, Emile G. L., Wiesemann, Falk (Hrsg.):
Die von Geldern Haggadah und Heinrich Heines 'der Rabbi von Bacharach', Wien/München 1997.

Schüler-Beigang, Christian (Schriftleitung):
Das Rheintal von Bingen und Rüdesheim bis Koblenz. Eine europäische Kulturlandschaft, Hrsg.: Landesamt für Denkmalpflege Rheinland-Pfalz, 2 Bände, 1. Aufl., Mainz 2001.

Schulz, Gabriele:
Testamente des späten Mittelalters aus dem Mittelrheingebiet. Eine Untersuchung in rechts- und kulturgeschichtlicher Hinsicht (Quellen und Abhandlungen zur mittelrheinischen Kirchengeschichte 27), Koblenz 1976.

Schwieger, Frank:
Johann Claudius von Lassaulx 1781-1848, Architekt und Denkmalpfleger in Koblenz (Rheinischer Verein für Denkmalpflege und Heimatschutz, Jb. 1969), Köln/Neuß 1968.

Schwind, Werner:
Der Eifelwald im Wandel der Jahrhunderte ausgehend von Untersuchungen in der Vulkaneifel, Düren 1984.

Spohn, Thomas (Hg.):
Bauen nach Vorschrift? Obrigkeitliche Einflussnahme auf das Bauen und Wohnen in Nordwestdeutsch-

land (Beiträge zur Volkskultur in Nordwestdeutschland 102), Münster/New York/München/Berlin 2002).

Tombleson
Tombleson's Views of the Rhine, London 1832.
Tümmers, Horst-Johs:
Rheinromantik, Romantik und Reisen am Rhein, Köln 1968.

Vogts, Hans:
Vincenz Statz (1819-1898). Lebensbild und Lebenswerk eines Kölner Baumeisters. Mönchengladbach 1960.

Vogts, Hans:
Das Kölner Wohnhaus bis zur Mitte des 19. Jahrhunderts, 2 Bände, 1. Aufl. 1914; Köln 1966 (Rheinischer Verein für Denkmalpflege und Heimatschutz, Jb. 1964-65).

Vogts, Hans/Freckmann, Klaus:
Das Bürgerhaus in der Rheinprovinz. Nachdruck mit einem Vorwort von Günther Binding, Düsseldorf 1986 (1. Aufl. Düsseldorf 1929).

Vöing, Br. Suitbert; Busch-Schirm, Beate:
Bürger- und Familienbuch Leutesdorf/Rhein 1450 bis 1800 (Veröffentlichung der Westdeutschen Gesellschaft für Familienkunde 123; Deutsche Ortssippenbücher der Zentralstelle für Personen- und Familiengeschichte. Serie B, Nr. 210), 2 Bände, Köln 2000.

Volk, Otto:
Wirtschaft und Gesellschaft am Mittelrhein vom 12. bis zum 16. Jahrhundert (Veröffentlichungen der Historischen Kommission für Nassau 63), Wiesbaden 1998.

Wagner, Friedrich-Ludwig:
Stadt Bacharach und Samtgemeinde der Viertäler. Ein Beitrag zur Geschichte der Selbstverwaltung und Landeshoheit in einer mittelrheinischen Stadt und Landschaft, Bacharach 1956.

Wagner, Friedrich-Ludwig:
Friedrich Ludwig Wagner (Hrsg.), Bacharach und die Geschichte der Viertäler-Orte. Bacharach, Steeg, Diebach und Manubach, (Hrsg.: Verein für die Geschichte der Stadt Bacharach und der Viertäler e.V.), Oberwesel 1996.

Wagner, Johann Jakob:
Geschichtliches über die Herrenmühle in Ehrenbreitstein, o. O., o. J. (Exemplar im Landeshauptarchiv Koblenz, Sign.: B 982).

Wegner, Ewald:
Bacharach Stadtporträt. In: Rheinische Heimatpflege, 39. Jg., 2/2002, S. 114-132.

Weidenbach, Markus:
Familie Nalbach in Leutesdorf und Koblenz. In: Mitteilungen der Westdeutschen Gesellschaft für Familienkunde, Jg. 90, Bd. 40, Heft 8, Oktober-Dezember 2002, S: 236-239.

Weyres, Willi; Mann, Albrecht:
Handbuch zur rheinischen Baukunst des 19. Jahrhunderts, 1800 bis 1880, Köln 1968.

Wiedenau, Anita:
Katalog der romanischen Wohnbauten in westdeutschen Städten und Siedlungen (Das deutsche Bürgerhaus 34), Tübingen 1983.

Winkel, Harald:
Mittelrheinische Wirtschaft im Wandel der Zeit. Bilder und Texte zum 150-jährigen Bestehen der Industrie- und Handelskammer zu Koblenz, Koblenz 1983.

Dendrochronologische Datierungen ausgewählter historischer Bauten im Ortskern von Bacharach

Burghart Schmidt

Da Inschriften an alten Häusern mit einem Hinweis auf das Erbauungsjahr im allgemeinen eher selten sind, leistet die Dendrochronologie mit Datierungen einen wichtigen Beitrag zur Hausforschung.

Im ersten Band der Schriftenreihe zur Dendrochronologie und Bauforschung über das Moselgebiet und im zweiten über das Bergische Land mit dem Siebengebirge und weiteren benachbarten Landschaften sind zahlreiche dendrochronologisch datierte Häuser und ihre baulichen und stilistischen Merkmale vorgestellt worden. Mit dem Fortgang solcher verhältnismäßig großflächigen und zum Teil flächendeckenden Untersuchungen dürften sich auch Anhaltspunkte über die Siedlungsaktivitäten einzelner Orte und auch Landschaften finden lassen.

In den beiden ersten Bänden ist das Verfahren der Dendrochronologie näher beschrieben worden, wobei im ersten Band vorwiegend auf die Grundlagen der Methode und ihre Anwendungsmöglichkeiten eingegangen wurde. Im zweiten Band sind die jeweiligen Arbeitsschritte von der Probenentnahme bis zur Datierung eines Hauses näher dargestellt worden.

In diesem dritten Band soll auf die Sicherheit dendrochronologischer Datierungen eingegangen werden.

In Bacharach wurden insgesamt 7 Häuser dendrochronologisch untersucht, deren Datierungen in den Tabellen 1 bis 8 angegeben sind.

Objekt	Anzahl Hölzer		Dendrochronologische Datierung	
	untersucht	**datiert**	**Fällungszeit**	**voraussichtlicher Baubeginn**
„Altes Haus", Oberstr. 61	**5**	**3**	**1389**	**1390**
Gaststätte „Grüner Baum", Oberstr. 63	**13**	**4**	**1420**	**1421**
„Haus Sickingen", Oberstr. 5	**2**	**2**	**1437**	**1438**
Ehem. „Lagerhaus Bastian", Blücherstr. 23 (?)	**4**	**3**	**1541 / 1542**	**1542 / 1543**
Rathaus, ehem. Amtskellerei, Oberstr. 1	**10**	**7**	**1556**	**1557**
„Alter Posthof", Oberstr. 45 – 49	**13**	**6**	**1592**	**1593**
„Münze", Oberstr. 74	**7**	**6**	**1595 ± 5**	**1596 ± 5**

Tab. 1: Die dendrochronologisch datierten Häuser aus Bacharach im Überblick

Dendro-Nr. / Probenbezeichnung	Anzahl Jahrringe	Datierung		
		jüngster Jahrring		**Fällungsjahr**
B01005 / 1. Kopfband unter Stuhlrähm am Südgiebel	70	1298	nach	1325 ± 5
B01006 / 2. Kopfband am Südgiebel	61	1374		1389 ± 5
482130 / 2. Kehlbalken neben dem Nordgiebel	45	1389 WK		1389
482131 / Ostgiebel, Aufzugsholz	18			
482132 / Ostgiebel, Kopfband	33			

Tab. 2: Dendrochonologische Datierung. „Altes Haus", Oberstr. 61

Dendro-Nr. / Probenbezeichnung	Anzahl Jahrringe	Datierung	
		jüngster Jahrring	Fällungsjahr
107 / Sparren, Straßenseite	18		
108 / Sparren, Straßenseite	60	1420 WK	1420
109 / Sparren, Hofseite	28		
110 / Deckenbalken, Dach, Straßenseite	19		
111 / Deckenbalken, Speicher	27		
112 / Mittelständer, Rückgiebel	59	1419	1420 ± 1
113 / Kopfband I, Speicher	24		
114 / Kopfband II, Speicher	67	1420 WK	1420
115 / Kopfband III, Speicher	16		
116 / Sparren I	59		
117 / Sparren II	46		
118 / Sparren III	33		
127 / Kopfband am Straßengiebel	63	1420 WK	1420

Tab. 3: Dendrochonologische Datierung. Gaststätte „Grüner Baum“, Oberstr. 63

Dendro-Nr. / Probenbezeichnung	Anzahl Jahrringe	Datierung	
		jüngster Jahrring	Fällungsjahr
128 / Sparren aus dem Hauptdachstuhl, oberer Speicher	46	1437 WK	1437
129 / Sparren aus dem Hauptdachstuhl, unterer Firstbereich	69	1437 WK	1437

Tab. 4: Dendrochonologische Datierung. „Haus Sickingen“, Oberstr. 5

Dendro-Nr. / Probenbezeichnung	Anzahl Jahrringe	Datierung	
		jüngster Jahrring	Fällungsjahr
147 / Mittelständer, 1. EG	33		
158 / Nebenbau	41	1541 WK	1541
159 / Nebenbau	25		
160 / Nebenbau	49	1542 WK	1542

Tab. 5: Dendrochonologische Datierung. Ehem. „Lagerhaus Bastian“, Blücherstr. 23 (?)

Dendro-Nr. / Probenbezeichnung	Anzahl Jahrringe	Datierung	
		jüngster Jahrring	Fällungsjahr
148 / Binderfeld 14, Sparren	47	1554 WK	1554
149 / Windrispe zwischen Binder 12 / 14	51	1556 WK	1556
150 / Liegende Stuhlsäule, Hofseite	47		
151 / Windrispe im Binderfeld 14, Hofseite	41	1554 WK	1554
152 / Sparren, Binderfeld 9, Straßenseite	49	1555 WK	1555
153 / Deckenbalken im Binderfeld zwischen Binder 10 und 11, Straßenseite	39		
154 / Deckenbalken, Speicher zwischen Binder 1 und 2, Hofseite	47		
155 / Deckenbalken, Speicher zwischen Binder 1 und 2, neben Kamin, Hofseite	53		
156 / Kehlbalken oberer Speicher, Straßenseite	118	1556 WK	1556
157 / Kehlbalken, oberer Speicher	56	1554 WK	1554

Tab. 6: Dendrochonologische Datierung. Rathaus, ehem. Amtskellerei, Oberstr. 1

Dendro-Nr. / Probenbezeichnung	Anzahl Jahrringe	Datierung	
		jüngster Jahrring	Fällungsjahr
Kernbau (Torhaus):			
133 / Sparren neben hinterer Speichertür, Hofseite	92	1590 WK	1590
134 / Sparren, Straßenseite	41	1592 WK	1592
135 / Sparren, Hofseite	65		
136 / Sparren, Straßenseite	38	1592 WK	1592
137 / Sparren über Luke	30		
138 / Sparren über Speicherluke	76		
139 / Kopfband neben linkem Giebel	104		
140 / Sparren, Straßenseite neben Aufzugluke	61	1592 WK	1592
rückwärtiger Bau im Hof:			
141 / Ständer, II. Bauabschnitt	37		
142 / Stuhlrähm, vorderer Teil neben Turmerker	74	1571	1592 ± 5
143 / Liegender Stuhl, hinterer Teil	70		
144 / Liegender Stuhl, neben Kernbau an der Straße, N-O Ecke	79		
145 / Sparren	27		
146 / Ständer, liegender Stuhl, Hofwinkel	70	1817 WK	1817

Tab. 7: Dendrochonologische Datierung. „Alter Posthof“, Oberstr. 45-49

Dendro-Nr. / Probenbezeichnung	Anzahl Jahrringe	Datierung	
		jüngster Jahrring	Fällungsjahr
Kernbau (Torhaus):			
133 / Sparren neben hinterer Speichertür, Hofseite	92	1590 WK	1590
134 / Sparren, Straßenseite	41	1592 WK	1592
135 / Sparren, Hofseite	65		
136 / Sparren, Straßenseite	38	1592 WK	1592
137 / Sparren über Luke	30		
138 / Sparren über Speicherluke	76		
139 / Kopfband neben linkem Giebel	104		
140 / Sparren, Straßenseite neben Aufzugluke	61	1592 WK	1592
rückwärtiger Bau im Hof:			
141 / Ständer, II. Bauabschnitt	37		
142 / Stuhlrähm, vorderer Teil neben Turmerker	74	1571	1592 ± 5
143 / Liegender Stuhl, hinterer Teil	70		
144 / Liegender Stuhl, neben Kernbau an der Straße, N-O Ecke	79		
145 / Sparren	27		
146 / Ständer, liegender Stuhl, Hofwinkel	70	1817 WK	1817

Tab. 8: Dendrochonologische Datierung. „Münze“, Oberstr. 74

Genauigkeit dendrochronologischer Datierungen

Die biologischen Grundlagen der Dendrochronologie und die angewandten Rechentests zur Ermittlung einer Datierung sind im Band 1 der Schriftenreihe zur Dendrochronologie und Bauforschung dargestellt. In Band 2 wird auf die einzelnen im Labor durchzuführenden Arbeitsschritte von der Entnahme der Bohrkerne mit Hilfe eines Hohlbohrers bis hin zur Datierung der Holzkonstruktion eingegangen. Hier soll nun die Zuverlässigkeit dendrochronologischer Datierungen erläutert werden. Die in den meisten Laboratorien durchgeführten Ähnlichkeitsanalysen basieren auf Korrelationsberechnungen mit der Angabe von Signifikanzschranken, die mit Hilfe des STUDENT-Tests (t-Wert) durchgeführt werden.

Eine anschauliche Darstellung der Datierungssicherheit ist der schrittweise Vergleich einer zu datierenden Holzprobe mit dem Jahrringkalender über eine lange Zeitspanne, indem in allen Lagen die Ähnlichkeit (t-Wert) zwischen Kalender und Probe erfasst und in einem Diagramm aufgetragen wird. Als Beispiel für diese Vorgehensweise wird der Vergleich der Jahrringkurve eines Kehlbalkens (Tab. 6) aus der Dachkonstruktion des Rathauses mit der Jahrringchronologie (Jahrringkalender) dargestellt. Hierbei wird die Jahrringkurve des 118 Jahre umfassenden Kehlbalkens von der Gegenwart Jahr für Jahr über den Jahrringkalender verschoben wobei der t-Wert für jede dieser Positionen angegeben wird (Abb. 1a). Wenn beispielsweise der jüngste Jahrring dieses Balkens auf dem Kalender mit dem Jahre 2000 beginnt, dann reicht die Kurve mit ihrem ältesten Jahrring bis zum Jahre 1883 zurück. In dieser Lage wird die Höhe des t-Wertes berechnet und graphisch dargestellt (Abb. 1b). Nach einer Verschiebung um ein Jahr (1882-1999) erfolgt die nächste t-Wertberechnung. Der Kurvenvergleich ist in diesem Beispiel abgeschlossen, wenn der jüngste Jahrring der Probe das Jahr 1000 auf dem Kalender erreicht hat. Die bei der Durchwanderung der Kurve von der Gegenwart bis zum Jahre 1000 errechneten t-Werte sind alle in Abbildung 1b erfaßt. Die Werte streuen etwa zwischen 3,5 und –3,5, und nur in einer einzigen Lage zeichnet sich ein auffallend hoher Wert (t=8,3) während dieses 1000-jährigen Vergleichzeitraumes ab. Hiernach gehört der jüngste Jahrring zum Jahre 1556. Der älteste Jahrring (Keimjahr des Baumes) datiert somit in das Jahr 1439. Da der Kehlbalken vollständig bis zur Rinde erhalten ist (der letzte gebildete Jahrring zum Zeitpunkt der Fällung ist vorhanden = Waldkante) ist das Fälldatum dieses Baumes damit jahrgenau angegeben.

In Abbildung 2 ist die Jahrringfolge dieses Kehlbalkens in synchroner Lage zum Jahrringkalender dargestellt. Hier zeigen sich einige Abweichungen etwa um 1490 bis 1510, die verdeutlichen, dass die Jahrringkurve eines Holzes zum Jahrringkalender erwartungsgemäß Abweichungen zeigt, die auf die vielfältigen, nicht-klimatischen Einflüssen (z.B. Standortunterschiede, genetische Anlagen oder etwa Schädlingsbefall) zurückzuführen sind.

Fällungsjahr der Bäume, Ermittlung des Baubeginns

Liegt die Datierung einer Holzkonstruktion vor, so stellt sich die Frage nach dem Zeitpunkt des Baubeginns.

Hierbei ist eine sorgfältige Durchsicht der gesamten Holzkonstruktion erforderlich, um mögliche Reparatur- oder zweitverwendete Hölzer nicht zu übersehen (Band 1).

Des weiteren ist die Dauer zwischen der Fällung und dem Aufstellen der Holzkonstruktion zu berücksichtigen.

Nach Ernst Hollstein (1980) stimmen in der Regel urkundlich-inschriftliche und dendrochronologische Hausdatierungen mit einer Zeitdifferenz von ein bis zwei Jahren überein. Seine Untersuchungen beziehen sich zwar nur auf 26 Objekte, doch auch im Kölner Labor wurde dieser Zeitunterschied bei mehreren Objekten beobachtet.

Nach diesen Erfahrungen wurde das Holz somit nicht längere Zeit gelagert, sondern im Jahr nach der Fällung verzimmert. Des weiteren ist zu berücksichtigen, dass sich saftfrisches Holz mit dem damaligen Werkzeug (Breitbeil, Stoßaxt und Dächsel) wesentlich besser und leichter bearbeiten läßt als nach einer Ablagerung.

Daher kann die Angabe „Fällungsjahr +1 = Erbauungsjahr“ als Faustregel gelten.

Interpretation der datierten Hölzer aus dem Rathaus, Oberstr. 1

Wie die Datierungen von Sparren, Windrispen und Kehlbalken zeigen, sind abweichende Fälldaten zwischen 1554 und 1556 ermittelt worden (Tab. 6, Abb. 3).

Demnach könnte der Bau dieses Hauses im Jahre 1557 begonnen worden sein.

Abweichung zwischen Bauinschrift und dendrochronologisch ermitteltem Datum

Bei „Haus Sickingen“, Oberstr. 5 wurden zwei Sparren untersucht, bei denen das Fälldatum von 1437 nach Chr. ermittelt wurde (Tab. 4). Da dieses Haus eine Bauinschrift von 1450 trägt, ist hier eine ungewöhnliche Abweichung zu verzeichnen. Somit stellt sich zunächst die Frage, ob die dendrochronologische Datierung von 1437 zweifelsfrei ist. Nach den Vergleichen mit dem Jahrringkalender im Zeitraum der letzten 1000 Jahre zeichnet sich lediglich zum Jahre 1437 ein signifikanter Wert ab (t-Wert= 5.2), der für eine sichere Datierung spricht (Abb. 4). So bleibt offen, ob die Bauinschrift nicht eine spätere Umbaumaßnahme dokumentiert. Andererseits ist auch nicht völlig auszuschließen, dass für den Dachstuhl ältere Hölzer verbaut worden sind.

Flößen auf dem Rhein. Stammen die damals in Bacharach verbauten Nadelhölzer aus den südlicheren Waldbaugebieten (Schwarzwald, Vogesen)?

Der überdurchschnittlich hohe Übereinstimmungsgrad der verbauten Nadelhölzer in Bacharach mit der süddeutschen Tannenchronologie deutet darauf hin, daß die Hölzer aus Süddeutschland, wahrscheinlich aus dem Schwarzwald, stammen und damit sehr vermutlich auf dem Rhein geflößt worden sind.

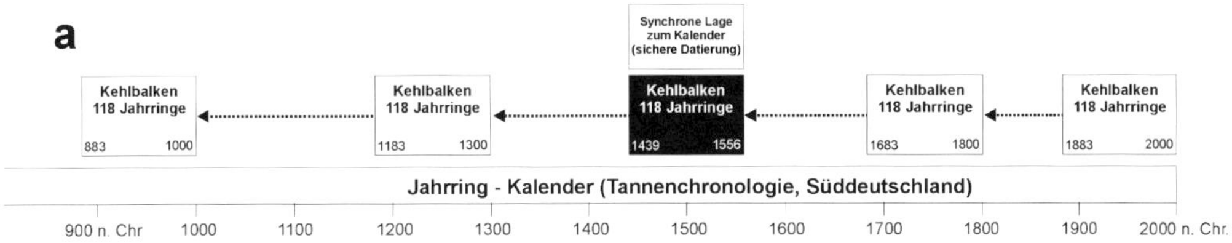

Abb. 1a Schematische Darstellung der Vorgehensweise zum Auffinden einer Synchronlage (Datierung). Die Jahrringkurve eines Kehlbalkens wird von der Gegenwart bis 1000 n. Chr. auf der Jahrringchronologie (Jahrringkalender) entlanggeschoben. In jeder Lage wird der Übereinstimmungsgrad zwischen Probe und Kalender berechnet. Der schwarz markierte Kasten soll anzeigen, daß eine Datierung gefunden wurde.

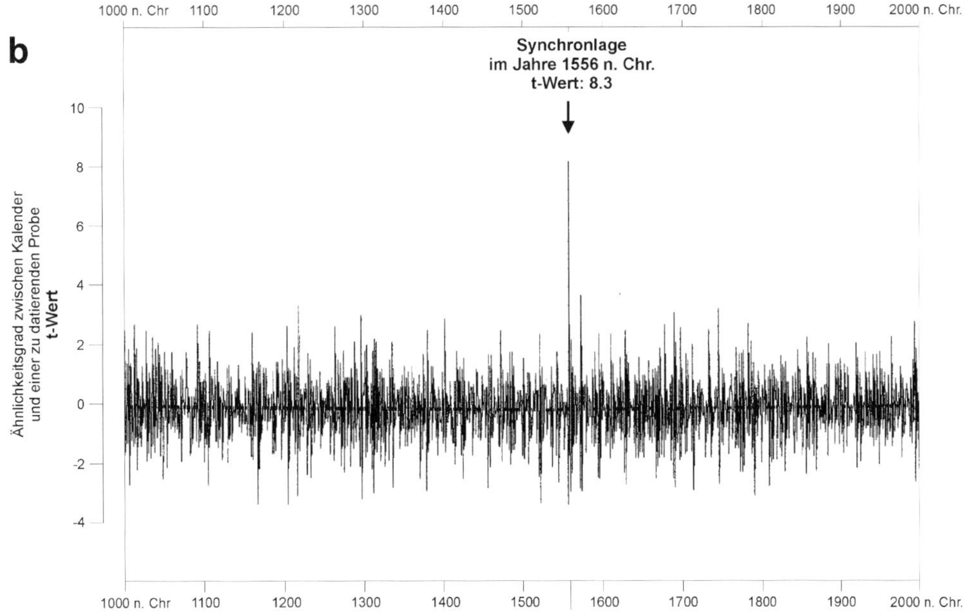

Abb. 1b Darstellung der Ähnlichkeitswerte (t-Werte) zwischen Jahrringkurve der Probe und dem Jahrringkalender, die im Vergleichszeitraum von 2000 bis 1000 n. Chr. ermittelt wurden. Scharf setzt sich der hohe t-Wert von 8.3 in der Synchronlage von den übrigen 999 Nicht-Synchronlagen ab.

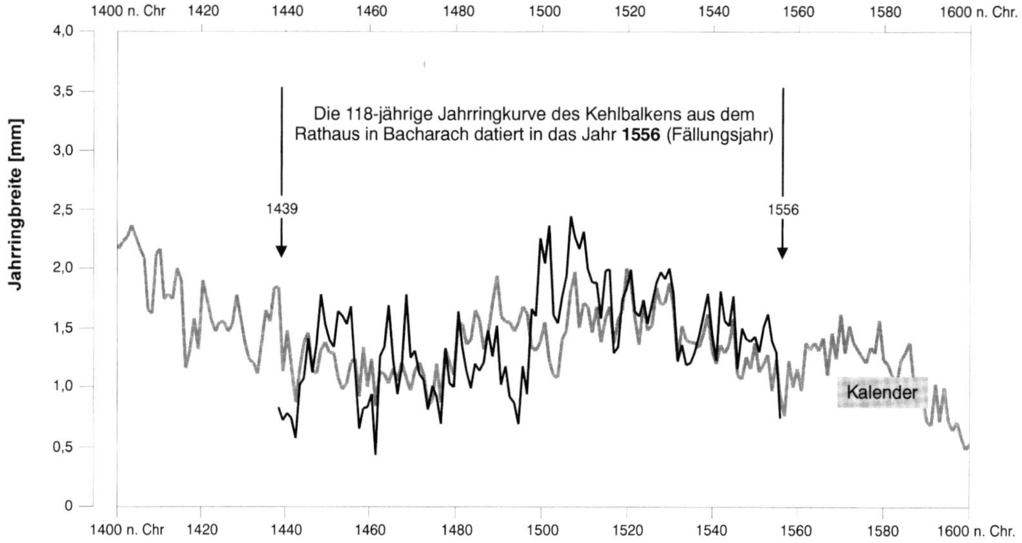

Abb. 2 Kurvenübereinstimmung zwischen einer Probe aus dem Rathaus in Bacharach und dem Kalender in synchroner Lage. Die zum Kehlbalken verarbeitete Tanne keimte im Jahre 1439 und wurde 1556 gefällt.

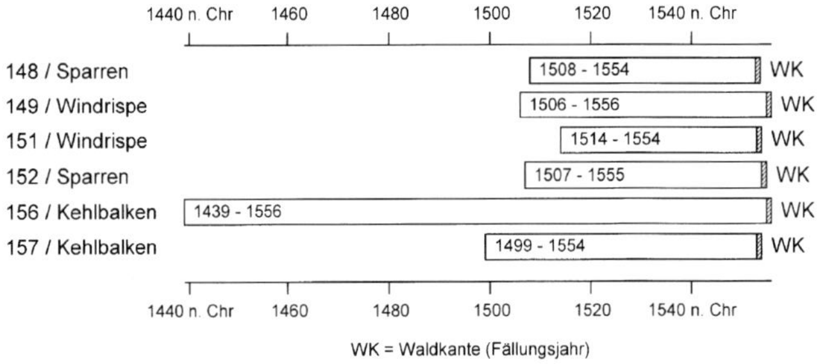

Abb. 3 Die dendrochronologisch datierten Nadelhölzer aus dem Dachstuhl des Rathauses in Bacharach. Die Bäume wurden zwischen 1554 und 1556 gefällt.

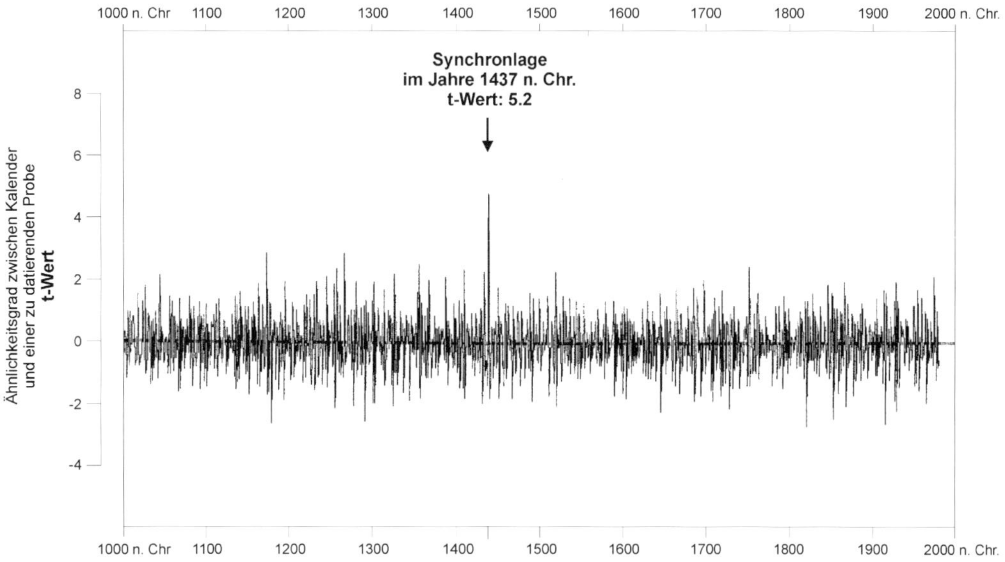

Abb. 4 Darstellung der Ähnlichkeitswerte (t-Werte) zwischen Jahrringkurve eines Sparrens aus „Haus Sickingen" und dem Jahrringkalender, die im Vergleichszeitraum von 2000 bis 1000 n. Chr. ermittelt wurden. Der relativ hohe t-Wert von 5.2 (statistisch signifikant) bestätigt die ermittelte Synchronlage zum Jahre 1437. In den übrigen 999 Lagen bleiben die t-Werte unter 4 (statistisch nicht signifikant).

Literatur:

Hollstein, Ernst: Mitteleuropäische Eichenchronologie. (Trierer Grabungen und Forschungen, XI), Verlag Philipp von Zabern, Mainz, 1980.

Exkurs

Reinharts Rheinreise – ein Beitrag zur romantischen Entdeckung des Rheins

Rainer Schoch

Die romantische Entdeckung des Rheins an der Wende vom 18. zum 19. Jahrhundert war ein Kulturphänomen von europäischer Tragweite, an dem nicht nur deutsche, sondern auch englische, niederländische, französische und italienische Reisende wesentlichen Anteil hatten. Literaten und Dichter wie Georg Forster, Heinrich von Kleist, Friedrich Schlegel, Lord Byron und Victor Hugo, Maler wie Christian Georg Schütz, William Turner und Samuel Prout haben die Schönheiten des Mittelrheintals, die lieblichen Rebenhügel des Rheingaus und den dramatischen Rheinlauf bis Koblenz beschrieben. Sie haben die Geologie der Landschaft ergründet, die Märchen und Sagen, die Geschichte der mittelalterlichen Städte und Burgen besungen und den politisch umkämpften Rhein schließlich zum patriotischen Mythos erhoben. Ihre Bilder und Dichtungen haben dazu beigetragen, daß der Rhein – nach dem Ende der napoleonischen Kriege – zum Lieblingsziel eines europäischen Tourismus wurde.

Die Frage nach den Ursprüngen der Rheinromantik wird von Literaturhistorikern meist mit dem Hinweis auf die denkwürdige Rheinreise des Abate de' Giorgi Bertòla beantwortet, des italienischen Weltgeistlichen und Literaten, der 1787 rheinabwärts von Speyer nach Düsseldorf fuhr. In seiner sentimentalischen Reisebeschreibung, die 1795 in italienischer Sprache und 1796 in deutscher Übersetzung mit großem Erfolg veröffentlicht wurde, fließen Beobachtung, Selbstreflexion und Gefühlsäußerung untrennbar ineinander. Die Landschaft dient als Projektionsfläche für die subjektiven Empfindungen des Autors, wird zum Spiegel des Ich. Aber mehr als das: Die große Resonanz dieser „malerischen Rhein-Reise" des Italieners bewies, daß sich die Gefühle und Empfindungen einer ganzen Epoche in der Rheinlandschaft spiegeln konnten.

Tatsächlich wird man die romantische Entdeckung des Rheins zuerst den Literaten und Dichtern zuschreiben dürfen. Die Künstler – etwa die Frankfurter Malerfamilie Schütz – wanderten lange auf den Spuren der holländischen Landschafter des 17. Jahrhunderts und konnten sich nur schwer vom Vorbild der Rheinphantasien eines Herman Saftleven befreien. So waren es vor allem englische Künstler wie der Reverend John Gardnor, die in den 1790er Jahren ihre ersten pittoresken Landschaftsfolgen vom Rhein veröffentlichten und die als die künstlerischen Pioniere der Rheinromantik angesehen wurden.

Diese Auffassung scheint jetzt durch eine aufregende kunsthistorische Entdeckung revisionsbedürftig. Die unlängst im Kunsthandel aufgetauchten acht großformatigen Aquarelle von Johann Christian Reinhart stellen sich nicht nur als die ersten künstlerischen Zeugnisse einer beginnenden „Rheinromantik" dar, sondern begründeten auch einen Typus der Landschaftsstudie, der erst Jahrzehnte später – in der Generation der Romantiker – allgemein gebräuchlich wird. Das Germanische Nationalmuseum bemüht sich, diese kunst- und kulturhistorisch höchst bedeutsame Folge von Rheinansichten im Zusammenhang zu erhalten und für seine Graphische Sammlung zu erwerben.

Johann Christian Reinhart (1761–1847) spielte bisher in der Kunstgeschichte der Rheinlandschaft kaum eine Rolle, obwohl man von der Rheinreise wußte, die er im Juli 1787 – zwei Monate vor dem Abate de' Bertòla – in Begleitung des jungen Herzogs Georg I. von Sachsen-Meiningen unternahm. Der Künstler, der den größten Teil seines Lebens in Rom ver-

1 Johann Christian Reinhart, Mainz auf der Schiffsbrücke gezeichnet, 1787. Feder, braune Tinte, Aquarell.

brachte, ist als einer der Hauptvertreter der klassizistischen Ideallandschaft in die Kunstgeschichte eingegangen. Weniger bekannt ist das Frühwerk des bei Adam Friedrich Oeser an der Leipziger Akademie und im Kreis der Dresdener Landschafter geschulten Malers und Zeichners, den sein ungestümes Temperament früh in das intellektuelle Milieu des Leipziger „Sturm und Drang“ und in den Freudeskreis um Friedrich Schiller führte. Der Fünfundzwanzigjährige fand Aufnahme am herzoglichen Hof in Meiningen und wurde zum vertrauten Freund und Reisebegleiter des fast gleichaltrigen Herzogs Georg I., der seine Naturbegeisterung teilte und seine radikale Gesellschaftskritik tolerierte.

Im Sommer 1787 begleitete Reinhart den Herzog auf seiner „malerischen Reise“ an den Rhein, deren reichen künstlerischen Ertrag die wiederentdeckte Aquarellfolge widerspiegelt. Die vollständige Reiseroute ist nicht bekannt. Die Blätter beschreiben nur wenige Stationen auf der kurzen Strecke von Mainz über Bingen, das Binger Loch mit dem Mäuseturm, Assmannshausen, Niederheimbach und Kaub nach St. Goar – eine Distanz von kaum mehr als 60 Kilometern, die zu Schiff leicht an einem Tag zu bewältigen war. Doch auch wenn sich die Reisenden mehr Zeit genommen und ihren Weg nicht nur zu Schiff zurückgelegt haben, so dürften sie dazu kaum mehr als zwei Tage gebraucht haben. Da sich zu den Rheinansichten kein erläuterndes Reisetagebuch erhalten hat, muß offen bleiben, wie weit die Reise führte, wie lange sie dauerte und was die Reisenden bewegte. Doch die ganz neuartige und unverstellte Wahrnehmung der mittelrheinischen Landschaft, die in den Aquarellen zum Aus-

2 Johann Christian Reinhart, Bingen mit der Drususbrücke, 1787. Feder, braune Tinte, Aquarell.

druck kommt, läßt erahnen, welche intensiven und überwältigenden Natureindrücke der Künstler in diesen wenigen Tagen erlebt haben muß.

Die Folge beginnt – untypisch – mit einer ungewöhnlichen Ansicht von Mainz, die sich von den herkömmlichen Veduten der vieltürmigen Residenz radikal unterscheidet und den unvoreingenommenen, nüchternen Blick des aufgeklärten Künstlers verrät (Abb. 1). Mit dem Hinweis „auf der Schiffsbrücke gezeichnet. d. 5. Jul. 1787" nennt Reinhart seinen Standpunkt: die lange Pontonbrücke, die Mainz bis 1885 mit dem rechtsrheinischen Kastel verband. Von der Mitte des Flusses geht der Blick nach Norden auf den Renaissancebau des Kurfürstlichen Schlosses und die spätmittelalterliche Martinsburg am linken Rheinufer. Das Hauptinteresse des Zeichners gilt jedoch nicht diesen fürstlichen Repräsentationsbauten, sondern einem technischen Denkmal: den Schiffsmühlen im Rhein, die – an den Pfeilerresten der alten Römerbrücke verankert – bereits seit dem Mittelalter belegt sind und erst im 19. Jahrhundert der Industrialisierung zum Opfer fielen. Aus einiger Distanz zeigt der Künstler sechs der damals zwölf auf Pontons schwimmenden Mühlen – mit Walmdächern gedeckte Holzbauten, an denen sich jeweils zwei große unterschlächtige Schaufelräder in der Strömung des Rheins drehten. Mit der sachlichen Wiedergabe der gleichförmig aufgereihten Mühlenhäuser, die das Residenzschloß zur Randerscheinung degradieren, und mit der Darstellung des Rheinstroms als Energielieferant erweist sich Reinhart als Kind der Aufklärung mit den Augen der Enzyklopädisten.

Von Mainz scheinen die Reisenden zu Schiff rheinabwärts gefahren zu sein, denn vom Wasser aus zeichnete Reinhart seine freundliche Ansicht von Bingen und der Nahemündung (Abb. 2): Über eine weite, grau spiegelnde

3 Johann Christian Reinhart, Der Mäuseturm und die Ruine Ehrenfels, 1787. Feder, braune Tinte, Aquarell.

Wasserfläche hinweg geht der Blick auf die von Weinbergen bedeckten gelblich grünen, grau verschatteten Hügel beiderseits der Nahe und auf die Bogen der romanischen Drususbrücke. Im milchigen Licht eines bewölkten Sommertages schmiegt sich links das befestigte Bingen dicht ans Rheinufer, überragt von der hohen Silhouette der gotischen Stiftskirche St. Martin mit ihrem grauen Schieferdach. Die Stadtmauer reicht bis an das Rheinufer; keine Straße trennt sie vom Fluß, der damit als Hauptverkehrsweg erkennbar bleibt. Jenseits der Drususbrücke erheben sich über dem nördlichen Naheufer die Ruinen des 1147 von Hildegard von Bingen gestifteten und im Dreißigjährigen Krieg von den Schweden zerstörten Benediktinerinnenklosters Rupertsberg. Es ist erkennbar, daß bedeutende Reste dieser Klosteranlage noch erhalten waren, bevor sie im 19. Jahrhundert dem Eisenbahnbau zum Opfer fielen. Unspektakulär deutet sich hier ein Leitmotiv der ganzen Folge an: die wiederholte Gegenüberstellung einer lebendigen, blühenden Siedlung mit einer mittelalterlichen Ruine, die zwar in der Rheinlandschaft vielfach so vorgegeben ist, aber vom Zeichner als malerischer Kontrast gesucht und als Phantasie anregendes, „romantisches“ Motiv bewußt ausgespielt wird. Man wird daran erinnert, daß Reinhart schon ein Jahr zuvor die Ruine der thüringischen Wallfahrtskirche Grimmenthal in einer Ballade besungen hatte, in der er „sein gesamtes Repertoire von Sturm- und Drang-Empfindungen“ (Feuchtmayr) aufbot: Ruinensentimentalität, melancholische Nachtgedanken, Antiklerikalismus und Tyrannenhaß.

Eine „romantische“ Stimmung liegt über der grauen Ansicht des Mäuseturms mit der Burg Ehrenfels – auch sie von der Flußmitte aus gezeichnet und nur sparsam angelegt, mit einem ausgeprägten Sinn für den Reiz des Unvollendeten (Abb. 3). Die Ruine des mittelalterlichen

4 Johann Christian Reinhart, Assmannshausen, 1787. Feder, braune Tinte, Aquarell.

Wachturms im Rhein, ehemals Zollstelle der Kurmainzischen Zollburg Ehrenfels, stellt sich den Reisenden bedrohlich in den Weg und versperrt die Einfahrt in den Felsentrichter des weiteren Flußlaufs. Ein bleierner Wolkenhimmel lastet schwer über der fast monochrom grauen, nur von wenigen Grünflächen belebten Flußlandschaft. Die kahle Landschaftsszenerie, die mittelalterliche Ruine und die fahle Farbigkeit rufen eine unheimliche Stimmung hervor, vergleichbar den „gothic novels", den englischen Gruselromanen des späten 18. Jahrhunderts, deren sentimentale Ästhetik nicht unwesentlich zur Entstehung der Rheinromantik beigetragen hat. In diesem Kontext verwundert es kaum, daß Reinhart eine längere Bildunterschrift mit Erklärungen zur Geschichte des Mäuseturms beifügte. Vermutlich bezog er sich dabei auf den erst 1786 erschienenen Reisebericht des Philipp Wilhelm Gercken, der diese Passage als „die schönste romantische Gegend auf der ganzen Reise" beschrieb. Ganz im Sinne der Aufklärung verweist Reinhart jedoch die bekannte Geschichte von Erzbischof Hatto, der hier angeblich von Mäusen aufgefressen wurde, in den Bereich der Fabel.

Einen radikalen Stimmungswechsel bezeichnet die farbenfrohe Ansicht des schon damals berühmten Weinorts Assmannshausen am rechten Rheinufer (Abb. 4). Hier waren Reinhart und der Herzog offenbar an Land gegangen, denn das Blatt ist von einem Uferweg im Süden des Ortes aufgenommen – mit einem sitzenden Zeichner im Vordergrund. Es gehört zu den am weitesten durchgeführten Aquarellen der Serie. Der mit wenigen temperamentvollen Federstrichen und ockerfarbenen Pinselzügen nur angedeutete Vorgergrund wird gewissermaßen übersprungen bis zu den Bauernhäusern des Dorfes im Mittelgrund, das in ein farbenreiches Panorama der Hügellandschaft eingebettet ist. Die sonnigen Weinberge, die hinter

5 Johann Christian Reinhart, St. Goar und Goarshausen, 1787. Feder, braune Tinte, Aquarell.

dem Dorf aufsteigen, sind mit einem nuancenreichen Farbmosaik aus wechselnden Grüntönen dargestellt, das sowohl die horizontale Terrassierung als auch die vertikalen Reihen der Weinstöcke erkennen läßt. Die entfernteren Hügelkuppen sind mit dunklerem Grün bis hin zu einem fernen Blau kräftiger modelliert. Wieder korrespondiert die blühende Dorflandschaft mit dem grauen Gemäuer der Burgruine Rheinstein am gegenüberliegenden kargen Felsenufer. Vergangenheit und Gegenwart, Ruine und Landschaft, Abgestorbenes und Lebendes, „Palast und Hütte“ sind offenbar absichtsvoll gegenübergestellt. Es scheint, als habe Reinhart – wie schon in seinen stürmisch-revolutionären Thüringer Jahren – hier bewußt eine gesellschaftskritische Parole ins Bild gesetzt, die für die radikalen Spätaufklärer am Vorabend der Französischen Revolution von großer Sprengkraft war. Der künstlerische Werdegang und die radikalen Ansichten Reinharts machen es wahrscheinlich, daß sich hinter der scheinbar so beschaulichen Rheinansicht eine „politische Landschaft“ verbirgt.

Das letzte der acht Aquarelle zeigt eine Ansicht von St. Goar mit dem Blick auf Goarshausen und die Ruine Katz am rechten Rheinufer (Abb. 5). Daß dies auch die letzte Station der Reise war, darf bezweifelt werden. Die Ansicht wurde offensichtlich am späteren Nachmittag festgehalten. Dafür spricht nicht nur der starke Schlagschatten, der die Fassaden der Gasthäuser an der befestigten Uferstraße von St. Goar verdunkelt, sondern auch das warme Licht auf den Hängen des östlichen Rheinufers und dessen dessen weiche Modellierung in gedämpften Ocker-, Grün- und Grautönen. Anders als bei den früheren, menschenleeren Landschaften ist an der Anlegestelle von St. Goar ein geschäftiges Treiben beim Be- und Entladen von Lastkähnen zu beobachten. Nicht nur mit diesem Interesse am Alltagsleben der Rheinanwohner weist das Aquarell auf die genrehaft ausstaffierten englischen Rheinansichten eines Samuel Prout voraus, sondern auch mit seinem pittoresken und dramatischen Helldunkel, das einem theatralischen Szenenbild gleicht und der Phantasie des Betrachters Raum läßt.

Gerade dieses letzte Blatt macht deutlich, daß Reinhart auf der kurzen Wegstrecke von Mainz nach St. Goar eine erstaunliche künstlerische Entwicklung durchlief und daß die Rheinreise des Jahres 1787 ein entscheidendes Erlebnis für ihn darstellte. Wie in einem Zeitraffer sind in den wenigen, kurz nacheinander entstandenen Aquarellen weitreichende künstlerische Schritte komprimiert, die erst Jahrzehnte später von Künstlern der nächsten Generation nachvollzogen wurden.

Dazu gehört zunächst die neuartige und unkonventionelle Wahrnehmung einer alten Kulturlandschaft. Mit dem wachen und unverstellten Blick des Aufklärers sieht er nicht nur die ökonomisch-technischen Aspekte des Rheins als einer der wichtigsten europäischen Lebensadern, sondern läßt sich auch von den historischen Baudenkmälern beeindrucken und verzaubern, schwelgt in der Schönheit der blühenden Landschaft, die der Phantasie des Reisenden so viel Anregung bietet. Rousseaus Naturbegeisterung scheint in den Reinhartschen Aquarellen ebenso aufgehoben wie Edmund Burkes Gedanken über das Erhabene und das Schöne – beides wichtige Voraussetzungen für die Entstehung der Rheinromantik.

Nicht weniger zukunftsweisend ist die zeichnerische Methode, mit der er seine Beobachtungen aufzeichnete: Über einer flüchtigen Bleistiftvorzeichnung hielt Reinhart mit Feder und Tinte die großen Grundlinien der Landschaft skizzenhaft und temperamentvoll fest. Aber auch die spontane großflächige Aquarellierung wurde offenbar noch vor der Natur angelegt. Denn vielfach ist zu beobachten, wie die noch feuchte Tinte in der frischen Wasserfarbe verschwimmt. Vor allem bei den vom Schiff aus gezeichneten Blättern war deshalb größte Eile geboten, was wiederum zu einer selektiven und auslassenden Darstellungsweise zwang. Wechselnde Schärfebereiche und den Reiz des Unvollendeten in ihren Landschaftsstudien kannten zwar bereits die der holländischen Maler des 17. Jahrhunderts. Doch erst in den Landschaftsstudien der deutschen Romantiker in Rom werden diese Eigenschaften zu Kennzeichen der frühen Pleinairmalerei.

Abbildungsnachweis

Die nicht gekennzeichneten Abbildungen stammen von den Autoren.

Abb. 127, 135–137:
Rheinland-Pfälzisches Freilichtmuseum Bad Sobernheim, Udo Kleindienst.

Abb. 139 f., 146 f., 153 f., 158 f., 161 f., 167 f.:
Rheinland-Pfälzisches Freilichtmuseum Bad Sobernheim, Klaus Wiechert.

Schriftenreihe zur Dendrochronologie und Bauforschung

Band 1

Burghart Schmidt
Helmtrud Köhren-Jansen
Klaus Freckmann

Kleine Hausgeschichte der Mosellandschaft

2. Aufl. Köln 2000
352 S., 240 Abb.
ISBN 3-7927-1832-4

Band 2

Burghart Schmidt
Helmtrud Köhren-Jansen
Klaus Freckmann

Auf den Spuren alter Häuser
Jahrringdatierung und Bauweise
Lohmar im Bergischen Land
Siebengebirge

Marburg 2002
368 S., 350 Abb.
ISBN 3-89445-298-6